El Secreto de la Vida Cristiana

JUAN CARLOS RYLE

El Secreto de la Vida Cristiana

JUAN CARLOS RYLE

EL ESTANDARTE DE LA VERDAD

JUAN CARLOS RYLE
1816-1900

"Un hombre de granito con un corazón de niño"

"Grande en estatura, grande en intelecto, grande en espiritualidad, grande como predicador y expositor, grande en la tarea de llevar a personas a los pies del Señor"

EL ESTANDARTE DE LA VERDAD
3 Murrayfield Road, Edinburgo EH12 6 EL
P O Box 621, Carlisle, Pennsylvania 17013, USA

Primera edición en español 1964
Primera reimpresión 1976
Segunda reimpresión 1988

Impreso en Romanyà/Valls, S. A.
Verdaguer, 1 - 08786 Capellades (Barcelona)

Depósito legal: B. 17.346 - 1988

INTRODUCCION

En su afán de hacer llegar el mensaje salvador como también las exhortaciones para los creyentes, Ryle sacrificó su vasta erudición oxoniana, y consiguió presentar sus mensajes en un lenguaje sencillo, claro y directo. Ya en los títulos mismos de estos capítulos se aprecian estas características.

Su concepto de la vida cristiana respira un activismo netamente bíblico. Para Ryle, el verdadero cristiano no puede armonizarse con una noción estática de la fe, sino que, por lo contrario, la vida espiritual que se recibe con el nuevo nacimiento es como una fuerza impulsadora que pone a todas las facultades de la persona salva en acción constante. Asi como el movimiento es manifestación de un principio de vida, la actividad en los senderos de la santidad es evidencia de una genuina vida espiritual en Cristo.

El enfoque que tiene Juan Carlos Ryle en este libro es de presentar un reto y estímulo al creyente a vivir la vida abundante recibida en el nuevo nacimiento. ¡Es un llamado a vivir!

La primera sección del libro nos presenta con un llamado al examen personal como reflexión sobre el peligro de un autoengaño. ¿Somos verdaderamente cristianos? ¿nos hemos gozado de una nueva vida en Cristo? ¿Tenemos una relación íntima con el Señor?, son las preguntas que nos presenta.

La segunda sección nos enfoca el crecimiento personal que debe conocer el cristiano. Ryle trata de darnos una vista clara de lo que es crecer en santidad en el Espíritu Santo. Este crecimiento no es automático. En general requiere de una perserverancia y lucha.

La tercera sección nos lleva a lo que es vivir dentro de la comunidad de la iglesia. Dentro de esta, el cristiano conoce las realidades que la sostienen, como la oración, la Palabra, la Santa Cena, atravez de las cuales el Espíritu opera.

Quiera, pues, el Señor bendecir la lectura de este libro en el corazón y vida del creyente, y sirvan estas páginas para incrementar el grado de santidad entre el pueblo de Dios.

Los Editores.

1 : LA VIDA CRISTIANA
AUTENTICA

¿ME AMAS?

«¿Me amas?» *(Juan 21:16)*

Esta pregunta fue dirigida por el Señor Jesús al apóstol Pedro. Una pregunta más importante que ésta no puede hacerse. Han pasado casi veinte siglos desde que se pronunciaron estas palabras, pero aun hoy en día la pregunta es altamente provechosa y escudriñadora. La disposición para amar a alguien constituye uno de los sentimientos más comunes que Dios ha implantado en la naturaleza humana. Desgraciadamente, la gente con demasiada frecuencia vuelca sus afectos sobre objetos que no son dignos, ni valen la pena. En este día quiero reclamar un lugar en nuestros afectos para la única Persona que es digna de los mejores sentimientos de nuestro corazón: el Señor Jesús, la Persona Divina que nos amó y se dio a sí mismo por nosotros. Entre todos nuestros afectos no nos olvidemos de AMAR A CRISTO.

Este no es un tema para meros fanáticos o entusiastas, sino que merece la atención de todo cristiano que cree en la Biblia. Nuestro camino de salvación está estrechamente ligado al mismo. La vida o la muerte, el cielo o el infierno, dependen de la respuesta que demos a la pregunta sencilla y simple de: "¿Amas a Cristo?"

I. — **El sentimiento peculiar que el cristiano verdadero siente hacia Cristo: le ama.**

El verdadero cristiano no lo es por el solo hecho de haber sido bautizado; lo es por una razón más profunda. No lo es, tampoco, por el hecho de que un día a la semana, y por rutina, asiste a los cultos de alguna iglesia o capilla y el resto de la semana vive como si no hubiera Dios. El formalismo no es cristianismo. Un culto ciego y una adoración rutinaria no constituyen la verdadera religión. A este propósito, la Biblia nos dice: "Porque no todos los que son de Israel son israelitas" *(Romanos 9:6)*. La lección práctica que podemos aprender de estas palabras es bien clara y evidente: no todos los que son miembros de la Iglesia visible de Cristo, son verdaderos cristianos.

La religión del verdadero cristiano está en su corazón y en su vida; es algo que siente en su corazón, y que otros pueden ver en su vida y conducta. Ha experimentado su pecaminosidad y culpabilidad, y se ha arrepentido. Ha visto en Jesucristo al Divino Salvador que su alma necesita y se ha entregado a Él. Ha dejado el viejo hombre con sus hábitos carnales y depravados y se ha revestido del nuevo hombre. Ahora vive una vida nueva y santa y habitualmente lucha contra el mundo, la carne y el diablo. Cristo mismo es el fundamento. Preguntadle en qué confía para el perdón de sus muchos pecados, y os contestará: "En la muerte de Cristo". Preguntadle en qué justicia confía ser declarado inocente en el día del juicio, y os responderá: "En la justicia de Cristo". Preguntadle cuál es el ejemplo tras el cual se afana para conformar su vida, y os dirá: "El ejemplo de Cristo".

Pero por encima de todas estas cosas, hay algo que es verdaderamente peculiar en el cristiano; y este algo es su *amor* a Cristo. El conocimiento bíblico, la fe, la esperanza, la reverencia, la obediencia, son rasgos distintivos en el carácter del verdadero cristiano. Pero resultaría pobre esta descripción si se omitiera el *amor* hacia su Divino Maestro. No sólo conoce, confía y obedece, sino que también ama.

El rasgo distintivo del verdadero cristiano lo encontramos mencionado varias veces en la Biblia. La expresión, "fe en el Señor Jesucristo", es bien conocida de muchos cristianos. Pero no olvidemos que en la Escritura se nos menciona el amor en términos casi tan fuertes. El peligro del que "no cree" es grande, pero el peligro del que "no ama" es igualmente grande. Tanto el no creer como el no amar constituyen sendos peldaños hacia la ruina eterna.

Oíd las palabras del apóstol Pablo a los corintios: "El que no amare al Señor Jesucristo, sea anatema" *(I Corintios 16:22)*. Según San Pablo no hay posibilidad de salvación para el hombre que no ama al Señor Jesús; sobre este punto el Apóstol no admite ningún paliativo o excusa. Una persona puede no tener nociones muy claras, y aún así salvarse; puede faltarle el valor y ser presa del temor, pero aun así, como Pedro, salvarse. Puede caer terriblemente, como David, pero sin embargo levantarse otra vez. Pero si una persona no ama a Cristo, no está en el camino de la vida; la maldición todavía está sobre él; camina por el sendero ancho que lleva a la condenación.

Oíd lo que el apóstol Pablo dice a los efesios: "La gracia sea con todos los que aman a nuestro Señor Jesucristo con amor inalterable" *(Efesios 6:24)*. En estas palabras el Apóstol expresa sus buenos deseos y su buena voluntad hacia todos los verdaderos cristianos. Sin duda alguna, a muchos de estos no les había visto nunca. Es de suponer que muchos de estos cristianos en las iglesias primitivas, eran débiles en la fe, en el conocimiento y en la abnegación. ¿Con qué palabras designará el Apóstol a los tales? ¿Qué palabras usará para no desalentar a los hermanos débiles? Pablo escoge una expresión general que exactamente describe a todo cristiano verdadero bajo un nombre común. No todos habían alcanzado el mismo grado en doctrina o en práctica, pero todos amaban a Cristo en sinceridad.

Oíd lo que el mismo Señor Jesús dice a los judíos: "Si vuestro padre fuese Dios, ciertamente me amaríais". *(Juan 8:42)*. Vio como sus extraviados enemigos estaban satisfechos con su condición espiritual por el hecho de que, según la carne, eran descendientes de Abraham. Vio a estos judíos —como hoy ve a muchos ignorantes que profesan ser cristianos— que por el mero hecho de haber sido circuncidados y pertenecer al pueblo judío, ya se consideraban hijos de Dios. Jesús establece el principio general de que nadie es hijo de Dios, a menos que ame al Unigénito Hijo de Dios. Muchos que profesan ser cristianos harían bien en recordar que este principio se aplica tanto a ellos como a los judíos. Si no hay amor a Cristo, no hay filiación Divina.

Por tres veces el Señor Jesús, después de su resurrección, dirigió al apóstol Pedro la misma pregunta: "Simón, hijo de Jonás, ¿me amas?" *(Juan 21:15-17)*. Con dulzura el Señor Jesús quería recordar al discípulo extraviado su triple negación. Y antes de restaurarle públicamente para que alimentara a la Iglesia, el Señor exige de Pedro una nueva confesión de fe. Observemos que no le hizo preguntas como las de: "¿Crees tú?" "¿Te has convertido?" "¿Estás dispuesto a confesarme?" "¿Me obedecerás?" Sino que simplemente le preguntó: "¿Me amas?" La pregunta, en toda su simplicidad, era en extremo escudriñadora. La persona menos instruida podría entenderla; sin embargo, por simple y sencilla que fuera, era suficiente para probar la realidad de la profesión de fe del apóstol más avanzado. Si una persona ama verdaderamente a Cristo, su condición espiritual es satisfactoria.

¿Deseáis saber la razón por la cual el cristiano verdadero muestra estos sentimientos peculiares hacia Cristo, y por los cuales tanto se distingue? En las palabras de San Juan la tenemos expresada: "Nosotros le amamos a Él, porque Él nos amó primero" *(Juan 4:19)*. El versículo, sin duda alguna, se refiere a Dios el Padre, pero no es menos cierto de Dios el Hijo.

El cristiano verdadero ama a Cristo *por todo lo que ha hecho por él*. Éste ha sufrido en su lugar y muerto por él en la cruz. Con su sangre lo ha redimido de la culpa, poder, y consecuencias del pecado. A través de Su Espíritu Santo lo llamó, e hizo que se arrepintiera, creyera en Cristo y viviera una vida de esperanza y santidad. Cristo ha borrado y perdonado todos sus pecados; lo ha librado del cautiverio del mundo, de la carne, y del diablo; lo arrebató del borde mismo del infierno, y lo puso en el estrecho sendero que conduce al cielo. En vez de tinieblas le ha dado luz; en vez de intranquilidad, le ha dado paz de conciencia; en lugar de incertidumbre, esperanza; en lugar de muerte, vida. ¿Te maravilla, pues, que el verdadero creyente ame a Cristo?

Y le ama, además, *por todo lo que todavía hace por él*. El creyente sabe que diariamente Cristo le perdona sus faltas y cura sus enfermedades, e intercede por su alma delante de Dios. Diariamente suple las necesidades de su alma y le provee de gracia y misericordia a cada instante. A través de su Espíritu le guía a la ciudad con fundamento y le sostiene en la debilidad y la ignorancia. Cuando tropieza y cae, lo levanta y defiende de todos sus enemigos. Y todo esto mientras le prepara un hogar eterno en el cielo. ¿Te sorprende, pues, que el verdadero creyente ame a Cristo?

¿No crees que la persona que por sus deudas ha estado en la cárcel, amará al amigo que, de una manera inesperada y sin merecerlo, ha pagado todas sus deudas y lo ha hecho su socio? No crees que el prisionero de guerra amará a la persona que, con riesgo de su propia vida, se infiltró entre las filas enemigas y le libertó? ¿No crees que el marino que estuvo a punto de ahogarse amará a la persona que se lanzó al mar desafiando el peligro y con grande esfuerzo lo libró de una muerte segura? Incluso un niño podría contestar a estas preguntas. Pues de la misma manera, y bajo los mismos principios, el verdadero cristiano ama al Señor Jesús.

Este amor a Cristo es el *compañero inseparable de la fe salvadora*. La fe de los diablos es una fe desprovista de amor, y también la fe que es tan sólo intelectual; pero la fe que salva va acompañada del amor. El amor no puede usurpar el oficio de la fe; no puede justificar, ni unir el alma a Cristo, ni traer paz a la conciencia. Pero allí donde hay verdadera fe, habrá también amor a Cristo. La persona que ha sido verdaderamente perdonada, es una persona que realmente ama *(Lucas 7:47)*. Si una persona no tiene amor a Cristo, podéis estar ciertos de que no tiene verdadera fe.

El amor a Cristo *es la fuente del servicio cristiano*. Poco haremos por la causa de Cristo si nos movemos impulsados por el simple sentido de la obligación, o por el conocimiento de lo que es justo y recto. Antes de que las manos se muevan, el corazón ha de estar interesado. La excitación puede galvanizar las manos del cristiano para una actividad caprichosa y espasmódica, pero sin amor no se producirá una perseverancia contínua en el obrar bien ni en la labor misionera. La enfermera puede desempeñar correctamente sus cuidados facultativos y atender al enfermo con solicitud; pero aún así, hay una gran diferencia entre sus cuidados y los que prodigará la esposa al esposo enfermo, o la madre al hijo que está en peligro de muerte. Una obra por el sentido de la obligación, mientras que la otra obra impulsada por el afecto y el amor; una desempeña su labor por la paga que percibe, la otra obra según los impulsos del corazón. Y es así también en lo que respecta al servicio cristiano. Los grandes obreros de la Iglesia, los que han dirigido avances claves en el campo misionero y han vuelto el mundo al revés, todos se han distinguido por un intenso amor hacia Cristo.

Examinad las vidas de Owen, Baxter, Rutherford, George Herbert, Leighton, Hervey, Whitefield, Wesley, Henry Martin, Hudson, McCheyne, y otros muchos. Todos estos hombres han dejado su huella en el mundo. ¿Y cuál era la característica común de sus vidas? Todos amaban a Cristo. No sólo guardaron un credo, sino que, por encima de todo, amaron la Persona del Señor Jesucristo.

El amor a Cristo debería ser *el tema básico en la instrucción religiosa del niño*. La elección, la justicia imputada, el pecado original, la justificación, la santificación, e incluso la fe, son doctrinas que a menudo causan confusión al niño de tierna edad. Pero el amor a Jesús es algo más al alcance de su entendimiento. El que Jesús le amó incluso hasta la misma muerte y él debe corresponder con su amor, es un credo que se amolda a su horizonte mental. Cuán ciertas son las palabras de la Escritura: "¡De la boca de los niños y de los que maman, perfeccionaste la alabanza!" *(Mateo 21:16).* Hay miles de cristianos que conocen todos los artículos del credo de Atanasio, de Nicea y del Apostólico, y que sin embargo tienen menos conocimiento de lo que es el cristianismo real que un niño pequeño que sólo sabe que ama a Cristo.

El amor a Cristo constituye *el punto donde convergen todos los creyentes de la Iglesia visible de Cristo.* En el amor no hay desacuerdo entre episcopales y presbiterianos, bautistas o independientes, calvinistas o arminianos, metodistas o luteranos; en el amor todos convergen. A menudo discrepan entre sí sobre formas y ceremonias, gobierno eclesiástico y modos de culto. Pero en un punto, por lo menos, están de acuerdo; todos experimentan un sentimiento común hacia Aquel en quien han depositado su esperanza de salvación. "Aman al Señor Jesús con sinceridad" *(Efesios 6:24).* Muchos de estos creyentes ignoran la teología sistemática y sólo de una manera muy pobre podrían argumentar en defensa de su credo. Pero todos testifican de lo que sienten hacia Aquel que murió por sus pecados. "No puedo hablar mucho por Cristo" —dijo una cristiana viejecita e ignorante al doctor Chalmers, y añadió: "Pero si bien no puedo hablar por Él, ¡podría morir por Él!"

El amor a Cristo será *la característica distintiva de todas las almas salvas en el cielo*. Aquella multitud que nadie podrá contar, será de un solo corazón. Las viejas diferencias desaparecerán bajo un mismo sentimiento. Las viejas peculiaridades doctrinales, tan terriblemente disputadas en la tierra, serán subiertas bajo un mismo sentimiento de deuda y gratitud a Cristo. Lutero y Zwinglio ya no tendrán más disputas. Wesley y Toplady ya no perderán más tiempo en controversia. Los creyentes ya no se comerán ni se devorarán unos a otros. Todos se unirán en un mismo sentir, en un mismo corazón y en una misma voz, en aquel himno de alabanza: "Al que nos amó, y nos lavó de nuestros pecados con su sangre, y nos hizo reyes y sacerdotes para Dios, su Padre; a Él sea gloria e imperio por los siglos de los siglos. Amén" *(Apocalipsis 1:5-6)*.

Las palabras que Juan Bunyan pone en labios de Firme al llegar éste junto al rio Muerte, son muy preciosas. "Este rio —nos dice—, ha sido el terror de muchos, y también para mí, el pensamiento del mismo ha sido a menudo motivo de espanto. Pero ahora permanezco sereno: mis pies descansan sobre el mismo lugar donde descansaron los pies de los sacerdotes que llevaban el arca al pasar el Jordán. Ciertamente las aguas son amargas al paladar y frías al estómago, sin embargo, el pensamiento del lugar a donde voy, y la comitiva que me espera a la otra orilla, son como llama ardiente en mi corazón. Ahora ya me veo al final de la jornada; mis días de labor ya han terminado. Voy a ver aquella Cabeza que fue coronada de espinas, y aquel Rostro que por mí fue escupido. Hasta aquí he vivido por el oír de la fe, pero ahora voy a un lugar donde viviré por la vista, y moraré con Aquel en cuya compañía se deleita mi alma. He amado oír hablar de mi Señor, y allí donde he visto la huella de su pie, allí he deseado también tener el mío. Su nombre me ha sido como un estuche de algalia, y más dulce que todos los perfumes. Su voz me ha sido sumamente dulce, y "¡más que los que desean el sol, he deseado yo la luz de su rostro!" ¡Felices los que tienen una esperanza semejante! Quien desee estar preparado para el cielo, debe conocer algo del amor de Cristo. Al que muere ignorante de este amor, mejor le habría sido no haber nacido.

II. — **Maneras y modos de manifestarse el amor a Cristo.**

Si amamos a una persona, *desearemos pensar en ella*. No será necesario que se nos haga memoria sobre la misma, pues no olvidaremos su nombre, su parecido, su carácter, sus gustos, su posición, su ocupación. Durante el día su recuerdo cruzará nuestros pensamientos muchas veces, aun por lejos que se encuentre. Pues bien, lo mismo sucede entre el verdadero creyente y Cristo. Cristo "mora en su corazón" y en su pensamiento *(Efesios 3:17)*. En la religión, el afecto es el secreto de una buena memoria. La gente del mundo, de por sí, no piensa en Cristo, y es que sus afectos no están en Él.

Pero el verdadero cristiano durante toda su vida piensa en Cristo y en su obra, pues le ama.

Si amamos a una persona, *desearemos oír hablar de ella.* Será un placer para nosotros oír hablar a otras personas de ella, y mostraremos interés por cualquier noticia que haga referencia a ella. Cuando alguien describa su manera de ser, de obrar y de hablar, le escucharemos con la máxima atención. Algunos oirán hablar de ella con completa indiferencia, pero nosotros, al oír mencionar su nombre, nos llenaremos de alegría. Pues bien, lo mismo sucede entre el creyente y Cristo. El verdadero creyente se deleita cada vez que oye algo acerca de su Maestro. Los sermones que más le gustan son aquellos que están llenos de Cristo; y las compañías que más prefiere son las de aquellos que se deleitan en las cosas de Cristo. Leí de una ancianita galesa que no sabía nada de inglés, y cada domingo andaba varios kilómetros para oír a un predicador inglés. Al preguntarle por qué andaba tanto si no podía entender la lengua, ella contestó que como el predicador mencionaba tantas veces el nombre de Cristo, esto le hacía mucho bien, puesto que oír tantas veces el nombre de su Salvador era una experiencia dulce.

Si amamos a una persona, *nos agradará leer de ella.* ¡Qué placer más intenso proporciona a la esposa una carta del marido ausente, o a la madre las noticias del hijo lejano. Para los extraños estas cartas apenas si tendrán valor y sólo a duras penas las leerán. Pero los que aman a los que las han escrito, verán en estas cartas algo que nadie más puede ver; las leerán una y otra vez, y las guardarán como un *tesoro.* Pues bien, esta es la misma experiencia entre el verdadero cristiano y Cristo. El verdadero creyente se deleita en la lectura de las Escrituras, pues son ellas las que le hablan de su amado Salvador.

Si amamos a una persona, *nos esforzaremos para complacerla.* Desearemos amoldarnos a sus gustos y opiniones, y obrar según su consejo. Estaremos incluso dispuestos a negarnos a nosotros mismos para adaptarnos a sus deseos, y a abstenernos de aquellas cosas que sabemos que aborrece. Con tal de agradarle mostraremos interés en hacer aquello que por naturaleza no estamos inclinados a hacer. Pues bien, los mismo suele suceder entre el creyente y Cristo. Para poder agradarle el verdadero cristiano se esfuerza en ser santo en cuerpo y en espíritu. Abandonará cualquier práctica o hábito si sabe que es algo que no complace a Cristo. Contrariamente a lo que hacen los hijos del mundo, no murmurará ni se quejará de que los requerimientos de Cristo son demasiado estrictos o severos. Para él los mandamientos de Cristo no son penosos, ni pesada su carga. ¿Y por qué es esto así? Simplemente porque le ama.

Si amamos a una persona *amaremos también a sus amigos*. Aún antes de conocerles ya mostramos hacia ellos una favorable inclinación, y esto porque compartimos un mismo amor hacia el amigo o los amigos. Cuando llegamos a conocerles no experimentamos sensación de extrañeza; un sentimiento común nos une: ellos aman a la misma persona que amamos y esto es ya una presentación. Pues bien, lo mismo viene a suceder con el creyente y Cristo. El verdadero cristiano considera a los amigos de Cristo como sus propios amigos, y como miembros del mismo cuerpo, hijos de la misma familia, soldados del mismo ejército y viajantes hacia el mismo hogar. Cuando les ve por primera vez, parece como si ya les hubiera conocido de siempre. Y a los pocos minutos de estar con ellos experimenta una afinidad y familiaridad mucho mayor que cuando está entre gente del mundo que ya hace muchos años que conoce. ¿Y cuál es el secreto de todo esto? Simplemente, un mismo afecto al Salvador, un mismo amor al Señor.

Si amamos a una persona, *seremos celosos por su nombre y honra*. No permitiremos que se hable mal de ella y saldremos en su defensa. Nos sentiremos obligados a mantener sus intereses y su reputación. Pues bien, algo parecido sucede entre el verdadero cristiano y Cristo. El verdadero creyente reaccionará con santo celo en contra de las injurias hechas a la Palabra del Maestro, a su causa y a su Iglesia. Si las circunstancias así lo requieren, le confesará delante de los príncipes y mostrará su sensibilidad ante la más insignificante afrenta. No callará ni permitirá que la causa del Maestro sea pisoteada, sino que testificará en su favor. ¿Y por qué todo esto? Porque le ama.

Si amamos a una persona, *desearemos hablar con ella*. Le diremos todos nuestros pensamientos, y le abriremos nuestro corazón. No nos será difícil encontrar tema de conversación. Por reservados y callados que seamos con otras personas, siempre nos resultará fácil hablar con el amigo que amamos de verdad. ¡Tendremos tantas cosas para decir, informar y preguntar! Pues bien, es así entre el verdadero creyente y Cristo. El verdadero cristiano no tiene dificultad para hablar a su Salvador. Cada día tiene algo que decirle, y no es feliz hasta que se lo ha dicho. A través de la oración, cada mañana y cada noche habla con su Maestro. Le expone sus deseos, sus necesidades, sus sentimientos y sus temores. En la hora de la dificultad busca su consejo, y en los momentos de prueba su consuelo; no puede hacer otra cosa: debe conversar continuamente con su Salvador, pues sino, desmayaría en el camino. ¿Y por qué? Simplemente, porque le ama.

Finalmente, si amamos a una persona, *desearemos estar siempre con ella*. El pensar, oír y hablar de la persona amada, hasta cierto punto nos complace pero no es suficiente; si en verdad amamos, deseamos algo más: deseamos estar siempre en compañía de la persona amada. Ansiamos estar con ella continuamente, y las despedidas nos son en extremo molestas. Pues bien, es así también entre el verdadero creyente y Cristo. El corazón del verdadero cristiano suspira por aquel día cuando verá a su Maestro cara a cara, y para toda la eternidad. Ansía poner punto final al pecar, al arrepentimiento, al creer, y suspira por aquella vida sin fin en la que se verá como ha sido visto, y en la que no habrá mas pecado. El vivir por fe le ha sido dulce, pero sabe que el vivir por vista aún le será más dulce. Encontró placentero el oír de Cristo, el hablar de Cristo, y el leer de Cristo; pero mucho mejor será ver a Cristo con sus propios ojos, y para siempre. "Más vale vista de ojos, que deseo que pasa" *(Eclesiastés 6:9)*. ¿Y por qué todo esto? Simplemente, porque le ama.

Estas son las características por las cuales se descubre el verdadero amor. Son simples, y fáciles de entender. Quizá tu hijo estaba en el ejército cuando surgió el motín de la India o la guerra de Crimea; y tuvo que tomar parte muy activa en alguna de estas contiendas. ¿No te acuerdas de cuán profundos, ansiosos y fuertes eran tus sentimientos hacia tu hijo? ¡Ah, esto es amor!

Quizá sepas por experiencia lo que es tener el esposo en la marina y separado del hogar durante meses e incluso años. ¿No vienen a tu memoria aquellos dolorosos sentimientos de separación? ¡Ah, esto es amor!

Quizás en estos momentos tu amado hermano está en Londres para iniciar sus actividades como negociante. Por primera vez se encuentra en medio de las tentaciones de la gran ciudad. ¿Le irán bien los negocios? ¿Se abrirá camino?

¿Le verás otra vez? ¿No es cierto que estos sentimientos a menudo llenan tu corazón? ¡Ah, esto es amor!

Quizás estás prometido, pero por diferentes causas la boda ha de aplazarse y la obligación o empleo hace que estéis separados de momento. ¿No es cierto que ella viene muy a menudo a tus pensamientos? ¿No es verdad que te gusta recibir cartas suyas y noticias de ella? ¿No es cierto que suspiras por verla de nuevo? ¡Ah, esto es amor!

Hablo de experiencias que son muy familiares a todos, y no es necesario que me extienda sobre ellas. Todo el mundo las sabe y comprende. Difícilmente podríamos encontrar una rama de la familia de Adán que ignorara lo que es el afecto y el amor. Por consiguiente que no se diga que el creyente no puede saber si ama o no a Cristo. Puede saberse; las pruebas están ahí delante. El amor al Señor Jesús no es un secreto escondido, o algo que está por las nubes. Es como la luz, se ve; es como el sonido, se oye; es como el calor, se siente. Si existe, el amor no puede esconderse. Si no puede verse, estad ciertos de que no existe.

Terminaré este escrito pero no sin antes hacer una tentativa final para hacer llegar el tema a la conciencia de todo lector. Y lo haré con todo amor y afecto. Mi oración a Dios, y el deseo de mi corazón, al escribir, ha sido el de hacer bien a las almas.

1. — Considerad la pregunta que Jesús hizo a Pedro, y *tratad de contestarla* por vosotros mismos. No intentéis evadirla; examinadla seriamente; pensadla bien. Y después de todo lo que os he dicho, ¿podéis honestamente decir que amáis a Cristo?

No sería una respuesta satisfactoria si me dijeras que crees la verdad del cristianismo y te aferras a los artículos de la fe evangélica. Un mero asentimiento intelectual al contenido del Evangelio no salva. Los diablos también creen y tiemblan *(Santiago 2:19)*. El verdadero cristianismo va más allá de un mero asentimiento a unas doctrinas y a unas opiniones. Consiste en conocer, confiar, y amar a cierta Persona que murió por nuestros pecados, pero que ahora vive: Cristo el Señor. Los cristianos primitivos, tales como Febe, Persis, Trifena, Trifosa, Gayo y Filemón, probablemente no sabían mucha teología dogmática; pero su profesión de fe estaba caracterizada por un rasgo común y sobresaliente: todos amaban a Cristo.

2. — El motivo de tu falta de afecto y amor a Cristo es evidente: no sientes ningún sentimiento de gratitud y de obligación hacia Él. No te sientes deudor de su gracia ni de sus beneficios. No es de extrañar, pues, que no le ames. Sólo hay un remedio para tu caso: debes despertar a tu gran necesidad espiritual. Has de saber lo que eres por naturaleza delante de Dios, y percatarte de tu pecado y culpabilidad. ¡Oh, que el Espíritu Santo te muestre todo esto!

Quizá nunca lees la Biblia, o si la lees es muy de cuando en cuando, y por mera costumbre, sin interés, entendimiento, ni aplicación. Haz caso de mi exhortación y cambia de proceder. Lee la Biblia con diligencia y no descanses hasta que te hayas familiarizado con ella. Lee lo que la Ley de Dios requiere del hombre tal como el Señor Jesús lo expone en el capítulo quinto de San Mateo. Lee la descripción que de la naturaleza humana nos da San Pablo en los primeros capítulos de su epístola a los Romanos. Con oración estudia estos pasajes bíblicos, y suplica por la enseñanza del Espíritu Santo; entonces pregúntate si eres o no un deudor a Dios, un deudor en extrema necesidad de un Amigo como Jesús.

Quizás eres una de aquellas personas que desconocen lo que es la oración sincera, real y de corazón. Te has acostumbrado a considerar la fe evangélica como algo que atañe a la Iglesia y al culto externo, pero que no tiene relación directa con tu ser íntimo y personal. Cambia de proceder. Empieza, desde hoy, a suplicar sinceramente a Dios por tu alma. Pídele que te muestre todo lo que necesitas saber para la salvación de tu alma. Haz esto con toda tu mente y con todo tu corazón, y no tardarás en descubrir la necesidad que tienes de Cristo.

El aviso que te doy quizás parezca anticuado y simple; pero no lo rechaces. Es el viejo buen camino, por el cual han andado millones de personas y encontraron paz para sus almas. Si no amas a Cristo estás en inminente peligro de ruina eterna. El primer paso para amar a Dios lo constituye el conocimiento de la necesidad que todo pecador tiene de Cristo, y de la deuda que tiene con Cristo. Y cuando te conozcas a tí mismo y te des cuenta de tu condición delante de Dios, entonces empezarás a darte cuenta de tu necesidad. Para obtener un conocimiento salvador de Cristo debes escudriñar el Libro de Dios, y debes suplicar a Dios por Luz. No desprecies el aviso que hoy te doy; tómalo y serás salvo.

3. — En último lugar, si ya has gozado de alguna experiencia del amor a Cristo, a manera de despedida recibe unas palabras de *aliento* y *consejo*. Y que el Señor haga que te hagan bien.

Si en verdad amas a Cristo, goza con el pensamiento de que tienes una buena evidencia con respecto al estado de tu alma. El amor es una evidencia de gracia. ¿Y qué si a veces estás acosado de dudas y temores? ¿Y qué si a veces tienes temores sobre la autenticidad de tu fe? ¿Y qué si a menudo tus ojos se ven nublados por las lágrimas de incertidumbre al no poder ver claramente tu llamamiento y elección de Dios? Con todo, hay motivo para que tengas fuerte consolación y esperanza: tu corazón puede testificar que amas a Cristo. Allí donde hay verdadero amor, hay verdadera gracia y verdadera fe. No le amarías si Él no hubiera hecho algo por ti. El amor en tu corazón es señal de una obra de gracia genuina.

Si amas a Cristo, nunca te avergüences de dar testimonio de su persona y obra. Puesto que te ha amado y lavado de tus pecados con su sangre, no tienes porqué esconder a los demás el amor y afecto que sientes hacia Él. Un viajante inglés, de vida impía y descuidada, en cierta ocasión preguntó a un indio americano, un hombre convertido y temeroso de Dios: "¿Por qué haces tanto por Cristo? ¿Por qué hablas tanto de Él? ¿Qué es lo que este Cristo ha hecho por ti para que te tomes tanto trabajo por Él?" El indio no le contestó con palabras, sino que juntó unas cuantas hojas secas y un poco de musgo, y con ello hizo un anillo en el suelo. Luego tomó un gusano, lo puso en medio del anillo, y prendió fuego a las hojas y al musgo. Las llamas pronto se elevaron, y el calor empezó a asar al gusano. Con terrible agonía éste trató de escapar por cualquier lado pero todo era en vano, hasta que en desespero se enrolló en el centro del anillo y aguardó el instante en que sería consumido por el fuego. En aquel momento el indio extendió su mano, tomó el gusano, lo puso suavemente sobre su pecho y dijo al inglés: "Desconocido: ¿ves este gusano? Yo iba a perecer como este animalito. Estaba a punto de morir en mis pecados, en desespero y al borde mismo del fuego eterno. Pero en estas circunstancias Jesús extendió su poderoso brazo. Fue Jesús quién me salvó con su diestra de gracia, y me arrebató de las llamas eternas. Fue Jesús quien me puso a mí, pobre gusano pecador, cerca de su corazón amoroso. Desconocido, esta es la razón por la cual hablo tanto de Él. Y no me avergüenzo, pues le amo".

Si hemos gustado algo del amor de Cristo, mostremos también el mismo sentir de este indio americano. ¡Nunca lleguemos a pensar que podemos amar a Cristo demasiado, vivir demasiado cerca de Él, confesarle con demasiado valor, y entregarnos demasiado a Él! En el amanecer de la resurrección, lo que más nos sorprenderá será el hecho de que mientras estuvimos en la tierra no amamos más a Cristo.

LA SEGURIDAD Y CERTEZA DE FE

«Yo ya estoy para ser ofrecido, y el tiempo de mi partida está cercano».
«He peleado la buena batalla, he acabado la carrera, he guardado la fe».
«Por lo demás, me está guardada la corona de justicia, la cual me dará el Señor, juez justo, en aquel día; y no sólo a mí, sino también a todos los que aman su venida» *(II Timoteo 4:6-8).*

En las palabras de la Escritura que encabezan esta página vemos cómo el apóstol Pablo mira hacia tres direcciones: abajo, atrás y adelante. *Abajo*, hacia la sepultura; *atrás*, hacia su propio ministerio; *adelante*, hacia aquel día, el día del juicio. Nos hará bien el permanecer junto al Apóstol, y considerar sus palabras. ¡Cuán feliz el alma que puede mirar donde miró Pablo, y decir lo mismo que él dijo!

El Apóstol mira *hacia abajo*, hacia la sepultura, y sin temor nos dice: "Yo ya estoy para ser ofrecido". "Soy como el cordero que con cuerdas está atado a los cuernos del altar. La libación ya ha sido esparcida; las ceremonias y preparativos ya han finalizado. Sólo resta dar el golpe de muerte, y el sacrificio habrá terminado."

"El tiempo de mi partida está cercano." "Soy como una embarcación a punto de levar anclas y hacerse a la mar. A bordo todo está listo. Espero solamente que se levanten las anclas que me amarran a la orilla, y entonces me haré a la mar y empezaré mi viaje."

Estas palabras son verdaderamente maravillosas por venir de un hijo de Adán como nosotros. La muerte es solemne, y más cuando la contemplamos de cerca. La tumba es sobrecogedora, nos aflige y nos turba, y es vano pretender que no encierra terrores. Pero aquí tenemos a una criatura mortal que con calma mira a la "estrecha casa destinada a todo viviente" y al borde de la misma dice: "Lo veo todo pero no tengo temor".

Pablo mira *hacia atrás,* a su vida de ministerio, y sin avergonzarse nos dice: "He peleado la buena batalla de la fe". Aquí nos habla como un soldado: "He luchado la buena batalla contra el mundo, la carne y el diablo, ante la que tantos se estremecen y vuelven sus espaldas". "He acabado la carrera". Aquí nos habla como alguien que ha corrido para obtener un premio. "He corrido la carrera que se me propuso, y pisado el terreno que se me marcó. Los obstáculos fueron grandes, pero no desistí; el sendero era largo, pero no me desanimé. Por fin ya puedo divisar la meta." "He guardado la fe". Aquí nos habla como un siervo: "He guardado fielmente el glorioso Evangelio que me fue confiado. No lo he pervertido con tradiciones humanas, ni he echado a perder su simplicidad añadiendo invenciones propias; además, a otros que trataban de adulterarlo les he resistido en la cara." "Como soldado, atleta y siervo" —parece ser como si nos dijera— "no me avergüenzo."

¡Dichoso el cristiano que estando a punto de abandonar el mundo puede dar un testimonio semejante! Aunque una buena conciencia no nos puede salvar ni lavar uno solo de nuestros pecados, a la hora de la muerte será fuente de consuelo. Hay un bello pasaje en "El Peregrino" que nos describe la manera cómo "Leal" cruzó el río de la muerte. "El río —nos dice Bunyan—, se había desbordado en algunas partes; pero en el curso de su vida *Leal* había pedido a *Buena Conciencia* que fuera a encontrarle allí, y ésta así lo hizo; una vez en la orilla del río, asió a *Leal* de la mano y le ayudó a cruzar las aguas." Podemos estar seguros de que en este pasaje se encierra una mina de verdad.

Pablo mira *hacia adelante,* hacia el gran día del juicio, y sin duda de ninguna clase nos dice: "Por lo demás, me está guardada la corona de justicia, la cual me dará el Señor, juez justo, en aquel día; y no sólo a mí, sino a todos los que aman su venida." Parece ser como si nos dijera: "Me aguarda una gloriosa recompensa: una corona que sólo se da a los justos. En el gran día del juicio el Señor me dará a mí esta corona y también a todos aquellos que le amaron como a un Salvador invisible y desearon ardientemente verle cara a cara. Mis labores en la tierra han terminado."

Notemos como en las palabras del Apóstol no hay vacilación ni desconfianza. Habla como si la corona fuera suya. Con plena y segura confianza, manifiesta su firme persuasión de que aquel Juez justo se la otorgará. Y no se crea que Pablo dejará de considerar todas las demás circunstancias y acontecimientos que rodearán a aquel gran día, como son el gran trono blanco, la gran compañía de creyentes, la apertura de los libros, la revelación de todos los secretos, la terrible sentencia, la eterna separación de los salvos y de los perdidos; de todas estas cosas Pablo estaba bien al corriente. Pero ninguna de ellas le hacía vacilar; su fuerte fe las superaba y hacía que su mirada descansara únicamente en Jesús, Su Abogado todopoderoso, y en la sangre del esparcimiento. "Me está guardada una corona", nos dice, y añade: "la cual me *dará* el Señor." Habla como si todo esto ya lo viera con sus propios ojos.

Estas son las enseñanzas principales que podemos aprender de este pasaje bíblico. Sin embargo yo sólo me ceñiré a un punto importantísimo que se desprende del mismo, y es el de la "seguridad de fe" con la que el Apóstol contempla las realidades del día del juicio.

Este punto lo trataré con gusto, no sólo por la gran importancia que atribuyo al tema de la seguridad de la salvación, sino también porque es un punto muy descuidado hoy en día. Pero al mismo tiempo emprendo el estudio del mismo con temor y temblor. Sé que me adentro en un terreno muy difícil, y que es muy fácil hacer declaraciones precipitadas y sin fundamento bíblico. En este tema el camino entre la verdad y el error viene a ser muy estrecho, y me sentiré satisfecho si puedo hacer bien a algunas personas sin hacer daño a otras.

No creo que me equivoque al decir que existe una estrecha relación entre la verdadera santidad y la seguridad de la salvación. Y en el estudio de este tema espero demostrar a mis lectores la naturaleza de tal conexión. De momento me contentaré diciendo que el creyente que ha alcanzado un alto grado de santificación, ha conseguido también un alto grado de seguridad y certeza de fe.

I. — **La seguridad y certeza de fe que expresa Pablo es algo verdadero y bíblico**

La seguridad que Pablo expresa en estos versículos de II Timoteo no es algo soñado o inventado. No es resultado de un temperamento altamente emotivo ni de una mente idealista; sino que es un don positivo del Espíritu Santo que va más allá de toda conexión temperamental o constitucional, y una meta hacia la cual *todo creyente* ha de esforzarse en llegar.

En asuntos como éste, la primera pregunta que debemos hacernos es esta: ¿Qué nos dice la Escritura sobre el particular? La Palabra de Dios, clara y distintamente enseña que todo creyente puede llegar a una plena certeza de salvación. El cristiano verdadero, la persona realmente convertida, puede alcanzar un grado tan consolador de fe en Cristo, como para experimentar una completa confianza de que sus pecados han sido perdonados y de que el estado de su alma es seguro. Tal persona raramente se verá turbada por las dudas; raramente se verá invadida de temores; raramente se verá afligida por interrogantes ansiosos; y aunque habrá de soportar muchos conflictos interiores contra el pecado, podrá mirar confiadamente a la muerte, y sin temor al juicio. Ésta es, repito, una doctrina bíblica.

Ahora bien, lo que hemos dicho, a menudo ha sido y es objeto de controversia, e incluso ha sido negado por muchos. La Iglesia de Roma se pronuncia fuertemente en contra de la seguridad de la salvación. El Concilio de Trento claramente declara que la doctrina protestante de la seguridad y certeza del perdón de los pecados es una "confianza vana e impía"; y el influyente y conocidísimo teólogo Bellarmino llama a la doctrina de la seguridad de la salvación "el primer error de los herejes".

La mayoría de los que profesan un cristianismo mundano y ligero también se oponen a esta doctrina; les ofende y molesta. Como sea que ellos mismos no experimentan esta seguridad, les desagrada el que otros la gocen y den muestras de la misma. Si se les pregunta si sus pecados han sido perdonados, no sabrán qué contestar. No nos extrañe, pues, si no pueden creer en la doctrina de la seguridad de la salvación.

Pero hay también cristianos verdaderos que rechazan esta doctrina y se encogen de temor por estimar que está

llena de peligros y que bordea la presunción. Piensan que
es propio de la humildad cristiana el no hacer alardes de seguridad y confianza de salvación; adoptan una actitud de
duda e incertidumbre. Esta postura es de lamentar, pues ocasiona mucho daño espiritual.

Concedo, sin reservas, que hay personas presuntuosas
que hacen profesión de cierta seguridad y confianza que no
tienen base bíblica. Siempre nos encontramos con personas
que tienen un alto concepto de sí mismas, pero que a los
ojos de Dios no son nada. El caso contrario también se da:
personas que nada piensan de sí mismas, y que sin embargo
a los ojos de Dios son de gran estima. Recordemos que toda
verdad bíblica tiene sus falsificadores y sus adulteradores.
¡Cómo se falsifica el significado y se abusa de las doctrinas
de la elección de Dios, la impotencia del pecador con respeto a
la salvación y las doctrinas de la gracia salvadora! Mientras
el mundo exista habrá entusiastas y fanáticos. Pero aún
con todo, debemos mantener la realidad y veracidad de la seguridad de la salvación; y no porque algunos abusen y tuerzan el significado de esta doctrina, los hijos de Dios deben
desecharla *.

A todos aquellos que niegan la doctrina bien fundamentada y real de la seguridad de la salvación, yo les pregunto: ¿Qué dice la Escritura? Si la Biblia no probara y fundamentara esta doctrina yo no podría desarrollar el tema.
¿Qué nos dice Job? "Yo *sé* que mi Redentor vive, y al
fin se levantará sobre el polvo; y después de desecha esta mi
piel, en mi carne he de ver a Dios *(Job 19:25-26)*. ¿Qué nos
dice David? "Aunque ande en valle de sombra de muerte,
no temeré mal alguno, porque Tú estarás conmigo; tu vara
y tu cayado me infundirán aliento" *(Salmo 23:4)*. ¿Qué nos
dice Isaías? "Tú guardarás en completa paz a aquel cuyo
pensamiento en ti persevera; porque en ti ha confiado." "Y
el efecto de la justicia será paz; y la labor de la justicia reposo y seguridad para siempre" *(Isaías 26:3; 32:17)*.

* La verdadera seguridad de salvación tiene una base bíblica;
mientras que la presunción carece de fundamento escriturístico. La
presunción de salvación es como un testamento que no tiene firma ni
testimonios, y por consiguiente es declarado nulo por la ley. La presunción carece de testimonio en la Escritura y del sello del Espíritu.
La seguridad de salvación hace que el corazón del creyente siempre
se mantenga en un plano de humildad; pero la presunción es el pan
del orgullo. Las plumas hacen volar, pero el oro hace bajar; el corazón del creyente que goza de la dorada seguridad de salvación no
se eleva, sino que desciende en humildad. — T. WATSON.

¿Qué nos dice Pablo? Escribiendo a los romanos dice: "Por lo cual estoy seguro de que ni la muerte, ni la vida, ni ángeles, ni potestades, ni lo presente, ni lo por venir; ni lo alto ni lo profundo, ni ninguna otra cosa creada nos podrá separar del amor de Dios, que es en Cristo Jesús Señor nuestro" *(Romanos 8:38-39)*. Escribiendo a los Corintios dice: "Porque sabemos que si nuestra morada terrestre, este tabernáculo, se deshiciere, tenemos de Dios un edificio, una casa no hecha de manos, eterna en los cielos". "Así que vivimos confiados siempre, y sabiendo que entre tanto que estamos en el cuerpo, estamos ausentes del Señor" *(II Corintios 5:1, 6)*. Escribiendo a Timoteo, dice: "Yo se a quién he creído, y estoy seguro que es poderoso para guardar mi depósito para aquel día" *(II Timoteo 1:12)*. A los colosenses les habla de "las riquezas de pleno entendimiento" *(Colosenses 2:2)*; y a los hebreos de "la plena certeza de la esperanza" y de "la plena certidumbre de fe" *(Hebreos 6:11; 10:22)*.

¿Qué nos dice Pedro? "Procurad hacer firme vuestra vocación y elección" *(II Pedro 1:10)*. ¿Y qué nos dice Juan? "Nosotros sabemos que hemos pasado de muerte a vida". "Estas cosas os he escrito a vosotros que creéis en el nombre del Hijo de Dios, para que *sepáis* que tenéis vida eterna". "Sabemos que somos de Dios" *(I Juan 3:14; 5:13; 5:19)*.

¿Y qué diremos a estas cosas? Deseo hablar con humildad sobre cualquier punto doctrinal discutido, porque de sobras sé que soy un pobre y falible hijo de Adán. Pero, sin embargo, en los pasajes bíblicos citados yo veo algo que va mucho más allá de una mera "confianza" y "esperanza" con las que los creyentes de nuestro tiempo parecen contentarse. Estos versículos son persuasivos, inspiran confianza dan conocimiento y ¿por qué no? reportan certeza. Y creo que, en su obvio y pleno significado, enseñan *la doctrina de la seguridad de la salvación*. Resulta difícil suponer que el seguir las pisadas de Pedro, Pablo, Job y Juan implique presunción. Sin embargo, estos siervos de Dios, de probada y eminente humildad, hablan de su estado espiritual con esperanza segura y cierta. Y sin duda alguna, esto debería enseñarnos que una humildad profunda y una seguridad de salvación firme no son incompatibles, antes por el contrario, se armonizan perfectamente. No hay relación necesaria entre una confianza espiritual y el orgullo.

Además de esto, debo decir que muchos son los creyentes que han obtenido el estado de seguridad espiritual expresado en los versículos mencionados, incluso en nuestro tiempo. Ni aún por un momento podemos suponer que esta seguridad fuera un privilegio especial conferido a los creyentes apostólicos. En nuestro propio país ha habido creyentes que han vivido en lo que parecía una ininterrumpida comunión con el Padre y el Hijo, y nos han dejado testimonio de esta realidad sublime. La vida de los tales se ha caracterizado por una experiencia casi continua de la presencia de Dios. Muchos nombres de creyentes bien conocidos podríamos mencionar si tuviéramos espacio, pero el hecho es este: gozaron de la seguridad de la salvación.

En último lugar, no es erróneo mostrar seguridad en algo sobre lo cual Dios nos habla incondicionalmente, y creerlo con decisión, por cuanto Dios lo ha prometido con firmeza. No es erróneo mostrar una segura persuasión de perdón y salvación cuando se descansa en la palabra y declaración de un Dios que nunca cambia. Sería una gran equivocación suponer que el creyente que tiene seguridad de salvación descansa en algo que pueda haber en él. La realidad es diferente; el creyente descansa en el Mediador del Nuevo Pacto y en la verdad de la Escritura. Cree que el Señor Jesús cumplirá lo que dice, y descansa seguro en su Palabra. Después de todo, la seguridad de la salvación no es más que *una fe completamente desarrollada;* una fe que toma con ambas manos las promesas de Cristo; una fe que razona como el centurión del Evangelio: "Di solamente la palabra" y se realizará; es una fe que no duda *(Mateo 8:8).*

Podemos estar bien convencidos de que, de entre todos los hombres, Pablo habría sido el último en basar su seguridad de salvación en algo propio. Este Apóstol, que se refirió a sí mismo como "el mayor de los pecadores", tenía una profunda experiencia de su pecado y culpabilidad, así como de su propia corrupción. Pero su comprensión de la longura y anchura de la justicia de Cristo que le había sido imputada, todavía era más profunda. Tenía una visión clara de la maldad que emanaba de su corazón; de ahí aquel terrible suspiro: "¡Miserable hombre de mí!" *(Romanos 7:24).* Pero su visión de la Fuente salvadora que puede lavar todo pecado e iniquidad, era aún más clara. Pablo, que se consideró a sí mismo como el "más pequeño de los santos", mantenía viva en su conciencia, y experimentaba en su cuerpo, la debilidad de su naturaleza. Pero en él, la promesa de Cristo, "Mis ovejas no perecerán jamás", ardía aún con más vida *(Juan 10:28)*.

Pablo tenía conciencia de que era como una pobre y frágil embarcación en medio de un océano tormentoso; él vio, más que nadie, las onduladas olas y la arrolladora tempestad; pero al desviar sus ojos de sí mismo y dirigir la mirada a Jesús se desvanecían todos los temores. Recordaba que el ancla del alma, que penetraba hasta dentro del velo, es "segura y firme" *(Hebreos 6:19)*. Hacía memoria, también, de la palabra, obra e intercesión constante de Aquel que le amó y se dio a sí mismo por él. Y era como consecuencia de esto, y de nada más que esto, por lo que podía decir confiadamente: "Me está guardada la corona de justicia, la cual me dará el Señor"; y concluir con plena seguridad: "El Señor me librará de toda obra mala, y me preservará para su reino celestial" *(II Timoteo 4:18)*. *

II. — **Aun sin alcanzar este estado de seguridad de fe, el creyente puede salvarse.**

Sin reserva alguna concedo tal posibilidad. No deseo entristecer a ningún corazón que Dios no ha entristecido; ni desanimar a ninguno de los hijos de Dios que espiritualmente son propensos a desfallecer; ni deseo tampoco dar la impresión de que a menos que se alcance la seguridad de salvación, los tales no tienen suerte ni parte en los beneficios de Dios.

---

* «El estar seguros de nuestra salvación no constituye una bravata arrogante, sino que es parte de nuestra fe. No es orgullo, sino devoción; no es presunción, sino promesa de Dios». — *San Agustín*.

«Si los cimientos de nuestra seguridad de salvación descansaran en nosotros mismos, entonces sí que con motivo podríamos hablar de presunción. Nuestra seguridad descansa en el Señor y en su poder». — *Gouge*.

«¿Sobre qué se basa esta seguridad? Ciertamente, en nada de lo que pueda haber en nosotros. Nuestra seguridad de perseverancia se fundamenta completamente en Dios. Si nos miramos a nosotros mismos, ¡motivos más que sobrados tenemos para dudar y temer! Pero si miramos a Dios, ¡ah!, entonces encontramos razones suficientes para basar nuestra seguridad». — *Hildersam*.

«Nuestra esperanza no cuelga de un hilo tan débil como el de, "Yo me imagino que sí" o "Muy posiblemente que sí", sino que cuelga de un cable fuerte: la declaración y promesa de Aquel que es eterna veracidad. Nuestra salvación está atada al poderoso soporte de la naturaleza invariable de Dios; y fue atada por la misma mano de Dios, y con el esfuerzo propio de Cristo». — *Rutherford*.

Un creyente puede tener una fe salvadora en Cristo, y sin embargo no gozar de una seguridad de salvación y esperanza como aquella de la que dio muestras el apóstol Pablo. Una cosa es creer y poseer una débil esperanza de haber sido aceptados en el Amado, y otra cosa es tener "gozo y paz en el creer" y abundar en la esperanza. Todos los hijos de Dios tienen fe, pero no todos tienen el mismo grado de esperanza. Esto no debe de olvidarse.

Ya sé que ciertos hombres grandes y buenos han sostenido una opinión distinta. Creo que muchos ministros excelentes del Evangelio, a cuyos pies yo gustosamente me sentaría, no estarían de acuerdo con la distinción mencionada; pero en estas cosas no deseo llamar a nadie *maestro*. Me aterroriza curar con liviandad las heridas de conciencia, pero firmemente creo que cualquier concepción distinta a la que he dado, redundaría en un Evangelio incómodo de predicar que haría que las almas se mantuvieran por largo tiempo lejos de la puerta de la vida.

Una persona, por la gracia de Dios puede recibir suficiente fe para refugiarse en Cristo y confiar realmente en Él para salvación, pero aún así quizá no estará libre de ansiedad, duda, y temor, hasta el último día de su vida.

"Una carta puede estar escrita, pero no sellada, y de la misma manera una obra de gracia puede estar escrita en un corazón, y carecer del sello de la seguridad de salvación del Espíritu" —nos dice un escritor antiguo. Un niño puede ser heredero de una gran fortuna sin que jamás llegue a percatarse de su riqueza; su vida hasta la muerte puede estar marcada por un aire de puerilidad que le imposibilite conocer la magnitud de sus posesiones. De la misma manera, hay también muchos creyentes en la familia de Cristo que piensan como niños, hablan como niños, y aunque son salvos, nunca gozan de una esperanza viva, no son conscientes de los privilegios reales de su heredad.

Toda persona, para ser salva *debe* tener fe en el Señor Jesús. No existe otro camino de acceso al Padre. La persona *debe* experimentar sus pecados y su condición perdida; *debe* acudir a Jesús para la salvación y el perdón; y *debe* poner sus esperanzas en Él, y sólo en Él. Aunque sólo tenga fe para hacer esto, y por enfermiza y débil que sea esta fe, yo os aseguro, basándome en el testimonio de la Escritura, que tal persona nunca perderá el cielo.

Nunca, pero nunca, mutilemos el glorioso Evangelio de su liberalidad y dadivosidad, ni recortemos sus armónicas proporciones. Nunca hagamos el camino de salvación más estrecho y angosto de lo que el orgullo y el amor al pecado lo han hecho ya. El Señor Jesús es muy compasivo y de tierna misericordia. Más que la *cantidad*, lo que Él mira es la calidad de nuestra fe; más que el grado, el Señor considera la veracidad de la misma. No quebrará la caña cascada y no apagará el pábilo que humea. Nunca podrá decirse que alguien pereció a los pies de la cruz. "Al que a mí viene no le echo fuera" *(Juan 6:37)*. *

¡Si! Aunque la fe de la persona no sea mayor que un grano de mostaza, si le lleva a Cristo y le capacita para tocar el borde de su manto, tal persona será salva; tan salva como salvo es el santo más antiguo del paraíso, tan completa y eternalmente salva como Pedro, Juan o Pablo. Hay grados de santificación, pero no hay grados de justificación. Lo que está escrito, escrito está y nunca podrá quebrantarse. La Escritura *no* dice: "Todo aquel que tiene una fe fuerte y poderosa será salvo", sino que dice: "Todo aquel que en Él creyere no será avergonzado" *(Romanos 10:11)*. Pero no se olvide que quizá la pobre alma creyente no goce de una seguridad plena de perdón y aceptación delante de Dios; quizá se vea asaltada de dudas y temores y experimente perplejidades y ansiedades; quizá en lo alto de su vida espiritual abunden las nubes y haya noches oscuras en el alma.

Una fe sencilla y simple en Cristo salvará a una persona, aunque tal persona nunca haya alcanzado un estado de plena seguridad y certeza de fe. Su entrada al cielo no será con abundante y fuerte confianza. Llegará segura a puerto, pero no a plena vela, gozosa y confiadamente. No me sorprendería si alcanzara "su deseado puerto" después de haber sido azotada por la tempestad y agitada por las olas, y sin apenas darse cuenta de que es salva hasta que haya abierto sus ojos en la gloria.

Creo que es importantísimo mantener y recordar esta diferencia entre fe y seguridad de fe, pues explica ciertas cosas que para una mente inquisitiva, a veces, son difíciles de entender. Acordémonos de que la fe es la raíz y la seguridad

---

* Al final de este capítulo el lector encontrará extractos de los escritos de algunos teólogos y ministros ingleses muy notables que apoyan el punto de vista aquí mantenido.

y certeza es la flor. Sin raíz no puede haber flor, pero aunque no haya flor puede haber raíz. La fe podríamos personificarla en aquella pobre mujer que temblando se acercó por detrás a Jesús y tocó, por entre la multitud, el borde de su manto. *(Marcos 5:25.)* La seguridad de fe, podríamos personificarla con el ejemplo de Esteban; allí le vemos confiadamente erguido entre sus asesinos, y diciendo: "Veo los cielos abiertos, y al Hijo del Hombre que está a la diestra de Dios". *(Hechos 7:56.)* La fe es como el ladrón arrepentido que clama: "Señor, ¡acuérdate de mi!" *(Lucas 23:42.)* La seguridad de fe es como Job que sentado en el polvo y cubierto de llagas, dice: "Yo sé que mi Redentor vive. Aunque me matare, en Él esperaré" *(Job 19:25; 13:15.)* La fe es aquel grito angustioso de Pedro al hundirse en las aguas: "Señor, ¡sálvame!" *(Mateo 14:30.)* La seguridad de fe es aquel mismo Pedro, que años más tarde, declara: "Este Jesús es la piedra reprobada por vosotros los edificadores, la cual ha venido a ser cabeza del ángulo. Y en ningún otro hay salvación; porque no hay otro nombre bajo el cielo, dado a los hombres, en que podamos ser salvos" *(Hechos 4:11-12.)*

La fe es aquella voz ansiosa y temblorosa que clama: "Creo: ¡ayuda mi incredulidad!" *(Marcos 9:24).* La seguridad de fe es aquel desafío confiado: "¿Quién acusará a los escogidos de Dios? ¿Quién es el que condenará" *(Romanos 8:33-34.)* La fe es Saulo orando en casa de Judas de Damasco, ciego, pesaroso y solo. *(Hechos 9:11.)* La seguridad de fe es Pablo el prisionero anciano que con calma mira el sepulcro y dice: "Yo sé a quién he creído". "Me está guardada una corona". *(II Timoteo 1:12; 4:8.)*

La fe es *vida*. ¡Qué gran bendición! ¿Quién puede medir o darse cuenta del abismo que media entre la vida y la muerte? "Mejor es perro vivo que león muerto." *(Eclesiastés 9:4.)* Pero aún así, la vida puede ser débil, enfermiza, dolorosa, llena de pruebas, ansiosa, cansada, pesada, desprovista de gozo, sin sonrisa, y esto hasta el mismo fin. La seguridad de fe *es más que vida*. Es salud, vigor, fuerza, actividad, energía, belleza.

La cuestión que está delante de nosotros no es la de si una persona es "salva o no salva", sino la de si "goza o no goza de un privilegio". No es una cuestión de paz o de carencia de paz, sino de una gran paz o de una pequeña paz. ¡Feliz el que tiene fe! ¡Cuán dichoso me sentiría si todos los lectores de este escrito tuvieran fe! ¡Benditos, tres veces benditos, los que creen! Su estado espiritual es seguro: han sido lavados; han sido justificados; están fuera del alcance del poder del infierno. No podrá Satanás, con toda su malicia, arrebatarlos de la mano de Cristo. Pero aquel que tiene seguridad de fe *aun es más feliz*; y es que ve más, experimenta más, sabe más, goza más, tiene más días como aquellos que se nos mencionan en Deuteronomio: "días de los cielos sobre la tierra" *(Deuteronomio 11:21)* *.

III. — Razones por las que la seguridad de fe habría de desearse tan ardientemente.

Este punto requiere una atención muy especial. ¡Cuánto desearía que la seguridad de salvación fuera algo por lo cual se afanaran más los creyentes! Muchos son los creyentes que empiezan dudando, continúan dudando mientras viven, mueren dudando y van al cielo como envueltos en niebla.

Mal haría si hablara ligeramente de los "Yo espero", "Yo confío". Aunque me temo que muchos de nosotros nos conformamos con los mismos y no vamos más lejos. Me gustaría ver menos "quizás" en la familia del Señor, y más creyentes que pudieran decir: "Yo sé, y estoy bien cierto". ¡Oh, si todos los creyentes desearan los mejores dones, y no se contentaran con menos! Muchos son los que se pierden la alta marea de bendición que el Evangelio otorga. El nivel de muchas almas es bajo, y sufren hambre espiritual pese a que su Señor les dice: "Comed, bebed en abundancia, oh amados". "Pedid, y recibiréis, para que vuestro gozo sea cumplido." *(Cantares 5:1; Juan 16:24.)*

1. Debemos desear la seguridad de fe, *por la paz y bienestar presentes que reporta*. Las dudas y temores tienen poder para echar a perder gran parte de la felicidad que el creyente verdadero tiene en Cristo. La duda e incertidumbre son malas en cualquier condición y circunstancia de vida ya sea en relación con nuestra salud, propiedades, familias, afectos, vocaciones y ocupaciones diarias. Pero aún es peor si afecta a nuestras almas. Mientras el creyente no

---

* Lo más grande que podemos desear, después de la gloria de Dios es nuestra salvación; y lo más dulce que podemos desear es la seguridad de nuestra salvación. Todos los santos gozarán del cielo cuando abandonen este mundo; pero algunos santos ya gozan del cielo mientras aún están sobre esta tierra» — *J. Caryl.*

pueda ir más allá de un mero "yo espero", "yo confío", manifestará siempre un estado de incertidumbre con respecto a su condición espiritual. Las mismas palabras que usa lo implica: dice "yo espero", porque no puede decir "yo sé". La seguridad de fe va muy lejos para libertar al hijo de Dios de esta dolorosa esclavitud, y contribuye grandemente a que alcance un elevado bienestar espiritual. Gracias a la seguridad y certeza de fe el creyente experimenta los beneficios de la salvación y goza de una fruición real de los mismos. El destino eterno de su alma ya no es motivo de inquietud, pues la gran deuda del pecado ha sido pagada y la gran obra de la redención ha sido consumada. La certeza de fe hace, además, que el creyente sea paciente en la tribulación, tranquilo en las privaciones, contento en cualquier estado y confiado ante la adversidad. Y es que la seguridad de fe es fuente de *firmeza de corazón;* endulza sus copas amargas; reduce el peso de sus cruces; allana el camino de su peregrinar y alumbra el valle de sombra de muerte. Es el fundamento sólido de sus espectaciones *.

La seguridad de fe ayudará al creyente a sobrellevar la pobreza y la adversidad, y le enseñará a decir: "Yo sé que tengo en el cielo algo mejor y que permanece; no tengo plata ni oro, pero la gloria y la gracia son mías, y éstas no pueden hacerse alas y volar lejos". "Aunque la higuera no florezca, ni en las vides haya frutos; aunque falte el producto del olivo, y los labrados no den mantenimiento, y las ovejas sean quitadas de la majada, y no haya vacas en los corrales; con todo, yo me alegraré en el Señor." *(Habacuc 3:17-18.)*

* En cierta ocasión Latimer dijo a Ridley: «Cuando vivo en un decidido y firme estado de seguridad de salvación, me siento más valiente que un león. Puedo reírme de cualquier dificultad, y no hay aflicción que me acobarde. Pero cuando mi seguridad se eclipsa soy de un espíritu tan miedoso que podría esconderme en un agujero de ratón.». — *Citado por C. Love.*

«La seguridad de fe nos ayudará en todas nuestras obligaciones; nos aprestará en contra de toda tentación, nos disipará toda objeción, y nos sostendrá en cualquier condición por adversa que ésta sea. "Si Dios con nosotros, ¿quién contra nosotros?"». — *Reynolds.*

«Nada echa de menos aquel que tiene seguridad de salvación: Dios es suyo. ¿Ha perdido un amigo? —su Padre vive. ¿Ha perdido su único hijo? —Dios le ha dado su unigénito Hijo. ¿Se han eclipsado sus consuelos? —tiene el Consolador. ¿No tiene abundancia de pan? —Dios le ha dado lo mejor del trigo: el pan de vida. ¿Tropieza con tempestades? —él sabe donde ir para encontrar un puerto de refugio. Dios es su porción, y el cielo su refugio seguro». — *Thomas Watson.*

En medio de las grandes privaciones, la seguridad de fe sostendrá al hijo de Dios y le hará sentir que "todo va bien". El alma que goza de esta seguridad, dirá: "Aunque mis seres queridos sean arrebatados de mi lado, Jesús no cambia; Él es el mismo, y vive para siempre. Cristo, habiendo resucitado de los muertos, ya no muere. Aunque mi casa no sea tal como la carne y sangre desearían que fuera, sin embargo tengo un pacto perpetuo, firme y ordenado en todas las cosas" *(II Reyes 4:26; Hebreos 13:8; Romanos 6:9; II Samuel 23:5).*

Aún en la prisión, la seguridad de fe hará que el creyente eleve sus alabanzas de gratitud a Dios, tal como hicieron Pablo y Silas en Filipo. Aún en la más oscura noche, la seguridad de fe dará al creyente cantos de alabanza y gozo aún cuando todo parezca ir en contra de él *(Job 35:10; Salmo 42:8).* Hará que el creyente pueda conciliar su sueño aún ante la perspectiva cierta de que al amanecer le aguarda la muerte. Este fue el caso de Pedro en el calabozo de Herodes. Esta seguridad hará exclamar con el Salmista: "En paz me acostaré, y asimismo dormiré; porque sólo tú, Jehová, me haces vivir confiado" *(Salmo 4:8).*

La seguridad de fe hará que los creyentes consideren un gozo el sufrir afrentas por amor de Cristo, tal como sucedió con los Apóstoles al ser puestos en la cárcel en Jerusalén *(Hechos 5:41).* Esta seguridad de fe hará que los creyentes se gocen y se alegren, y producirá en ellos un cada vez más excelente y eterno peso de gloria *(Mateo 5:12; II Corintios 4:17).*

La seguridad de fe capacitará al creyente para resistir una muerte dolorosa y violenta sin temor, tal como sucedió en el caso de Esteban en los principios de la Iglesia cristiana, y más tarde con tantos de los reformadores. La seguridad de fe evocará en sus corazones textos como los de "No temáis a los que matan al cuerpo, y después nada más pueden hacer". "Señor Jesús, recibe mi espíritu" *(Lucas 12:4; Hechos 7:59).*

En medio del dolor y de la enfermedad, la seguridad de fe sostendrá al creyente, y hará que su lecho de muerte sea suave. Le capacitará para que pueda decir: "Porque si nuestra morada terrestre, este tabernáculo, se deshiciere, tenemos de Dios un edificio, una casa no hecha de manos, eterna en los cielos". "Tengo deseo de partir y estar con Cristo, lo cual es muchísimo mejor". "Mi carne y corazón desfallecen; mas la roca de mi corazón y mi porción es Dios para siempre" *(II Corintios 5:1; Filipenses 1:23; Salmo 73:26).*

La fuerte consolación que en la hora de la muerte una seguridad de fe puede proporcionar al creyente, es un punto de gran importancia. Es en la hora de la muerte, más que nunca, cuando lo precioso de la seguridad de fe se echa de ver. En esta hora terrible, pocos son los creyentes que no lleguen a darse cuenta del valor y privilegio de "una esperanza firme" y segura. Mientras el sol brilla y el cuerpo es fuerte, los "yo espero" y "yo confío" nos van más o menos bien, pero cuando nos llegue la hora de la muerte, desearemos poder decir: "Yo sé" y "yo siento". Las corrientes del río de la muerte son frías, y debemos cruzarlas solos. Nadie en esta vida podrá ayudarnos. Nuestro último enemigo, el rey de los terrores, es un adversario fuerte. En la hora en que nuestras almas estén a punto de abandonar este mundo, el mejor cordial será el fuerte vino de la seguridad de fe [*].

2. *La seguridad de fe debe desearse por cuanto hace del creyente un cristiano activo.* En general, los que hacen más por Cristo son aquellos que gozan de una plena confianza de salvación. El creyente que no tiene seguridad de salvación, empleará la mayor parte de su tiempo escudriñando su corazón y considerando su estado espiritual. Tal como sucede con la persona hipocondríaca, este creyente se sumergirá en sus dolencias, en sus dudas, en sus interrogantes, en sus luchas, en sus conflictos y en su propia corrupción. Es decir, estará tan preocupado con su pelea espiritual, que no le sobrará tiempo para otras cosas ni para hacer un poco de obra para el Señor.

Pero el creyente que, como Pablo, goza de una plena seguridad de salvación, se verá libre de todas estas incómodas distracciones. Su alma no se verá atormentada con dudas sobre su perdón y aceptación delante de Dios; considerará su salvación como *algo decidido y estable*. Y no podría pensar ni sentir de otro modo, pues el pacto eterno está sellado con la sangre de Cristo; la obra de la redención es perfecta y acabada, y jamás una palabra de su Dios y Salvador ha dejado

---

[*] Estas fueron las últimas palabras que Rutherford pronunció en su lecho de muerte: «¡Oh cuanto desearía que todos mis hermanos supieran a qué Maestro he servido, y qué paz tengo en este día! Dormiré en Cristo, y cuando despierte seré recompensado con Su semejanza».

de cumplirse. Su salvación es un hecho, y en consecuencia puede conceder una atención especial a la obra del Señor v aumentar sus esfuerzos para la causa de Su reino.

Para ilustrar lo dicho, imaginémonos a dos emigrantes ingleses que se han establecido en Nueva Zelanda o en Australia, y a los cuales el gobierno les ha concedido en propiedad sendas extensiones de terreno para cultivar. La posesión de estas propiedades viene respaldada por un documento público y oficial, y no hay posibilidad de error; las garantías de propiedad no pueden ser más ciertas ni más seguras: los terrenos les pertenecen, son bien suyos.

Supongamos que uno de los emigrantes, sin duda de ninguna clase en cuanto a la realidad y veracidad de la propiedad que le ha otorgado el gobierno, se pone a trabajar para dejar el terreno limpio para el cultivo; trabaja día y noche. Pero el otro emigrante, continuamente deja el trabajo para presentarse a los organismos oficiales preguntando si el terreno es realmente suyo, y si no se ha cometido alguna equivocación, o hay algún error que anule la donación.

El primero, sin dudar de su título de propiedad, trabajará con diligencia. El otro, dudando continuamente de su título de propiedad, poco trabajo hará; la mitad de su tiempo lo pasará yendo a Melbourne, o Sydney, o Auckland, con sus dudas y preguntas superfluas. Después de un año, ¿cuál de los dos habrá hecho más progresos en su trabajo? ¿Cuál de los dos habrá conseguido mejor y más abundante cosecha? Cualquier persona con sentido común podrá contestar a esta pregunta. Aquellos cuya atención no está dividida, siempre cosecharán un mayor éxito.

Y algo similar sucede con el título que a las mansiones celestes posee el creyente. Los creyentes que trabajarán más serán aquellos que no tienen dudas sobre la validez del título, ni se distraen en incrédulas conjeturas sobre el mismo. El gozo del Señor será fuente de energía para los tales. "Vuélveme el gozo de tu salvación, entonces enseñaré a los transgresores tus caminos", nos dice el salmista *(Salmo 51:12)*.

Nunca ha habido obreros cristianos más activos que los Apóstoles; parecía como si vivieran para trabajar. Verdaderamente la obra de Cristo era su bebida y su comida. No estimaban para sí sus vidas; éstas eran vividas y eran gastadas en pro del cumplimiento de la misión recibida. A los pies de la cruz se despojaron del amor a la buena vida, a las riquezas, a la salud y al bienestar del mundo. Y la razón principal de todo esto es que eran hombres que gozaban de una firme seguridad de salvación; podían decir: *"Sabemos que somos de Dios, y el mundo entero está bajo el maligno". (1 Juan 5:19)* *.

3. La seguridad de fe debe desearse por cuanto *hace del creyente un cristiano decidido*. La indecisión y la duda sobre nuestro estado espiritual delante de Dios es un triste mal, y el origen de muchos males. A menudo es causa de un andar vacilante y fluctuante en los senderos del Señor. La seguridad de fe ayuda a deshacer muchos nudos, y hace que el creyente descubra claramente el sendero de su obligación.

Muchas de las personas acerca de las cuales nosotros tenemos esperanzas de que son hijos de Dios y de que han gustado de una obra de gracia, son creyentes que de continuo se ven asaltados de dudas en cuestiones de la vida práctica y de testimonio. "¿Puedo hacer tal y cual cosa? ¿Debo abandonar tal costumbre familiar? ¿Debo tener tales compañías? ¿Cómo debo vestir? ¿Cuáles serán mis pasatiempos? ¿Me está permitido, en alguna circunstancia, el baile? ¿Puedo jugar a las cartas? ¿No puedo asistir a ciertas fiestas?" Para muchos estas preguntas son fuente de constante malestar. Y a menudo, muy a menudo, el *quid* de todos sus problemas y perplejidades es éste: no están seguros de si verdaderamente son hijos de Dios. No han resuelto definitivamente el sendero por el cual andan; no saben si están fuera o dentro del arca.

No ponen en tela de juicio el hecho de que el hijo de Dios debe tomar un curso decidido de vida, pero la pregunta que les tortura es esta: "¿Somos realmente hijos de Dios?" Si pudieran contestar positivamente a esta pregunta, entonces su curso de vida sería recto y uniforme, pero como nunca se

---

* «La seguridad de salvación nos hará activos y briosos en el servicio del Señor; nos incitará a la oración, y nos apresurará en la obediencia. La fe nos hace andar, pero la seguridad de fe nos hace correr, como si nunca hiciéramos bastante para el Señor.» — *Thomas Watson.*

«La seguridad de salvación hará que el creyente sea ferviente, constante, y que abunde en la obra del Señor. Cuando haya terminado algo, preguntará: "¿Qué más, Señor?" Pondrá su mano en cualquier obra, y su cuello para cualquier yugo de Cristo. Siempre pensará que lo que hace para el Señor es demasiado poco; y cuando haya hecho todo lo que podía hacer, se sentará y dirá: "Soy un siervo inútil"». — *Thomas Brooks.*

sienten seguros de si lo son, por eso vacilan y llegan a un punto muerto. El diablo les susurra: "Quizás no seas más que un hipócrita. ¿Qué derecho tienes, pues, a seguir un rumbo decidido de vida? Espera hasta que seas un verdadero cristiano". Y a menudo este susurro hace girar la balanza y conduce a un miserable compromiso con el mundo.

Yo creo que aquí tenemos la razón principal por la cual tantas personas que profesan ser salvas son tan inconscientes, vacilantes e indecisas en su conducta con respecto al mundo. No tienen la seguridad y certeza de que son de Cristo, por eso sienten tanta vacilación en romper con el mundo. Se estremecen al pensar que deben dejar ciertas costumbres del viejo hombre; y es que no experimentan confianza suficiente de que han sido revestidos del nuevo hombre. En una palabra: una causa secreta por la cual tantas personas "claudican entre dos opiniones" es porque no tienen seguridad de fe. Cuando los creyentes pueden decir con decisión "Jehová es Dios", entonces el curso de vida a seguir es claro. *(I Reyes 18:39.)*

4. Finalmente, la seguridad de fe debe desearse por cuanto *hace del creyente el más santo de los cristianos*. Esto quizá para algunos suene como algo demasiado maravilloso y extraño para ser verdad, pero ciertamente es así. Esta es una de las paradojas del Evangelio y a primera vista parece contraria a la razón y al sentido común, pero en realidad es un hecho. Nunca estuvo el cardenal Bellarmino tan apartado de la verdad como cuando dijo que la doctrina de "la seguridad de la salvación es un incitativo a la negligencia y a la pereza". Quien ha sido abundantemente perdonado por Cristo, hará siempre mucho por la gloria de Cristo; y el que goza de una completa seguridad de perdón vivirá una vida de íntima comunión con Dios. Es palabra fiel y digna de ser recordada por todos los creyentes que todo "aquel que tiene esta esperanza en él, se purifica a sí mismo, así como Él es puro" *(I Juan 3:3)*. Una esperanza que no purifica es una burla, un engaño, un fraude.

Nadie vigilará tanto su conducta y se mantendrá tan alerta como aquel que ha experimentado en su corazón el bienestar de una vida de íntima comunión con Dios. Experimenta y goza el privilegio, y teme perderlo; de ahí que tema tanto el caer de tan alto estado y dañar su propio bienestar espiritual permitiendo que algo se interponga entre su alma y Cristo. La persona que emprende un viaje llevando poco dinero encima, poco se preocupará de los peligros o de las horas en que viaja; pero aquel que lleva oro y joyas, por el contrario, será un viajero cauto; vigilará los caminos, los mesones, las compañías, y no correrá riesgos. Es un dicho antiguo, por poco científico que sea, que "las estrellas fijas son las que más tiemblan". La persona que de una manera más completa y total goza del favor redentor de Dios, temblará y tendrá miedo de perder las benditas consolaciones que le son propias, y mostrará un santo temor de hacer cualquier cosa que pudiera contristar al Espíritu Santo *.

Estos cuatro puntos los pongo a la atenta consideración de toda persona que profesa ser cristiana. ¿Te gustaría sentir en torno a ti los Brazos Eternos, y oír diariamente la voz de Jesús susurrando al alma: "Yo soy tu salvación"? ¿Deseas ser un obrero de provecho en la viña del Señor? ¿Desearías que toda la gente te reconociera como un seguidor de Cristo, firme, valiente, decidido, y que no pacta con el mundo? ¿Deseas ser eminentemente espiritual y santo? No tengo ninguna duda de que algunos de mis lectores contestaran: "Precisamente es todo esto lo que nuestros corazones desean. Ardientemente ansiamos estas cosas; gemimos por ellas, pero ¡parecen estar tan lejos de nosotros!"

¿No se te ha ocurrido nunca pensar en que quizá tu falta de seguridad de salvación sea la causa principal de todos tus fracasos, y de que tu poca fe sea el motivo por el cual disfrutas de una paz tan pobre? ¿Te extraña el que todas tus gracias estén marchitas y lánguidas cuando la fe, madre de todas ellas, es tan endeble y débil?

Haz caso de la exhortación que te doy en este día; busca un aumento de fe; busca una seguridad de salvación como la del apóstol Pablo. Busca y trata de conseguir una confianza simple, como de niño, en las promesas de Dios. Afánate para poder decir con Pablo: "Yo se en quién he creído; y estoy bien cierto que Él es mío, y yo soy Suyo".

Muy posiblemente tú has probado otros medios, pero has fracasado completamente. Cambia tu plan de acción; sigue otro rumbo. Deja a un lado tus dudas, y descansa más

---

* «La verdadera seguridad de salvación que el Espíritu Santo obra en el corazón del creyente, es como una fuerza que lo detiene de una vida licenciosa, y lo une íntimamente en amor y obediencia a Dios. Es la falta de fe y de seguridad del amor de Dios, o una seguridad carnal y falsa, la verdadera causa de la vida licenciosa tan común en el mundo.» — *Hildersam*, «*Sobre el Salmo* 51.»

enteramente en el brazo de Cristo. Empieza con una confianza implícita. Echa a un lado tus vacilaciones incrédulas, y toma la palabra del Señor. Ven y entrégate con alma y pecados a tu bendito Salvador. Empieza con un simple creer, y todas las demás cosas te serán añadidas *.

IV. — *Algunas causas por las cuales la seguridad de la salvación tan raramente se ve en el creyente.*

Este es un punto muy serio y debería incitarnos a todos a un examen de corazón. Ciertamente, pocos son los que de entre el pueblo de Dios parecen alcanzar el bendito estado de seguridad y certeza de fe. Comparativamente hablando, muchos son los que tienen fe salvadora, pero pocos los que gozan de aquella gloriosa confianza que brilla en las palabras de San Pablo. ¿Por qué es esto así? ¿Por qué la seguridad de la salvación, que los Apóstoles nos han mandado que busquemos, es algo que en nuestros tiempos, tan pocos cristianos parecen conocer experimentalmente?

Con toda humildad deseo hacer algunas sugerencias para explicar las posibles causas y disipar estos interrogantes. *Quizá* el Señor, en el temperamento natural de algunos de sus hijos descubre algo que haría que la seguridad de salvación no les fuera conveniente. *Quizá* necesitan ser mantenidos en un bajo nivel espiritual, por el bien de sus vidas cristianas. Sólo el Señor lo sabe. Pero aún permitiendo estas salvedades, me temo que hay muchos creyentes sin una seguridad y certeza de fe cuya causa y motivo bien pudiera ser alguno de los que detallo a continuación.

Conceptos defectuosos con respecto a la doctrina de la justificación suelen ser una causa común de falta de seguridad y certeza de salvación. Para muchas personas la justificación y la santificación son doctrinas que se confunden. Reciben la verdad evangélica de que algo debe tener lugar EN NOSOTROS, y también de que algo debe hacerse POR NOSOTROS, si es que queremos ser verdaderos miembros de

---

* «Lo que ocasiona tanta perplejidad es el hecho de que nosotros invertimos el orden de Dios. Algunas personas dicen: "Si yo tuviera la seguridad de que las promesas de salvación son para mí, y de que Cristo es mi Salvador, entonces podría creer". Lo cual equivale a decir: "Si pudiera ver, entonces creería". Pero en realidad, el orden inverso es el verdadero: "Hubiera yo desmayado" —nos dice David, "si no creyese que veré la bondad de Jehová." Primero creyó, y luego vio"». — *Leighton.*

Cristo. Y en esto están en lo cierto. Pero después, y sin que ellos se percaten, parece ser que se empapan de la idea de que su justificación, de alguna manera, se efectúa por algo dentro de nosotros mismos. No distinguen claramente que la obra de Cristo, y no la suya propia, constituye la única base de aceptación delante de Dios. No se dan cuenta que la justificación es algo enteramente fuera de nosotros y para lo cual nada es necesario por nuestra parte, a no ser la fe. Tampoco se percatan del hecho de que el más débil de los creyentes está tan completa y totalmente justificado como el más fuerte *.

Muchos se olvidan de que hemos sido salvos y justificados como pecadores y que aunque llegáramos a la edad de Matusalén no dejaríamos de ser pecadores. Debemos ser, sin duda alguna, pecadores *redimidos*, pecadores *justificados*, pecadores *regenerados*, pero pecadores, pecadores y pecadores seremos hasta el último momento de nuestra vida. Estas personas no se dan cuenta de que hay una vasta diferencia entre nuestra justificación y nuestra santificación. Nuestra justificación es una obra perfecta y no admite grados. Nuestra santificación es incompleta e imperfecta y será así hasta la última hora de nuestra vida. Tales personas parece como si esperaran a que el creyente, en cierto período de su vida, pudiera alcanzar un estado de santidad tal como para verse libre de toda corrupción. Y como sea que no encuentran este estado angélico de cosas en su corazón, llegan a la conclusión de que debe haber algo drásticamente malo en su estado espiritual. Y por eso se pasan los días de su peregrinación en lamentos, y son torturados con el temor de que no forman parte del rebaño de Cristo.

Pensemos bien este punto. Si algún alma creyente desea una seguridad de salvación que en la actualidad no goza, que se pregunte, primeramente, si su doctrina es correcta: si sabe distinguir entre cosas que difieren, y si sus ojos ven

---

* La Confesión de Fe de Westminster nos da una definición admirable de lo que es la justificación: «A los que Dios de una manera eficaz llama, también justifica gratuitamente. Esta justificación no consiste en una infusión de justicia, sino en el perdón de sus pecados, aceptando y considerando como justas sus personas; y esto no por algo hecho en ellos o por ellos sino solamente por amor de Cristo; no por imputarles como justicia propia la fe, o el acto de creer, o alguna otra obediencia evangélica, sino por haberles sido imputada la obediencia y satisfacción de Cristo —que ellos hacen suya por la fe, a través de la cual descansan en Él y en su justicia. Y esta fe no la tienen de sí mismos, sino que es don de Dios».

claramente en el tema de la justificación. Antes de que pueda experimentar la seguridad de salvación, ha de saber lo que es el *creer* con una fe sencilla, y en qué consiste la justificación por la fe.

En este asunto, y también en otros muchos, la vieja herejía de los gálatas encuentra tierra muy abonada no sólo en doctrina, sino también en práctica. La gente debería buscar ideas más claras sobre la persona de Cristo y de la obra que Él hizo por ellos. ¡Feliz el hombre que verdaderamente ha entendido la "justificación por la fe, sin las obras de la ley"!

Indolencia y apatía en lo que a un crecimiento espiritual concierne, es a menudo una de las causas de falta de seguridad de salvación. Es de sospechar que en este punto muchos creyentes verdaderos mantienen puntos de vista peligrosos y desprovistos de base bíblica; no intencionadamente, desde luego, pero el hecho es que los mantienen. Parece como si muchos creyentes hayan pensado que una vez convertidos, poco es lo que deben hacer, y convierten su estado de salvación en una especie de silla cómoda en la que se reclinan y se gozan. Se imaginan que la gracia les ha sido dada para gozarla, y se olvidan que, en realidad, les ha sido dada, como si fuera un talento, para ser usada, empleada y mejorada. Estas personas pierden de vista aquellas claras exhortaciones de la Escritura que nos invitan a "crecer, a aumentar, a abundar más y más, y a añadir a nuestra fe". No es de extrañar, pues, que en este estado de pasividad e inmovilidad espiritual echen de menos la seguridad de la salvación.

Nuestro continuo deseo debe ser el de ir adelante; y nuestro lema, a medida que pasan los años, debería ser el de *"más y más"*: más conocimiento, más fe, más obediencia, más amor *(I Tesalonicenses 4:1)*. Si nuestro fruto ha sido del de sesenta por uno, deberíamos esforzarnos para conseguir ciento por uno. La voluntad del Señor es nuestra santificación, y ésta debería ser también nuestra voluntad. *(Mateo 13:23; I Tesalonicenses 4:3.)*

Entre la diligencia y la seguridad de salvación existe una inseparable conexión. Nos dice Pedro: "Procurad hacer firme vuestra vocación y elección (o bien podría traducirse: "Mostrad *diligencia* en hacer *seguros* vuestra vocación y llamamiento) *(II Pedro 1:10)*. *"Pero deseamos"* —nos dice Pablo, "que cada uno de vosotros muestre la misma solicitud (diligencia) hasta el fin, para plena certeza de la esperanza". *(Hebreos 6:11.)* "El alma de los diligentes será prosperada", nos dice Salomón. *(Proverbios 13:4.)*

¿Se encuentra alguno de mis lectores entre aquellos que desean obtener la seguridad de la salvación? Acuérdate, pues, de mis palabras: por mucho que la desees, sin diligencia no la conseguirás. En lo espiritual, como en lo temporal, no hay ganancia sin esfuerzo. "El alma del perezoso desea y nada alcanza" *(Proverbios 13:4)*. *

Inconsistencia en nuestro andar espiritual puede ser la causa de nuestra falta de seguridad de salvación. Con dolor y tristeza me siento constreñido a decir que uno de los motivos más comunes por los cuales no se alcanza un estado de seguridad de fe es precisamente una conducta inconsecuente. El número de los que profesan ser cristianos hoy en día es mucho mayor que en tiempos pasados, pero al mismo tiempo debemos decir también que la profesión de los tales es menos profunda.

La inconsistencia de vida llega a destruir totalmente la paz de conciencia. Y es que estas dos cosas son incompatibles; no pueden en modo alguno ir juntas. Si deseas continuar con tus pecados favoritos y no puedes decidirte a abandonarlos (te estremeces con la sola idea de que deberías cortar tu mano, o arrancarte un ojo), entonces te puedo asegurar que nunca gozarás de la seguridad de la salvación.

Un andar vacilante, un titubeo constante para emprender una línea de acción firme y valiente, una prontitud para

---

* «El cristiano indolente carecerá siempre de cuatro cosas: bienestar, contentamiento, confianza y seguridad. Dios ha hecho una separación entre el gozo y la ociosidad, entre la seguridad y la indolencia; y es imposible, pues, para ti juntar estas cosas que Dios ha separado.» — *Tomas Brooks.*

«¿Estás tú en medio de la oscuridad y la duda, incierto y tambaleándote, desconociendo cuál es. tu condición, y no sabiendo siquiera si tienes interés en el perdón que viene de Dios? ¿Te agitas de un lado a otro entre esperanzas y temores, y buscas paz, consolación y firmeza? Entonces, ¿por qué permaneces inactivo? ¡Levántate! ¡Ora, vela ayuna, medita, entabla combate contra tus pasiones y corrupciones! No temas ni te compadezcas de las tales; haz fuerza en el trono de la gracia con tus oraciones, importunidades y ruegos incesantes. Así es como se obtiene el reino de Dios. Estas cosas, de por sí, no son paz, ni seguridad de salvación, pero son los medios que Dios ha dispuesto para obtener la paz y la seguridad de salvación.» — *Juan Owen (Comentario al Salmo 130).*

conformarse al mundo, un inseguro testimonio para Cristo, una profesión de fe de tono apagado, un retroceder ante cualquier sugerencia de profunda consagración y alta santificación, todo esto es augurio de destrucción en el jardín espiritual de tu alma.

Sería vano suponer que una vez hayas observado *todos* los mandamientos de Dios con respecto a *todas* las cosas, y llegado a odiar *todo pecado* —grande o pequeño— te sentirás seguro y persuadido de tu perdón y de tu aceptación delante de Dios. *(Salmo 119:128)*. Si un sólo Acán consigue entrar en el campo de tu corazón, debilitará tus manos y hará descender tus consolaciones al nivel del polvo. Debes sembrar en el Espíritu, para segar el testimonio del Espíritu. A menos que trabajes y te esfuerces en todo para agradar al Señor, no llegarás a experimentar que Sus caminos son caminos deleitosos *.

Bendito sea el Señor porque nuestra salvación no depende de nuestras propias obras. Por gracia somos salvos por la fe; no por las obras de la ley, ni por las obras de justicia propia. Pero aún así, no desearía que el creyente olvidara que en gran parte la EXPERIENCIA de nuestra salvación depende de nuestra manera de vivir. Una vida inconsecuente oscurecerá nuestra visión y será causa de que se interpongan nubes entre nosotros y el Sol de justicia. Aunque haya nubes delante, el sol es el mismo pero tú no podrás ver su resplandor, ni gozar de su calor, y en consecuencia, tu alma se enfriará y se abatirá. Es andando en el camino del buen obrar que el día

---

* «¿Deseas alcanzar una esperanza firme? Entonces guarda una conciencia pura; no puedes manchar una de las dos sin debilitar la otra. El creyente que en su andar espiritual no es cuidadoso ni circunspecto, pronto se dará cuenta de que su esperanza se marchita. Todo pecado sume al alma que con él juega, en temores y estremecimientos de corazón.» — *Gurnall.*

«Una causa muy común y decisiva de aflicción tiene sus orígenes en un amor secreto hacia algún pecado. Tal pecado ofuscará la visión del ojo del alma y hará que el creyente no sienta ni experimente su condición espiritual; pero de una manera muy especial acarreará el que Dios se esconda del alma, y retire Sus consolaciones y la ayuda del Espíritu.» — Baxter *«El descanso de los Santos».*

«Las estrellas que tienen un circuito menor son las que están más cerca del polo; y los creyentes que están menos embarazados con el mundo son los que están más cerca de Dios y gozan más de la seguridad de su salvación. Cristiano mundano, no te olvides de esto: Tú y el mundo debéis dividiros, de otro modo tu alma nunca encontrará la seguridad». — *Tomas Brooks.*

primaveral de la seguridad y certeza te visitará y brillará en tu corazón.
"La comunión íntima de Jehová es con los que le temen, y a ellos hará conocer su pacto.". "Al que ordenare su camino, le mostraré la salvación de Dios." "Mucha paz tienen los que aman tu ley, y no hay para ellos tropiezo." "Si andamos en luz como Él está en luz, tenemos comunión unos con otros." "No amemos de palabra ni de lengua, sino de hecho y en verdad. Y en esto conocemos que somos de la verdad y tenemos asegurados nuestros corazones delante de Él." "Y en esto sabemos nosotros que le conocemos, si guardamos sus mandamientos". *(Salmo 25:15; 50:23; 119:165; I Juan 1:7; 3:18-19; 2:3.)*

Pablo se esforzó siempre en mantener una conciencia libre de ofensa hacia Dios y hacia el hombre. *(Hechos 24:16.)* Confiadamente podía decir: "He peleado la buena batalla; he guardado la fe". No me extraña, pues, que el Señor le capacitara para poder añadir: "Por lo demás me está guardada la corona de justicia, la cual me dará el Señor, juez justo, en aquel día".

Invito a cualquier creyente en el Señor Jesús que desee obtener la seguridad de su salvación, a que considere también este punto; a que examine su corazón, su conciencia, su vida, su conducta y su hogar. Y muy posiblemente, después de haber examinado todo esto podrá decir: "Hay motivo y causa por la cual no disfruto de seguridad y certeza de fe".

Y ahora antes de dar por terminado este escrito, desearía dirigir unas palabras a aquellos de mis lectores que todavía no se han entregado al Señor, que no han salido todavía del mundo, escogido la buena parte y seguido a Cristo. Les pido que aprendan de este escrito los *privilegios y consolaciones que tiene el verdadero cristiano.*

Confío que la idea que tenéis del Señor Jesús no la deduciréis, exclusivamente, juzgando a Su pueblo. Y es que aún el más santo de sus siervos no puede sino daros una idea muy pobre del glorioso Maestro. Tampoco desearía que juzgarais los privilegios de Su reino por la medida de consuelo y bienestar a la que alcanzan algunos de sus hijos; ¡y es que somos criaturas tan pobres! Quedamos cortos, muy cortos, de la bienaventuranza que podríamos gozar. Pero tenlo por cierto: hay cosas gloriosas en la ciudad de nuestro Dios para aquellos que ya en esta vida las han gustado, aunque muy débilmente, a través de una firme y segura esperanza de fe. Hay allí una paz y consolación tan inmensas que tu mente es incapaz de concebirlas. En la casa de nuestro Padre hay abundancia de pan, pese a que muchos de nosotros sólo hemos comido algunas migajas del mismo y continuamos débiles. Pero no debemos culpar de ello a nuestro Maestro; la culpa es nuestra. Pero aún así, el más débil de los hijos de Dios tiene dentro de sí una mina de consuelo de la cual tú no sabes nada. Tú puedes ver los conflictos y las pruebas y el balanceo de un lado para otro que tiene lugar en la superficie de su corazón, pero no puedes ver las perlas de gran precio que se esconden en lo profundo del mismo. El miembro más endeble de la familia de Cristo no se cambiaría contigo. El creyente que posee el más insignificante grano de seguridad de fe, está en un estado mucho mejor que el tuyo. Tiene esperanza, aun por débil que ésta sea; mientras que tú no tienes esperanza. Él tiene una porción que nunca le será quitada; un Salvador que nunca le abandonará, y un tesoro que nunca puede marchitarse; y aunque en la actualidad su percepción sea muy pobre, todo esto es realmente suyo. Pero en lo que a ti se refiere, si mueres en tu presente estado y condición, tus esperanzas también perecerán. ¡Oh! ¿por qué no serás sabio, y entenderás estas cosas? ¡Oh, si pensaras en lo que toca a tu fin!

Haz caso del aviso que en este día un ministro de Cristo te da. Busca riquezas que perduran, tesoros que no puedes perder, una ciudad con fundamentos eternos. Imita al apóstol Pablo, y haz lo que él hizo. Entrégate al Señor Jesús, y busca aquella corona incorruptible que Él está dispuesto a concederte. Toma su yugo y aprende de Él. Apártate de un mundo que nunca te saciará, y del pecado que como serpiente te morderá. Ven al Señor Jesús como pobre pecador; te recibirá, te perdonará, te concederá su Espíritu regenerador y te llenará de paz. Y todo esto te proporcionará más bienestar que todo lo que el mundo pueda ofrecerte. Hay un vacío en tu corazón, que sólo la paz de Cristo, y nada más, puede llenar. Entra en el reino y participa con nosotros de sus privilegios. Ven con nosotros y siéntate a nuestro lado en el banquete.

En último lugar, me dirigiré a todos los creyentes que leen este escrito, para hablarles unas palabras de consuelo fraternal: *Si todavía no gozáis de la seguridad de vuestra salvación, tomad la resolución en este día de buscarla.* Esforzaos para conseguirla. Orad y no déis descanso al Señor hasta que "sepáis en quien habéis creído.

Creo que es una vergüenza, y constituye una afrenta, que entre los que profesan hoy en día ser hijos de Dios, haya tan poca seguridad de salvación. "Es en verdad lamentable", nos dice el viejo Traill, "que haya tantos cristianos que han vivido veinte o cuarenta años desde que Cristo los llamó por su gracia, y que todavía están dudando". Recordemos el profundo deseo de Pablo escribiendo a los hebreos, de que "cada uno" de ellos se afanara para conseguir una seguridad completa de salvación. Esforcémonos también nosotros para conseguir este estado de fe, y de esta manera librarnos de la afrenta que pesa sobre el cristianismo de nuestro tiempo.

Lector creyente: "¿no tienes deseos de cambiar tu esperanza por seguridad, tu confianza por persuasión, y tu incertidumbre por conocimiento?" Por el hecho de que una fe débil salva, ¿te contentarás ya con ello? Sabiendo que la seguridad y certeza de fe no es esencial a la salvación y entrada al cielo, ¿te contentarás con vivir sin ella? Si es así, puedo asegurarte que tu salud espiritual no es muy satisfactoria, y que tu manera de pensar es muy distinta a la de la Iglesia apostólica. ¡Levántate ahora mismo y avanza con paso decidido y firme! No te duermas sobre los cimientos de tu fe; busca la perfección de tu edificio espiritual. No te contentes con cosas pequeñas; no las desprecies en los otros, pero tú no te contentes con ellas.

Créeme, vale la pena afanarse para conseguir la seguridad de salvación. Te abandonas a ti mismo cuando dejas de buscarla. Créeme, las cosas de que te hablo son para tu propia paz. Si bueno es alcanzar seguridad en las cosas de esta vida, ¡Cuánto más lo es en las cosas espirituales! Tu salvación es algo inconmovible y cierto. El Señor lo sabe. ¿Por qué no te afanas tú también para saberlo? No hay nada que no sea bíblico en esto. Pablo nunca vio el Libro de la Vida y sin embargo dice: "Yo sé y estoy cierto".

Pide pues, en tus oraciones diarias, que el Señor aumente tu fe. Según tu fe, así será tu paz. Cultiva más y mejor la raíz de la fe, y tarde o temprano tendrás la flor. Quizá no sea en un instante que obtengas el fruto de la seguridad de salvación. Es bueno a veces esperar, ya que no apreciamos demasiado las cosas que obtenemos sin esfuerzo. Pero aunque el fruto de la seguridad tarde en llegar, espéralo, búscalo, y confía en que llegará.

Hay sin embargo una cosa sobre la cual no desearía estutuvieras en ignorancia: aún después de haber obtenido la seguridad de la salvación, *no te sorprenda si en ocasiones te vienen dudas*. No te olvides de que todavía no estás en el cielo, sino que aún estás en la tierra. Estás todavía en el cuerpo, y el pecado todavía mora en ti; y hasta el mismo día de la muerte, la carne peleará contra el espíritu. Acuérdate, además, que hay un diablo y de que es un diablo muy fuerte, un diablo que tentó al Señor Jesús e hizo caer a Pedro; y que a ti no te dejará. Siempre tendrás algunas dudas. Quien no tiene dudas es que no tiene nada que perder. Quien no teme, es que no tiene nada que sea realmente de valor. Quien no es celoso, poco sabe de lo que es un amor profundo. Pero no te desanimes: tú serás más que vencedor a través de Aquel que te amó *.

Finalmente, no debes olvidar que *la seguridad puede perderse por algún tiempo*, y esto aún en los cristianos más avanzados, a menos que estén alerta y se cuiden de su vida espiritual. La seguridad es una planta delicada. Requiere de una diaria y constante atención; necesita de agua, de un constante cavar en la tierra, y de un sinfín de cuidados. Vela y ora, y como Rutherford dice, "preocúpate mucho de tu seguridad". Estad siempre en guardia. En "El Peregrino", cuando Cristiano se durmió en el bosquecillo perdió su certificado. No lo olvides.

Al caer en la transgresión, David estuvo muchos meses sin seguridad de salvación. Pedro la perdió al negar a su Señor. Tanto el uno como el otro volvieron a recuperarla pero no sin antes haber derramado amargas lágrimas. Las tinieblas espirituales vienen a caballo, pero se van a pie; antes que nos demos cuenta ya están sobre nosotros; se disipan despacio, gradualmente, y después de muchos días. Es fácil bajar la colina, pero difícil subirla. Acuérdate, pues, de mis palabras de cautela: cuando disfrutes del gozo del Señor, entonces vigila y ora.

Y sobre todas las cosas: no contristes al Espíritu Santo. No apagues el Espíritu. No lo alejes de ti a causa de tus

---

* «Nadie goza siempre de seguridad. Así como en un camino hay trechos sobre los que cae la sombra de los árboles de modo que la luz alterna con las sombras, y hay trechos sobre los que brilla la luz del sol, lo mismo sucede también, por lo general, en la vida del creyente.» — *Hopkins.*

pequeños malos hábitos y pecados. Pequeñas querellas entre marido y esposa hacen un hogar desgraciado; y cuando se permiten pequeñas inconsistencias en el andar cristiano, el resultado será un alejamiento del Espíritu. Pon atención a la conclusión general de todo lo dicho: El creyente que en estrecha comunión anda con Dios en Cristo, disfrutará por lo general de una mayor paz. El creyente que de una manera más completa sigue al Señor y se propone alcanzar las cimas más altas de la santidad, por lo general gozará de una firme y alta seguridad de salvación.

* * *

APENDICE

Citas de predicadores y teólogos ingleses para demostrar que existe una diferencia entre fe y seguridad de fe. Un creyente puede haber sido justificado y aceptado delante de Dios, y sin embargo no gozar de una persuasión cierta de su propia seguridad. Por débil que sea la fe, si es genuina, redundará para salvación al igual que la más fuerte. Esto es lo que se demuestra en las siguientes citas.

«La misericordia de Dios es más grande que todos los pecados del mundo. Pero a veces nuestra condición es tal, que dudamos de si en realidad tenemos fe; y si la tenemos, pensamos que es muy débil y enfermiza. Pero debemos distinguir entre dos cosas: una es tener fe, y la otra experimentar esta fe. Muchos creyentes desearían experimentar su fe, ¡y qué no harían para conseguirlo! Pero parece ser que todo es en vano. A los tales les digo que no desesperen, sino que perseveren en sus súplicas y peticiones a Dios, y aunque tarde, la experiencia de fe vendrá: Dios abrirá sus corazones y les hará experimentar Su bondad.» — *Latimer.*

«Esta certeza de salvación, de la cual nos habla Pablo, nos repite Pedro y nos menciona David (Salmo 4:7), consiste en aquel fruto especial de la fe que engendra un gozo y una paz espiritual que sobrepasa todo entendimiento. Cierto es que no todos los hijos de Dios la tienen. Una cosa es el árbol y otra es el fruto del árbol; una cosa es la fe, y otra es el fruto de la fe. Aquellos elegidos de Dios que desean el fruto de la fe, tienen, sin embargo, el árbol de la fe.» — *Richard Greenham.*

«Por el hecho de que no gozan de una seguridad plena de fe, algunos creyentes están prestos a concluir que no tienen fe. Recordemos que aún el fuego mejor encendido desprenderá un poco de humo.»
Richard Sibbes.

«La fe es el acto por el cual el alma se apropia de Cristo. Y esto es algo que la fe más débil puede hacer igual que la fe fuerte. Un niño puede asir un bastón de la misma manera que lo puede hacer un adulto, aunque no tan fuertemente. El prisionero, a través de las rendijas de su celda puede ver el sol, pero no tan claramente como los que están fuera. Los que miraron a la serpiente de metal, aunque de muy lejos, también fueron curados. Una fe pequeña, pero genuina, es tan preciosa para el alma del creyente como la de Pedro y Pablo lo era para ellos, pues se apropia de Cristo y trae salvación eterna.»

Thomas Adams

«Una fe débil es una fe verdadera, tan preciosa, aunque no tan grande, como una fe fuerte: el mismo Espíritu Santo es el autor, y el mismo Evangelio el instrumento. Aunque nunca alcance un desarrollo fuerte, la fe débil salvará, pues engendra en nosotros un interés salvador en Cristo y nos apropia para nosotros su persona y beneficios. No es el vigor de la fe lo que salva, sino la veracidad de la fe; no es una fe débil la que sume en la condenación, sino la falta de fe; la fe más débil puede apropiarse de Cristo y, en consecuencia, salvarnos. No somos salvos por la cantidad de nuestra fe, sino por Cristo; y tanto la fe débil como la fuerte pueden apropiarse de Cristo para salvación. De la misma manera que una mano débil, al igual que una mano fuerte, pueden introducir alimento en la boca para que se nutra el cuerpo, —ya que el cuerpo no se alimenta del vigor de la mano, sino de la comida— así sucede con una fe fuerte y una fe débil.» *(La doctrina de la fe.)* — *Juan Rogers.*

«Una cosa es tener ciertamente un objeto y otra es que yo sepa ciertamente que tengo tal objeto. A veces buscamos cosas que las tenemos en la mano y muchas veces tenemos cosas que nosotros creemos que hemos perdido. Y es así con algunos creyentes que tienen una fe verdadera, pero que no siempre creen que la tienen. La fe es necesaria para la salvación, pero la certeza plena de la fe no lo es.»

Ball.

«Hay una fe que es débil, pero que sin embargo es verdadera; y aunque sea débil, por el hecho de que es verdadera, Cristo no la rechazará. En sus principios la fe no es perfecta, sino que es como un hombre en el curso ordinario de la naturaleza: primero es un recién nacido, luego un niño, luego un joven y luego un adulto. Algunas personas desprecian completamente a los *recién nacidos* y a los *niños* en la fe y condenan hipócritamente a todos los de fe débil. Sin duda alguna, tales personas son orgullosas, e incluso crueles.

»Algunos procuran animar y afirmar a aquellos que son débiles en la fe, diciéndoles: "Tranquilízate. Tú ya tienes fe y gracia suficientes; tu grado de bondad ya es satisfactorio; ya no necesitas nada más; no tienes que ser demasiado justo" (Eclesiastés 7:16). Estos consejos son blandos, pero no son seguros; provienen de aduladores y no de amigos fieles.

»Otros procuran animar y afirmar a aquellos que son débiles en la fe, diciéndoles: "Ten buen ánimo; el que en ti ha empezado una buena obra, la terminará hasta el fin. Por consiguiente, ora para que Su gracia pueda abundar en ti; no estés quieto sin hacer nada: ¡levántate y anda por los senderos del Señor!" (Hebreos 6:1). Este curso de acción es el mejor y el más seguro.» — *Richard Ward.*

«Una persona puede gozar del favor de Dios, estar en estado de gracia y ser justificado delante de Dios, y aún así carecer de una seguridad sensible de su salvación y del favor de Dios en Cristo. Puede tener la gracia salvadora y no apercibirse de ello; puede haber sido justificada por la fe, pero no experimentar en su corazón el bienestar de la seguridad de su reconciliación con Dios. Aún iré más lejos; una persona puede encontrarse en estado de gracia y haber sido justificada por la fe, y sin embargo estar tan lejos de toda experiencia de seguridad de fe como para estar cierta de lo contrario. Ciertamente este era el caso de Job cuando suspiró a Dios: "¿Por qué escondes tu rostro, y me cuentas por tu enemigo?" (Job 13:24).

»La fe más débil justifica. Si tú puedes recibir a Cristo y descansar en Él no será en vano. Pero mucho cuidado no llegues a pensar que es el vigor de la fe lo que justifica. No, no; nuestra justificación es en Cristo y gracias a su justicia, la cual se recibe por la fe.» — *Arthur Hildersam.*

«Hay verdaderos creyentes que, sin embargo, tienen una fe débil. Han recibido a Cristo y a su gratuita gracia, pero lo han hecho con mano temblorosa. Tienen, como nos dicen los teólogos, fe de adherencia, es decir, se aferrarán y tomarán a Cristo como suyo; pero carecen de fe de evidencia, es decir, no pueden verse a sí mismos como pertenecientes a Él. Son creyentes, pero de una fe débil; confían que Cristo no les echará fuera, pero no están seguros de que les tomará arriba.» (Sorbos de Dulzura o Consolación para los creyentes débiles.) — *John Durant.*

«No encuentro en la Escritura el que la Salvación dependa del grado de nuestra fe, sino de su autenticidad; no del grado más elevado de fe, sino de cualquier grado de fe con tal que sea genuina. No se nos dice que si alcanzamos cierto grado de fe seremos salvos, sino que se requiere el simple creer. El grado más bajo de fe verdadera, salva: "Que si confesares con tu boca que Jesús es el Señor, y creyeres en tu corazón que Dios le levantó de los muertos, serás salvo" (Romanos 10:9). El ladrón de la cruz no alcanzó un grado elevado de fe; sin embargo, al ejercitar su débil fe recibió la salvación y fue justificado.» — *William Greenhill.*

«La seguridad y certeza de fe es requisito imprescindible para el bienestar del creyente, pero no para su salvación; es esencial para su consolación, pero no para su salvación. Aunque sin la fe una persona no puede salvarse, sin embargo sin seguridad y certeza de fe puede salvarse. En muchos lugares de la Escritura, Dios nos dice que sin fe no hay salvación; pero en ninguno nos dice Dios que sin seguridad y certeza no hay salvación.» — *Thomas Brooks.*

«Si tú puedes descubrir en tu corazón la llama de la fe, por débil que sea, entonces no te desanimes, no te turbes. Piensa que el más humilde grado de fe, si es verdadero, redunda en salvación al igual que el grado de fe elevado. Una chispa de fuego, es tan fuego como lo pueda ser la hoguera más grande. Una gota de agua es tan agua como el agua del océano. Y lo mismo sucede con el más pequeño grano de fe; salva, como salva la fe más grande del mundo. La fe más débil, al igual que la más fuerte, tiene su comunión con los méritos y sangre de Cristo.

»La fe más insignificante une el alma con Cristo. La fe más débil participa del amor de Cristo en la misma medida que lo hace la más fuerte. Somos amados en Cristo, y el grado más pequeño de verdadera fe nos hace miembros de Cristo. La fe más pequeña tiene el mismo derecho que la grande para recibir las promesas evangélicas. Que no se desanimen, pues, las almas de aquellos creyentes que tienen una fe débil.» — *Samuel Bolton*.

«Debemos distinguir entre una fe débil y una falta de fe. Una fe débil es una fe verdadera. La caña cascada es débil, pero aún siendo débil Cristo no la romperá. Aunque tu fe sea débil, no te desanimes. Una fe débil puede recibir a un Cristo fuerte; una mano débil puede atar el lazo matrimonial de la misma manera que lo puede unir la mano fuerte; unos ojos débiles pudieron haber visto la serpiente de metal y recibido curación La promesa bíblica no es a la fe fuerte, sino a la verdadera. La promesa no dice que cualquiera que tenga una fe gigante, capaz de remover montañas y tapar bocas de leones será salvo, sino al que cree, sea su fe grande o pequeña.» — *Thomas Watson*.

«Una cosa es estar ciertos de la salvación, y otra es estar ciertos de que es cierta. Supongamos que un hombre cae en las corrientes impetuosas de un río y está en peligro de ahogarse. De pronto descubre una rama de árbol colgando sobre las aguas y con todas sus fuerzas se agarra fuertemente a ella, y no viendo otro socorro a su alcance, arriesga sus esperanzas de salvación en la misma. En el mismo instante en que se asió fuertemente a la rama salvó su vida, pero los terrores y temores aún persistieron en su mente por algún tiempo antes no se dio cuenta de que su vida ya no peligraba. Y es una vez que se ha dado cuenta de que está fuera de peligro que se siente seguro, pero en realidad ya estaba a salvo en el momento en que se asió a la rama. Así es también con el creyente. La fe no es más que un descubrir a Cristo como el único medio de salvación y el asirse a Él para no perecer. En el instante en que el alma puede decir: *creo en Cristo como mi único Salvador, y confío en Él para mi salvación*, Dios imputa a la tal la justicia de Cristo, de modo que ante el tribunal del cielo ha sido justificada, pese a que en la conciencia de la persona todavía persisten los temores y las dudas. La pacificación de la conciencia viene más tarde como uno de los frutos de la justificación; para unas almas pronto, para otras más tarde.» — *Usher*.

«La falta de seguridad y certeza no es incredulidad. Los de espíritu desfallecido bien pueden ser creyentes. Existe una manifiesta distinción entre fe en Cristo y el consuelo de la fe; entre creer para vida eterna y saber que tenemos vida eterna. No es lo mismo decir que un niño tiene derecho a una herencia, a que el niño tiene plena noción de los privilegios de tal herencia. El carácter de la fe puede estar escrito en el corazón, como las letras lo están en el sello; pero puede estar tan cubierto de polvo como para no hacerlo distinguible. El polvo esconde e imposibilita la lectura de las letras, pero no las borra.» *Stephen Chornock*.

REALIDAD

«Plata desechada» *(Jeremías 6:30).* «Nada halló sino hojas» *(Marcos 11:1).* «No amemos de palabra ni de lengua, sino de obra y en verdad» *(I Juan 3:18).* «Tienes nombre de que vives, y estás muerto *(Apocalipsis 3:1).*

Si hacemos profesión de ser cristianos, asegurémonos bien de que nuestra profesión sea real. Esto lo digo enfáticamente y lo repito otra vez: cuidémonos bien de que nuestra religión sea real.

Cuando uso la palabra *real*, lo que quiero decir es que nuestra profesión cristiana ha de ser genuina, sincera, honesta y ha de afectar completamente nuestras vidas. Quiero decir que no ha de ser superficial, vacía, ritualista, falsa, nominal. Una profesión religiosa real va más allá de una mera apariencia o ficción de piedad; no consiste en algo pasajero y externo, sino que es algo íntimo, sólido, sustancial, intrínseco, que se vive y que perdura. Nosotros sabemos diferenciar una moneda falsa de una moneda verdadera, el oro sólido del oropel, la plata de los metales plateados, las piedras genuinas de las piedras de imitación. Pensemos en esto al estudiar este tema. ¿Cuál es la característica de nuestra profesión de fe? ¿Es una profesión real? Puede ser débil y flaca y adolecer de muchos defectos, pero no es a esto que ahora nos referimos. La pregunta es ésta: ¿Es nuestra profesión real? ¿Es verdadera?

A causa de los tiempos en que vivimos, nuestro tema es de gran importancia. La religión de la mayoría de la gente de hoy en día se distingue por una carencia absoluta de realidad. Nos dicen los poetas que el mundo ha pasado por diferentes épocas: la edad del cobre, la edad del hierro, la edad de la plata, el siglo de oro, etcétera. Hasta qué punto esta clasificación responde a la realidad de los hechos, no pretendo discutirlo, pero mucho me temo que con respecto al carácter de la edad en que vivimos las opiniones no se dividen: es una edad de metal y de aleaciones del mismo. En lo que a cantidad se refiere, nuestra época tiene mucha religión; pero en lo que a calidad concierne, nuestros tiempos son de escasa calidad religiosa. En todo se nota la falta de REALIDAD.

I. — La importancia de que nuestra profesión religiosa sea real.

A primera vista parece ser que nadie pone en duda la veracidad de nuestra declaración y es que se parte de la base de que no hay persona que no esté plenamente convencida del importante papel que este elemento de realidad juega en todas las cosas. ¿Pero es esto cierto? ¿Aprecian todos los cristianos, en su profesión de fe, este elemento de realidad? Yo creo que no. La mayoría de la gente que admira todo lo real, comete la equivocación de creer que la religión de todas las personas también es real. Y así nos dicen que "en el fondo toda la gente tiene buen corazón"; que todas las personas por lo general son buenas y sinceras, pese a sus equivocaciones. Nos tildan de poco caritativos y de mostrar una actitud censurista y dura al dudar de la bondad de corazón de algunas personas. En resumen, estas personas, al alegar que toda la gente posee este elemento de realidad en sus corazones, no hacen otra cosa que negar el valor de todo lo que sea verdaderamente real.

Y es precisamente porque son tantas las personas que se han formado este concepto en sus mentes, que me propongo estudiar y desarrollar este tema. Deseo que la gente llegue a convencerse de que este elemento de realidad es algo muy raro y que abunda muy poco. Quiero también que las gentes vean que uno de los peligros más grandes, contra el cual debe prevenirse todo cristiano, es el de una profesión de fe que no responda a la realidad del Evangelio.

Para el estudio de este tema debemos apelar al testimonio de las Escrituras. En las páginas de la Biblia descubrimos la importancia de este elemento de realidad en nuestra profesión de fe, y el peligro que significa una profesión de fe falsa. Al estudiar las parábolas de nuestro Señor Jesucristo descubrimos de qué manera se contrasta la fe de los creyentes verdaderos, de la profesión nominal de los falsos discípulos. Las parábolas del sembrador, del trigo y la cizaña, de los dos hijos, de las diez vírgenes, de los talentos, de la gran cena, de los dos constructores, todas tienen un gran punto en común: todas nos presentan, con gran viveza, la diferencia entre realidad e irrealidad en la religión. Todas muestran la inutilidad y peligro de una profesión religiosa que no es real, completa y verdadera.

También en las palabras del Señor Jesús dirigidas a los escribas y a los fariseos, nos damos cuenta de otra cosa: en un sólo capítulo del evangelio de Mateo y en un tono verdaderamente severo, el Señor Jesús usa ocho veces la palabra, "hipócrita". "Serpientes, generación de víboras. ¿Cómo escaparéis de la condenación del infierno?" *(Mateo 23:33).* ¿Cómo es que nuestro bendito Salvador, tan lleno de gracia y de misericordia, se pronunciara tan incisivamente contra unas personas que, después de todo, eran más morales y honestas que los publicanos y las rameras? La explicación no admite dudas: el Señor Jesús quería enseñar cuán abominable es a los ojos de Dios una profesión religiosa que no es real. Todo desenfreno moral y abandono a los deseos de la carne, a menos que no haya arrepentimiento, condenará el alma; pero aun con todo, ante los ojos de Cristo no hay nada tan deleznable como la hipocresía y falsedad.

Pensemos ahora en otro hecho verdaderamente aterrador: no hay ninguna gracia en el carácter cristiano que, según las Escrituras, no pueda ser también falsificada. Cualquier aspecto de la fe del cristiano puede ser imitado. Seguidme con atención en los ejemplos que os daré:

Hay un arrepentimiento irreal que como tal es falso. Y de esto no tengamos duda. Saul, Acab, Herodes e incluso Judas Iscariote, llegaron a experimentar dolor por el pecado. Pero en realidad su arrepentimiento no fue para salvación.

Hay una fe irreal, ficticia. Nos dice la Escritura que Simón el Mago "creyó", pero en realidad su corazón no era recto delante de Dios. También se nos dice que los diablos "creen y tiemblan". *(Hechos 8:13; Santiago 2:19.)*

Hay una santidad que no es real. Joás, el rey de Judá, a los ojos de sus súbditos y mientras vivió el sacerdote Joiada, se recubrió de un manto de gran santidad y bondad;

pero tan pronto murió el sacerdote, la santidad del rey también murió. *(II Crónicas 24:2.)* La vida y carácter externo de Judas Iscariote debían de haber sido irreprochables por cuanto los demás discípulos no pudieron llegar a sospechar que iba a entregar al Maestro. Pero en realidad Judas era un ladrón y un traidor. *(Juan 12:6.)*

Hay una caridad que no es real. Existe un amor que en realidad sólo consiste en palabras tiernas y en un gran simulacro de afecto. Quizá suene con aquellas palabras de "queridos hermanos", pero en realidad no hay amor en el corazón. No es, pues, en vano que San Juan dijera: "No amemos de palabra ni de lengua, sino de hecho y en verdad". *(I Juan 3:18.)* Y no es tampoco sin justificación que Pablo exhortara: "El amor sea sin fingimiento." *(Romanos 12:9.)*

Hay una humildad que no es real. A menudo bajo una bien fingida capa de modestia y sencillez se esconde un corazón terriblemente orgulloso. San Pablo nos pone en guardia de toda humildad fingida y nos habla de "cosas que tienen a la verdad cierta reputación de sabiduría en culto voluntario y en humildad". *(Colosenses 2:18, 23.)*

Hay una oración que no es real. Es esto lo que el Señor Jesús denuncia como uno de los pecados típicos de los fariseos: el que por pretexto hacían largas oraciones *(Mateo 23:14)*. No les acusa de descuidar la oración o de que éstas fueran demasiado cortas, sino del pecado de que éstas no eran reales.

Hay una adoración que no es real. Con respecto a los judíos el Señor Jesús dijo: "Este pueblo de labios me honra; mas su corazón lejos está de mí" *(Mateo 15:8)*. Tanto en el templo como en las sinagogas los servicios religiosos eran numerosos, pero el defecto fatal en ellos era la falsedad y formalismo con que se celebraban.

Hay una conversación religiosa que no es real. El profeta Ezequiel nos menciona la profesión religiosa de algunos judíos que "hacían halagos con sus bocas", mas el corazón de los tales andaba en pos de la avaricia *(Ezequiel 33:31)*. San Pablo nos dice que podemos "hablar lenguas humanas y angélicas", y con todo no ser más que metal que resuena y címbalo que retiñe *(I Corintios 13:1)*.

¿Y qué diremos a estas cosas? Lo mínimo que pueden obrar en nosotros es hacernos pensar. Sin embargo, yo creo que estas palabras nos han de llevar a una conclusión única:

demuestran la importancia que las Escrituras atribuyen a una profesión de fe real, a la necesidad que tenemos de examinar nuestra profesión cristiana, no sea que descubramos que hasta la fecha ha sido nominal, externa, superficial e irreal. Este tema ha sido de actualidad en cada época. Desde que la Iglesia fue fundada no ha habido ningún tiempo en el que no abundara una profesión cristiana nominal y falsa. En cualquier dirección donde vuelva mis ojos veo apremiante necesidad de advertir a las gentes y decirles: "Cuidado con una religión de metal barato. Sed genuinos en vuestra profesión cristiana; aseguráos de que es real y verdadera".

¡Cuán a menudo la religión de muchas personas no consiste en nada más que en una membresía de iglesia! En esa iglesia fueron bautizados, se casaron, oyen dos sermones cada domingo, participan de la Cena del Señor una vez al mes, pero eso es todo; las grandes doctrinas de la Biblia no tienen lugar en sus corazones, ni influencia en sus vidas. La religión de estas personas es de metal barato. No es el cristianismo de Pedro, de Santiago, de Juan o de Pablo. No es cristianismo, es *eclesianismo*.

La profesión cristiana evangélica de muchas personas a menudo también es ficticia. A menudo veréis personas que profesan gran afecto y celo por el "Evangelio puro", pero que en la vida práctica inflingen terrible daño a este Evangelio. Estas personas tienen una nariz muy fina para oler cualquier herejía, y con gran ruido hablarán de una doctrina sana. Con apasionamiento correrán tras los predicadores populares y les aplaudirán con sumo agrado. Conocen bien la fraseología evangélica, y con soltura pueden discutir las doctrinas de la fe cristiana. Y en los cultos y reuniones de la iglesia, ¡qué santidad parecen revelar sus rostros! Con todo, esas gentes en privado hacen cosas que incluso los paganos se avergonzarían de hacerlas. No van con la verdad ni obran con nobleza; no son justos ni honestos; el carácter de estas personas es incontrolable; no son amables, ni humildes, ni misericordiosos. El cristianismo de los tales no es real, sino que constituye una miserable impostura, un bajo engaño, una ruin caricatura.

Gran parte de los que abogan por un avivamiento profesan una fe que no es genuina, una religión irreal. Muchos pretenden haber tenido una inmediata convicción de pecado, y haber encontrado la paz de Jesús; hacen profesión de un gozo indescriptible y alardes de éxtasis espirituales, pero en realidad la gracia del Evangelio no les ha llegado. Al igual que la semilla que cayó sobre pedregales, la fe de estas personas sólo dura por un tiempo. "En el tiempo de la tentación se apartan" *(Lucas 8:13)*. Tan pronto como pasa la excitación de las primeras reuniones, vuelven a los antiguos caminos y caen de nuevo en los viejos pecados. Su religión es como la calabaza de Jonás: creció en una noche, y se secó también en una noche. La fe de las tales carece de raíces y de vitalidad; con su proceder hacen daño a la causa de Dios y dan pie para que los enemigos de Dios hablen mal del Evangelio. El cristianismo de estas personas no es real; es metal desechado de la mina de Satanás y por consiguiente, no tiene valor delante de Dios.

Estas cosas las escribo con dolor, pues no es mi deseo desacreditar ningún sector de la Iglesia de Cristo. No quiero poner ningún borrón en algún movimiento que se inicia con el Espíritu de Dios. Pero sí deseo levantar la voz de alarma y hablar con claridad sobre algunos puntos del cristianismo contemporáneo. Y uno de los puntos sobre el cual estoy persuadido que debemos llamar la atención, es el que hace referencia a la falta de realidad en el cristianismo de nuestro tiempo. La importancia de este tema no puede ser negada por ninguno de mis lectores.

II. — Cómo podemos saber si nuestra profesión de fe es real o no.

Al entrar en esta segunda parte de mi tema, desearía que mis lectores se comportaran justa y honestamente con sus almas. Abandonemos ya de una vez aquella idea tan común de que "con tal de que uno vaya a la iglesia o a la capilla todo está arreglado". Para encontrar la verdad, tu visión del cristianismo ha de ser más profunda, más alta y más amplia. Para llegar a saber si tu profesión de fe es real o no, debes contestar a las preguntas siguientes:

¿Qué lugar ocupa en tu corazón la fe que pretendes profesar? No es suficiente que tu fe esté sólo en tu *mente*. Una persona puede conocer y asentir a la verdad con su intelecto, pero su corazón puede estar lejos de Dios. Tampoco es suficiente que tu religión sea de *labios*. Una persona puede repetir diariamente el credo y decir "amén" a las oracio-

nes de la iglesia, pero todo eso bien puede ser un mera profesión externa. No es tampoco suficiente el que tu religión sea sólo asunto de *emociones y sentimientos*. Una persona puede llorar bajo la predicación, e incluso remontarse al tercer cielo como resultado de una gozosa emoción, pero aún así puede estar espiritualmente muerta a los ojos de Dios. Si tu religión es real, y ha sido iniciada en ti por el Espíritu Santo, entonces será una profesión religiosa de corazón; ocupará la ciudadela de tu ser, gobernará los afectos, dirigirá la voluntad, influenciará toda decisión y saciará las más íntimas y profundas ansias de tu alma. ¿Es así tu profesión de fe? Caso de no ser así, entonces tienes buenos motivos para dudar de que sea real y verdadera *(Hechos 8:21; Romanos 10:10).*

¿Qué sentimientos produce hacia el pecado? El cristianismo que procede del Espíritu Santo siempre tendrá un concepto muy positivo de la "pecaminosidad del pecado". No considerará el pecado como una mera limitación de la naturaleza humana que convierte a los hombres y a las mujeres en objetos de lástima y compasión, sino que verá en el pecado aquello que es tan deleznable a los ojos de Dios y que ha sido la causa de la culpabilidad y perdición del hombre delante de El. El verdadero cristiano mirará al pecado como el origen de todo dolor y desgracia, de toda contienda y de toda guerra, de toda enfermedad y de toda muerte, la mancha que ha ensombrecido la bella creación de Dios, la maldición que hace que toda la creación gima y llore y aún esté de parto. El creyente sabe bien que, a menos de que Cristo no hubiera venido a ser nuestro Sustituto, el pecado nos habría arruinado y perdido para siempre. Sabe también que si Cristo no hubiera roto las cadenas de la esclavitud, el pecado nos hubiera llevado cautivos. De ahí, pues, que en su vida diaria entable una lucha a muerte contra el pecado, el enemigo de su alma y de su felicidad. ¿Es ésta vuestra religión? ¿Despierta en vosotros estos sentimientos hacia el pecado? De no ser así, motivos tenéis para dudar de la realidad de vuestra religión.

¿Qué sentimientos hace brotar hacia Cristo? En una religión nominal se aceptará, más o menos, el que Cristo existió y el que fue un gran bienhechor de la humanidad. Quizá incluso muestre cierto respeto externo hacia Su persona, observe Sus ordenanzas y prescriba el que las rodillas se doblen ante Su nombre, pero no irá más lejos. Sin embargo, el cristiano verdadero hace de Cristo su todo, se gloría en Él

como Redentor, Salvador, Sacerdote y Amigo. Para el creyente, Cristo es fuente de amor, confianza y gozo; Él es el Mediador, el alimento, la luz, la vida y la paz de su alma. ¿Es así tu profesión de fe? ¿Produce en ti estos sentimientos hacia el Señor Jesús? De no ser así, duda de si en verdad tu profesión de fe es real.

¿Qué frutos produce en tu corazón y en tu vida? El cristianismo que viene de arriba se conoce siempre por sus frutos. Y en el creyente estos frutos son: el arrepentimiento, la fe, la esperanza, la caridad, la humildad, la espiritualidad, un temperamento controlado, la abnegación, un espíritu perdonador, la templanza, la veracidad en todo, la gratitud, la amabilidad fraternal, la paciencia y la clemencia. Estas gracias no aparecen en el mismo grado en todos los creyentes, pero el germen y semilla de las mismas estará en todos ellos. "Por sus frutos los conoceréis". ¿Es así tu profesión de fe? De no ser así, con razón puedes dudar de que sea real.

¿Qué frutos produce en tu alma la predicación y las ordenanzas del Señor? Examinad vuestra profesión de fe a la luz de las experiencias que podáis tener en el Día del Señor. ¿Asistís a los cultos de este día con desgana y por obligación? ¿O constituye para vosotros una delicia y un refrigerio, las primicias de un descanso celestial? ¿Qué sentimientos producen en vuestra alma los cultos de oración, adoración, predicación y de Santa Cena? ¿Dáis a todos ellos un asentimiento frío e indiferente? ¿Os deleitáis de tal manera en la participación y asistencia a los mismos que sin ellos no podríais vivir?

Examinad también vuestra religión por los frutos que produce en vuestra alma el uso de los medios privados de la gracia. ¿Encontráis que la lectura de la Biblia es esencial para la consolación de vuestra alma? ¿La leéis regularmente en privado? ¿Habláis a menudo con Dios por medio de la oración? ¿O quizá os sean molestas estas prácticas y por eso las pasáis por alto y las descuidáis? Todas estas preguntas merecen vuestra atenta consideración. Si los medios de la gracia, ya sean públicos o privados, no son tan necesarios para vuestra alma como la comida y la bebida lo son para el cuerpo, entonces bien podéis dudar de que vuestra profesión de fe sea *real*.

Comprobad, pués, según estos cinco puntos que os acabo de dar, si vuestra profesión de fe es *real*, genuina y verdadera. Haced una comparación justa y un examen honesto. Si vuestro corazón es recto delante de Dios, no hay motivo para que rehuséis el hacer este examen; pero si por el contrario vuestro corazón no ha sido cambiado por el Espíritu de Dios, cuanto más pronto os percatéis de ello, mejor.

Concluiré este tema haciendo algunas aplicaciones directas para provecho de todas las almas que lean este estudio. Tensaré el arco a la ventura, y confiaré en Dios para que sea Él quien dirija la flecha a muchos corazones y a muchas conciencias.

Mis primeras palabras de aplicación las formularé en forma de *pregunta:* ¿Es vuestra profesión de fe real o irreal? No te pregunto sobre qué opinas de los otros; quizás abunden los hipócritas en torno a ti, y tú puedas señalar a muchos con una profesión irreal. Pero no es ésta mi pregunta. Tú puedes estar en lo cierto con respecto a los otros. Lo que yo deseo saber se refiere a ti: ¿es tu cristianismo real y verdadero? ¿O se trata de una profesión religiosa nominal y superficial?

Si en verdad amas la vida, no persistas en dejar incontestada esta pregunta. Tarde o temprano llegará la hora cuando todo se sabrá. El Día del Juicio revelará la profesión religiosa de todo hombre. La parábola de las bodas tendrá un cumplimiento aterrador. En todos los aspectos, es mil veces mejor que descubras ahora tu condición espiritual y te arrepientas, que no que llegues a saberla en la eternidad, cuando será ya demasiado tarde para el arrepentimiento. Si en verdad posees sentido y juicio, considera lo que te digo. Medita quietamente mis palabras y examina la condición de tu alma. Descubre hoy el carácter real de tu religión. Con la Biblia en tus manos y sinceridad en tu corazón, podrás descubrir tu estado.

En segundo lugar, mis palabras de aplicación serán en forma de *aviso*. Me dirijo a aquellos cuyas conciencias les revelan que la fe que profesan no es real, y les pido que consideren la gravedad de su estado, y su terrible culpabilidad delante de Dios.

Un cristianismo irreal constituye una ofensa contra el Dios delante del cual un día tendremos que comparecer. Las Escrituras continuamente hablan de Él como un Dios de Verdad. La verdad es uno de sus atributos peculiares. ¿Cómo puedes pues dudar de que Él no aborrezca todo aquello que no es genuino y verdadero? Mejor será comparecer ante Dios como pagano en el Día del Juicio, que con una profesión nominal de la religión cristiana. ¡Cuidado, pues, si es ésta tu profesión! Toda profesión de fe irreal, tarde o temprano se echará de ver: se gastará, se romperá; dejará al descubierto al que la profesaba. En el tiempo de la aflicción, y en el lecho de muerte, cuando más se necesita el consuelo, la fe que es falsa no podrá traer el consuelo deseado. Si deseas que en verdad tu profesión de fe redunde en provecho de tu alma, asegúrate de que es verdadera.

En tercer lugar, mis palabras de aplicación te las dirigiré en forma de *consejo*. Me dirijo ahora a todos aquellos que han sido compungidos en sus conciencias por el tema que hemos desarrollado. Les aconsejo que ya de una vez cesen de jugar y tomar a la ligera las cosas que atañen a la fe; les amonesto para que con todo su corazón y con verdadera sinceridad se entreguen y sigan al Señor Jesús. Acudid a Él sin tardanza, y pedidle que sea vuestro Salvador, vuestro Médico, vuestro Sacerdote y vuestro Amigo. Que el pensamiento de vuestra indignidad no os aparte de Cristo, y la memoria de vuestros pecados no sea motivo para que no os acerquéis a Él. No olvidéis, no, nunca, que Cristo puede lavaros de toda iniquidad si le entregáis vuestra alma. Pero hay algo que Cristo exige de todos aquellos que vienen a Él: honestidad y verdad.

Que sean pues la *realidad* y la honestidad las grandes características de vuestro acercamiento a Cristo, pues constituyen la raíz de toda esperanza. Vuestro arrepentimiento puede ser débil, pero real; vuestra fe puede ser vacilante, pero real; vuestros deseos de santidad pueden estar ensombrecidos por diversas enfermedades espirituales, pero aún así pueden ser reales. No os conforméis con sólo un manto de religión. Sed lo que profesáis ser. Aunque a veces os equivoquéis, que vuestra profesión de fe sea real. Aunque a veces tropecéis, que en todo momento vuestra religión sea verdadera. Poned siempre delante de vuestros ojos este principio, y así podréis peregrinar felizmente de la gracia a la gloria.

Mis últimas palabras de aplicación serán de *aliento*. Me dirijo a todos aquellos que valerosamente han tomado sobre sí la cruz y siguen con sinceridad a Cristo. Os exhorto a que perseveréis y a que no fluctuéis a causa de las dificultades y la oposición. Quizá encontraréis muy pocos a vuestro lado y muchos en contra vuestro. Quizá a veces oigáis cosas sobre vosotros que no son ciertas. Quizá la gente os reproche y diga que os extralimitáis y lleváis demasiado lejos las convicciones. No hagáis caso. No deis oído a sus comentarios, y continuad adelante.

Todo lo que atañe al alma debería ser la ocupación más importante del hombre, y en esta tarea tendría que hacer todo lo que está a su alcance, y hacerlo honestamente y con todo su corazón. De todas las ocupaciones, la que no podemos pasar por encima y desarrollarla de una manera descuidada, es aquella gran labor de ocuparnos en nuestra salvación con temor y temblor *(Filipenses 2:12)*. Recuerda ésto, creyente en el Señor.

Si hay algo de lo cual el creyente nunca debe avergonzarse, es de su servicio para el Señor Jesucristo. Debe avergonzarse del pecado, de todo lo mundano, de las veleidades y tonterías, de la pérdida de tiempo, del amor a los placeres, de un temperamento incontrolable, del orgullo, de hacer del dinero o el vestir un ídolo, etc. etc., pero de servir a Cristo nunca debería avergonzarse. Tampoco puede avergonzarse a causa de sus desvelos por el bien de su alma, y por hacer de la salvación de su alma el fin principal de su existencia cotidiana. Recuerda, pues, creyente, la lectura de la Biblia y la oración privada. Guarda el Día del Señor. Recuerda el culto de adoración a Dios. Y en todas estas cosas no te avergüences de ser un creyente completo, real y verdadero.

Los años de nuestra vida pasan con extraordinaria rapidez. Quizá sea éste el último de tu vida, y el tiempo señalado para que vayas al encuentro de tu Dios. Si deseas estar listo y preparado, asegúrate de que tu profesión de fe es real y verdadera. Se acerca el día cuando nada, excepto una profesión de fe real, podrá resistir el fuego de la prueba. El arrepentimiento real hacia Dios; una fe real en Cristo Jesús; una santidad real de corazón y de vida —ésto, y sólo ésto— podrá resistir la prueba del fuego en aquel día. Son en verdad solemnes las palabras del Señor Jesús: "Muchos me dirán en aquel día: Señor, Señor, ¿no profetizamos en tu nombre, y en tu nombre lanzamos demonios, y en tu nombre hicimos muchos milagros? Y entonces les protestaré: Nunca os conocí; apartaos de mí, obradores de maldad" *(Mat. 7:22,23)*.

2: LA VIDA CRISTIANA Y *SU CRECIMIENTO*

CRECIMIENTO ESPIRITUAL

«Creced en la gracia y el conocimiento de
Nuestro Señor y Salvador Jesucristo» *(II Pedro 3:18).*

¿Crecemos en la gracia? ¿Hacemos progresos espirituales? Estas preguntas deben interesar profundamente al verdadero cristiano. Los "cristianos" superficiales, o cristianos domingueros, poco interés mostrarán por el tema; su religión es como el traje del domingo: se lleva sólo un día a la semana, y luego se pone de lado. No les preocupa nada de lo que concierne al crecimiento espiritual del creyente; estas cosas les "son locura". Pero en los corazones de aquellos que se afanan por el bienestar espiritual tendrán profunda resonancia. ¿Crecemos en la gracia? ¿Hacemos progresos espirituales? Esta pregunta siempre es oportuna, pero especialmente en determinadas ocasiones. Los sábados por la noche, en los cultos de Santa Cena, en el día de cumpleaños, al finalizar el año y otras ocasiones, la pregunta alcanza un realce verdaderamente revelador. El tiempo pasa volando. La marea de la vida decrece rápidamente. Se acerca con premura la hora cuando la realidad de nuestra profesión cristiana será probada, y es entonces cuando se echará de ver si construimos sobre la roca o sobre la arena. Bueno es, pues, que de vez en cuando nos examinemos y consideremos el estado espiritual de nuestras almas. ¿Crecemos espiritualmente? En el estudio de este tema deseo considerar de una manera muy especial, tres cosas:

    I. *La realidad de un crecimiento espiritual*
    II. *Las señales características del crecimiento espiritual*

III. *Los medios a usar para un crecimiento espiritual*

No sé en manos de quién caerá este escrito, pero aún así no vacilo en pedir a todo lector que con atención estudie y considere el contenido del mismo. Creedme, el tema no es de mera especulación o controversia, sino que de una manera íntima e inseparable se relaciona con el tema general de la santificación. El crecer en la gracia constituye una señal importantísima en la vida del creyente santificado. La salud y prosperidad espiritual, la felicidad y bienestar de todo cristiano que con sinceridad de corazón aspira a ser santo, se relaciona estrechamente con el tema del crecimiento espiritual.

I. — La realidad de un crecimiento espiritual.

Cuando hablo de crecimiento en la gracia no quiero decir que el creyente puede crecer en lo que a su seguridad y aceptación delante de Dios hace referencia. No quiero dar a entender que el creyente puede ser más justificado, y gozar de más perdón y paz que en el momento de su conversión. No, pues creo firmemente que la justificación del creyente es una obra completa, perfecta y acabada; y que el más débil de los santos, aunque no pueda percatarse ni experimentarlo, goza de una justificación tan completa como la del santo más consagrado. Mantengo con firmeza que nuestra elección, llamamiento y estado delante de Cristo, no admite grados de aumento o disminución. Si alguien se hace la idea de que por "crecimiento en la gracia" yo quiero significar un aumento de justificación, debo decir que se equivoca completamente y no sabe de que hablamos. Yo iría hasta la hoguera para defender la gloriosa verdad de que en el asunto de la justificación delante de Dios, el creyente "está completo en Cristo" *(Colosenses 2:10)*. Desde el momento en que creyó, nada puede añadirse a su justificación, y nada puede sustraerse.

Cuando hablo de "crecimiento en la gracia" me refiero a un crecimiento en vigor, fuerza, poder y estatura, de las gracias que el Espíritu Santo ha implantado en el corazón del creyente. Mantengo que cada una de estas gracias es susceptible de aumento, progreso y crecimiento. El arrepentimiento, la fe, la esperanza, el amor, la humildad, el celo, el valor, etc., pueden variar de grado e intensidad, y pueden variar sensiblemente en la misma persona en el curso de su vida. Cuando digo que un creyente crece en la gracia, quiero simplemente decir que su conciencia del pecado es más profunda, su fe más robusta, su esperanza más firme, su amor más real, y la espiritualidad de su profesión de fe más evidente. Tal creyente experimenta más profundamente el poder del Evangelio en su vida y en su corazón; va de poder en poder, de fe en fe y de gracia en gracia. Sea cual sea la manera como se trata de describir este proceso espiritual y de desarrollo, yo creo que las palabras bíblicas de "crecimiento en la gracia" son ya de por sí evidentes y explícitas.

En la vida espiritual del creyente debe haber crecimiento; éste es el testimonio claro y elocuente de las Escrituras: "Vuestra fe va creciendo". "Os rogamos, hermanos, que abundéis más." "Fructificando en toda buena obra, y creciendo en el conocimiento de Dios." "Teniendo esperanza del crecimiento de vuestra fe." "El Señor haga abundar el amor entre vosotros." "Crezcamos en todas las cosas en Aquel que es la cabeza, es a saber, Cristo." "Y esto ruego, que vuestro amor abunde aun más y más." "Desead, como niños recién nacidos, la leche espiritual, sin engaño, para que por ella crezcáis en salud." "Mas creced en la gracia y conocimiento de nuestro Señor y Salvador Jesucristo" *(II Tesalonicenses 1:3; I Tesalonicenses 4:10; Colosenses 1:10; II Corintios 10:15; I Tesalonicenses 3:12; Efesios 4:15; Filipenses 1:9; I Tesalonicenses 4:1; I Pedro 2:2; II Pedro 3:18.)* Estos versículos claramente establecen la doctrina del "crecimiento en la gracia". Se trata, pues, de una doctrina bíblica.

Pero también apelo al testimonio de la experiencia en el estudio de esta doctrina. ¿No es evidente que en las vidas de los santos del Nuevo Testamento se aprecian grados de crecimiento en la gracia? La Escritura nos habla de una fe "débil" y de una fe "fuerte", y se refiere a unos creyentes como "niños recién nacidos" a otros como "niños", a otros como "jóvenes", y a otros como "padres" *(I Pedro 2:2; I Juan 2:12-14.)* Y lo mismo podemos aprender al observar la experiencia cristiana de los creyentes de hoy en día; y sin ir tan lejos: la nuestra propia. Desde el día de nuestra conversión hasta el plano espiritual que hemos alcanzado hoy en nuestra experiencia cristiana, ¿no hay diferencia de grado en lo que a nuestra fe y conocimiento se refiere? En principio y básicamente, las gracias son las mismas, pero han crecido.

La fe, la esperanza, el conocimiento y la santidad de

un creyente en el principio de su vida cristiana no tienen el mismo vigor, fuerza y plenitud que en la persona que ya lleva años en el Evangelio. La fe del recién convertido es real, pero no tan fuerte como la del creyente ya maduro; es genuina y verdadera, pero no tan vigorosa como la del creyente maduro. En el corazón del recién convertido el Espíritu Santo ha plantado las semillas de la santidad, pero los frutos no vendrán hasta después de un proceso de crecimiento. *

El crecer en la gracia es una evidencia elocuente de una verdadera *salud* espiritual. Bien sabemos que si en un niño, o en una flor, o en un árbol, no hay crecimiento, ello es señal de que algo va mal. Una vida saludable, tanto en el animal como en el vegetal, se manifestará en un proceso de desarrollo. Y lo mismo sucede con nuestras almas; si hay en ellas salud, crecerán.

Un mayor grado de *felicidad* en nuestra profesión cristiana depende del crecimiento espiritual de nuestras almas. El Señor sabiamente ha establecido una estrecha correspondencia entre nuestra felicidad y el crecimiento de nuestras vidas en santidad. No todos los creyentes participan del mismo grado de felicidad y del mismo gozo espiritual, pero podemos estar seguros de que, ordinariamente, el creyente que tiene más "gozo y paz en el creer", y disfruta más vivamente del testimonio del Espíritu en su corazón, es aquel que crece espiritualmente.

El crecer en la gracia es uno de los secretos que hace que el creyente sea *útil* en su servicio para los demás. Nuestra influencia para el bien depende en gran parte, de lo que los demás vean en nosotros. Los hijos del mundo juzgan el cristianismo no sólo por lo que oyen, sino especialmente por lo que ven. El creyente que siempre está en el mismo sitio, sin dar muestras de ningún progreso espiritual, con las mismas

---

* «Una verdadera obra de gracia es progresiva; se desarrolla y crece paulatinamente. Con la gracia sucede lo mismo que con la luz del día: al despuntar el alba es débil y tenue, pero al mediodía adquiere un fulgor intenso. La vida de los creyentes se compara a las estrellas por su luz, y a los árboles por su crecimiento *(Isaías 61:3; Oseas 14:5)*. El verdadero cristiano no es como el sol de Ezequías, que retrocedió, ni como el de Josué, que se paró, sino que continuamente progresa y avanza en santidad.» «El crecer en la gracia es la mejor evidencia de que se posee una verdadera gracia. Las cosas que no poseen vida no crecerán. El retrato de una persona no crecerá; si se planta un palo, aunque sea en un vergel, no crecerá. Sin embargo, una planta que tenga vida, crecerá. El crecer en la gracia evidenciará la realidad de de una vida espiritual en el alma.» — *Tomás Watson.*

pequeñas faltas, con las mismas debilidades, cayendo siempre
en los mismos pecados, con las mismas tristes enfermedades
espirituales, no podrá hacer bien espiritual alguno a los
que le rodean. Pero el creyente que continuamente se supera, y constantemente progresa y adelanta, es el que hace que
las gentes del mundo se maravillen del poder del Evangelio,
y consideren seriamente la realidad de la fe cristiana; al observar crecimiento pueden ver que se trata de algo real y vital.
Complace a Dios el que sus hijos crezcan en la gracia. Es
sin duda maravilloso pensar que algo que nosotros hagamos
—¡pobres criaturas!— pueda complacer al Dios Altísimo.
Pero es así. La Biblia nos habla de una manera de andar que
"agrada a Dios", y de unos sacrificios que "agradan a Dios".
(1 Tesalonicenses 4:1; Hebreos 13:16.) El labrador se complace al ver que las plantas en las que ha volcado sus labores crecen y dan frutos; pero ¡cuán descorazonador le resultaría si éstas se achaparraran y se estancaran en su crecimiento! El Señor dice: "Yo soy la vid verdadera, y mi Padre es el labrador". "En esto es glorificado mi Padre, en
que llevéis mucho fruto, y seáis mis discípulos." *(Juan 15:
1, 8.)* El Señor se complace en todo su pueblo, pero especialmente en aquellos que crecen y llevan fruto.

No olvidemos, sobre todo, que el crecer en la gracia no
sólo es algo *posible* y real, sino que también es algo que nos
hace *responsables*, y por lo que un día tendremos que dar
cuentas. Exhortar al inconverso, a la persona que está muerta en sus pecados, a que crezca en la gracia, sería un absurdo. Pero requerir al creyente, que ha sido vivificado por Dios,
para que crezca en la gracia, no es más que obedecer a una
clara exhortación de la Escritura. Hay un nuevo principio
de vida en el creyente, y su obligación solemne es la de no
ahogarlo. De descuidar el crecimiento espiritual se robaría
a sí mismo grandes privilegios, contristaría al Espíritu Santo, y haría que las ruedas del carro del alma rodaran pesadamente. De no crecer en la gracia, la culpa es del creyente,
y no de Dios. El Señor se complace en "dar más gracia". "El
Señor se complace en la prosperidad de sus siervos" (Santiago 4:6; Salmo 35:27). La culpa recae sobre nosotros si no
crecemos en la gracia.

II. — **Las señales características del crecimiento espiritual.**

La *humildad* es una nota que evidencia un crecimiento
espiritual. La persona que espiritualmente crece experimen-

ta cada vez más su pecaminosidad y su indignidad. Con Job está dispuesto a decir: "He aquí que soy vil"; y con Abraham: "Soy polvo y ceniza"; y con Jacob: "Menor soy que todas tus misericordias"; y con David:"Mas yo soy gusano"; y con Isaías: "Soy hombre inmundo de labios"; y con Pedro: "Soy hombre pecador". Cuanto más se acerca a Dios, y más se da cuenta de Su santidad y perfección, más consciente se vuelve de sus incontables imperfecciones. A medida que progresa más en su jornada al cielo, más comprende la manera de sentir del apóstol Pablo cuando dijo: "No que ya sea perfecto". "No soy digno de ser llamado apóstol". "Soy menos que el más pequeño de todos los santos". "Soy el primero de los pecadores" *(Filipenses 3:12; I Corintios 15:9; Efesios 3:8; I Timoteo 1:15)*. Cuanto más maduro está para la gloria, al igual que la mazorca de maíz madura que se inclina hacia abajo, más baja el creyente su cabeza en humildad. Cuanto más brillante y clara es la luz espiritual de su vida, más puede percatarse de la depravación y enfermedad de su corazón. En comparación con el día de su conversión, ¡qué poco veía entonces! Para saber si crecemos realmente en la gracia, miremos en nuestro interior para ver si hemos crecido en humildad.*

Otra característica de crecimiento en la gracia es el *aumento de la fe y el amor hacia el Señor Jesús*. A medida que transcurre el tiempo, el creyente que crece en la gracia encuentra en Cristo mayor descanso y más motivos de gloria y gozo. Sin duda, mucho fue lo que descubrió en Cristo al creer, y su fe se asió fuertemente a la cruz y a los méritos del Salvador; pero a medida que crece en la gracia descubre un sinfín de cosas en Cristo que al principio de su conversión no había ni soñado. El amor de Jesús, su poder, su corazón, sus intenciones, sus oficios como Sustituto, Intercesor, Abogado, Médico, Pastor y Amigo, se revelan e incrementan maravillosamente en su alma; descubre en Jesús al manantial perfecto para todas las necesidades de su alma. Para saber si crecemos realmente en la gracia, observemos si nuestro conocimiento de las perfecciones de Jesús se ha incrementado.

---

*«La manera verdadera de crecer en la gracia viene marcada por un decrecer simultáneo de nuestra propia estimación. *Soy gusano y no hombre* (Salmo 22: 6). Al contemplar su propia corrupción e ignorancia, el creyente se desprecia a sí mismo, y se desvanece a sus propios ojos.» — Watson.

Otra característica de crecimiento en la gracia es el progreso del creyente *en la santidad de vida*. El alma del creyente que crece, recibe más dominio sobre el mundo, el pecado y la carne. Muestra extremo cuidado en no perder el control de su temperamento, de sus palabras y de sus acciones; vigila más su conducta en todas las cosas; se esfuerza para conformarse a la imagen de Cristo en todo y en imitar su ejemplo; no se contenta con los éxitos obtenidos al principio de su vida cristiana, sino que "olvidando lo que queda atrás" se afana por "lo que está delante" *(Filipenses 3:13)*. Su lema continuo es el de ir adelante, hacia el cielo, y siempre progresando. En su peregrinar sobre la tierra desea ansiosamente conformar su voluntad con la de Dios, y anhela estar en el cielo, no sólo para estar con Cristo, sino para verse ya definitivamente libre del pecado.* Para saber si crecemos realmente en la gracia, observemos si crecemos realmente en la santidad.

Otra señal de que se crece en la gracia es el incremento de la apetencia por las cosas espirituales. No es que el creyente descuide sus obligaciones en el mundo; antes por el contrario las desempeña fielmente, con diligencia y conciencia. Pero las cosas que ama más son las cosas espirituales. En la proporción en que aumenta su amor por las cosas espirituales, decrece su estimación por las cosas del mundo. Y no es que condene todas las cosas del mundo como radicalmente pecaminosas, de manera que los que en ella participan se hallen en el camino del infierno. ¡No! Su experiencia es de que las modas, diversiones y pasatiempos pierden estima en sus ojos, dejan de ser queridas, y se convierten en bagatelas insignificantes. Todo lo que sea espiritual —la compañía del creyente espiritual, las ocupaciones espirituales, la conversación espiritual, etcétera— adquiere una creciente significación y valor para él. Para saber si realmente crecemos en la gracia, observemos si nuestros gustos espirituales se incrementan.

Otra evidencia de crecimiento en la gracia es el *aumento de la caridad*. El creyente que crece da muestras de un constante aumento en su amor para con todos, pero especialmente para con los hermanos. Habrá en él una constan-

---

*«Es señal segura de que no creemos en la gracia cuando el pecado ya no nos preocupa, y podemos «digerirlo sin remordimiento». — *Tomás Watson.*

te disposición a la amabilidad, a la generosidad, a la consideración, al sacrificio por los demás. Mostrará una creciente predisposición a ser manso, humilde, paciente, a soportar la provocación, a no hacer valer sus derechos, a llevar y sobrellevar las cargas de los demás antes que altercar o querellar con ellos. Un alma que crece no pensará el mal con respecto a la conducta ajena, sino que creerá todas las cosas y esperará todas las cosas. Es señal infalible de que una persona está en peligro de naufragio espiritual cuando da muestras de una creciente disposición a encontrar faltas, debilidades y defectos en los demás. Para saber si realmente crecemos en la gracia, observemos si nuestra caridad aumenta.

Otra señal de un crecimiento en la gracia es *el incremento del celo y de la diligencia en bien de las almas*. El creyente que crece en la gracia mostrará gran interés en la salvación de los pecadores. Apoyará la causa misionera y contribuirá en cualquier esfuerzo y actividad que tienda a disipar las tinieblas espirituales en cualquier lugar. No se "cansará de hacer el bien", aunque a veces sus esfuerzos no se vean coronados por el éxito. Trabajará por la obra misionera con sus donativos, oraciones, mensajes y testimonio personal. Una señal evidente de declive espiritual es cuando los que profesan ser creyentes abandonan todo interés por las almas que se pierden. ¿Deseamos saber si realmente crecemos en la gracia? Entonces examinémonos para ver si nuestro interés por las almas que se pierden aumenta.

Estas son, pues, las señales más reveladoras de todo verdadero crecimiento espiritual. Estudiémoslas cuidadosamente, y examinemos nuestra profesión a la luz de las mismas. Bien sé que esto no será del agrado de aquellos que profesan un cristianismo superficial. También sé que aquellos religionarios —cuya sola noción del cristianismo parece consistir en un estado de perpetuo gozo y éxtasis, y que pretenden haber dejado atrás toda lucha y humillación espiritual— no dudarán en calificar las señales que he dado de *legalistas* y *carnales*, pero no puedo evitarlo. No llamo a nadie maestro en estas cosas. Lo que yo deseo es que lo que he dicho se examine y juzgue a luz del testimonio de las Escrituras.

III. — **Los medios a usar para un mayor crecimiento espiritual**

Las palabras de Santiago nunca deben olvidarse: "Toda buena dádiva, y todo don perfecto es de lo alto, que desciende del Padre de las luces" *(Santiago 1:1)*. Pero no debemos olvidar que a Dios le place obrar a través de medios. Dios ha ordenado fines, pero también medios. Quien desee crecer en la gracia, debe hacer uso de los medios de crecimiento. Mucho me temo que en este punto los creyentes son muy descuidados. Admiran el crecimiento espiritual en algunos, e interiormente desearían que también tuviera lugar en sus vidas; pero parecen tener la impresión de que aquellos que crecen, crecen gracias a algún don especial que han recibido de Dios, y que ellos no poseen; de ahí su inactividad. Contra esta noción, tan errónea, deseo testificar con todas mis fuerzas. Quiero que se entienda claramente que el crecimiento espiritual está estrechamente vinculado con el uso de ciertos medios al alcance de todos los creyentes; y como regla general podemos decir que los que crecen, crecen porque hacen uso de estos medios. El creyente ha sido vivificado por el Espíritu, y no es, por consiguiente, una criatura muerta e inerte, sino un ser de enormes capacidades y responsabilidades. Grabemos en nuestro corazón las palabras de Salomón: "El alma de los diligentes será prosperada." *(Proverbios 13:4)*.

El uso diligente de los medios privados de la gracia es esencial para el crecimiento espiritual. Por medios privados quiero significar todo aquello que el creyente ha de hacer por sí mismo, y que una segunda persona no puede hacer por él. Entre estos medios incluyo la lectura de la Escritura, la oración, la meditación, y el examen propio; si aquí se va mal, se irá mal en todo lo demás. Y es por esto que hay tantos cristianos que no hacen progreso alguno en su profesión. Son descuidados y negligentes en sus oraciones privadas; apenas si leen la Biblia, y si la leen, la leen con muy poco ánimo; no tienen tiempo para examinar el estado espiritual de sus almas.

Nuestros días son de gran actividad religiosa; todo se hace con celeridad y ruido; muchos corren "de aquí para allá" y se "aumenta la ciencia" *(Daniel 12:4)*. Miles de personas están dispuestas a asistir a las reuniones de avivamiento, a oír sermones y participar de cualquier reunión que sea *sensacional;* pero pocos parecen hallar tiempo para la absoluta necesidad de una vida de comunión íntima. No han llevado a la práctica la exhortación del Salmista "Meditad en vuestro corazón estando en vuestra cama y callad" *(Salmo 4:4.)* Y sin esto la prosperidad espiritual no es posible. Recordemos siempre este punto: si deseamos que nuestras almas crezcan, debemos conceder un cuidado especial a nuestra vida de comunión íntima con Dios.

El uso cuidadoso de los medios públicos de gracia es esencial para el crecimiento espiritual. Al decir medios públicos me refiero a aquellos medios que el creyente tiene a su disposición como miembro de la Iglesia visible de Cristo. Entre estos medios incluyo el culto regular del domingo, las reuniones unidas con el pueblo de Dios para la oración y el culto, la predicación de la Palabra y la participación de la Cena del Señor. Creo firmemente que de la *manera* en que se usen estos medios de gracia depende, en gran parte, la prosperidad del alma del creyente. Es muy fácil hacer uso de estos medios de una manera fría y pusilánime; y la misma frecuencia de los tales puede dar motivo a tal descuido (el oír la misma voz, las mismas palabras, y participar de las mismas ceremonias, puede hacernos dormir, hacernos insensibles y duros). Esta es una trampa en la que caen muchas personas que profesan ser cristianas. Si deseamos crecer, pues, debemos ponernos en guardia para no usar de estos medios de una manera rutinaria y contristar así al Espíritu. Esforcémonos para cantar los viejos himnos, oír la "antigua historia", y participar en oración, con el mismo ardor y deseo del año en que creímos. Es señal de mala salud cuando una persona no muestra apetencia por la comida; y es una señal de decadencia espiritual cuando se pierde apetito por los medios de gracia.

Una vigilancia estrecha sobre nuestra conducta en las cosas pequeñas de la vida diaria es esencial para un crecimiento espiritual. El temperamento, la lengua, el desempeño de nuestras obligaciones y relaciones sociales, el uso de nuestro tiempo, etcétera, deberían ser objeto de nuestra atención y vigilancia si en verdad deseamos crecer en la gracia. La vida consta de días, y el día consta de horas, y las pequeñas cosas de cada hora no son tan insignificantes como para no merecer la atención del creyente. Cuando un árbol empieza a decaer, el mal se echa de ver primero en los extremos de las pequeñas ramitas. "Quien desprecia las cosas pequeñas —alguien ha dicho—, poco a poco caerá". ¡Cuán ciertas son estas palabras! No debiera preocuparnos el que otros nos desprecien y nos tilden de precisos y de ser demasiado cuidadosos en todas las cosas, aun en las más pequeñas. Continuemos nuestro camino y recordemos que servimos a un Dios estricto. Hemos de esforzarnos para conseguir un cristianismo que, al igual que la savia del árbol que corre y llega hasta la más insignificante hoja y ramilla, santifique aún las acciones más secundarias de nuestro carácter. He aquí una manera de crecer.

Si deseamos crecer en la gracia es importantísimo que *vigilemos nuestras amistades y compañías*. Quizá no haya nada que influencie tanto nuestro carácter como las compañías que tenemos. Nos dejamos influenciar fácilmente por la manera de hablar y obrar de aquellos con los cuales nos asociamos. La enfermedad es infecciosa, pero la salud no. Si aquel que profesa ser cristiano de una manera deliberada escoge la intimidad de aquellos que no son amigos de Dios, y que se adhieren al mundo, no dudemos que será en detrimento de su alma. De por sí, ya es suficientemente difícil servir a Cristo en un mundo como éste; ¡cuánto más lo será si se mantiene amistad y compañía con los inconversos y los impíos! A menudo por causa de malas compañías y por error de noviazgo, muchas creyentes han hecho naufragio espiritual. "Las malas conversaciones corrompen las buenas costumbres." "La amistad del mundo es enemistad con Dios." *(I Corintios 15:33; Santiago 4:4.)* Busquemos, pues, amistades que nos sean de incentivo para nuestras oraciones, nuestra lectura bíblica, y para el buen uso de nuestro tiempo; amistades que se preocupen por nuestra alma, por nuestra salvación, y por el mundo venidero. ¡Cuánto bien puede hacer a su tiempo la palabra de un amigo! ¡Cuánto mal puede evitar! He aquí otra manera para crecer en la gracia. *

Y por último, si deseamos crecer en la gracia nos es absolutamente necesario mantener *una comunión regular y habitual con el Señor Jesús*. Y me refiero aquí a una unión espiritual íntima con el Señor por medio de la fe, la oración y la meditación. Mucho me temo que sobre este hábito hay muchos creyentes que saben muy poco. Una persona puede ser creyente y tener sus pies sobre la roca, y sin embargo vivir a un nivel inferior al de sus privilegios. Es posible participar de la "unión" con Cristo, y sin embargo mantener una "comunión" muy débil con Él.

Los nombres y ministerios de Cristo, tal como se nos revelan en la Escritura, muestran, sin lugar a dudas, que esta

---

* «Escojamos como nuestros mejores compañeros a aquellos que han hecho de Cristo su mejor compañero. Más que lo externo de las personas, miremos lo que hay en su corazón; apreciemos su valía interna.» — *T. Brooks.*

comunión entre el creyente y el Salvador no es una mera fantasía, sino una experiencia real. En las relaciones entre el Esposo y la esposa, entre la Cabeza y sus miembros, entre el Médico y sus pacientes, entre el Abogado y sus clientes, entre el Pastor y su rebaño, entre el Maestro y sus discípulos, viene implicado el hábito de una comunión familiar; presupone un acercarse diario al trono de la gracia para el oportuno socorro. Esta comunión con Cristo es más que una mera confianza vaga en la obra que Él realizó por los pecadores. Implica un acercamiento íntimo, una confianza y un amor personal de verdadera amistad. Esto es lo que yo quiero decir por comunión entre el creyente y su Salvador.

No debemos contentarnos con un conocimiento ortodoxo de que Cristo es el Mediador entre Dios y el hombre, y que la justificación es a través de la fe, y no por obras. Debemos ir más lejos. Debemos buscar una intimidad personal con el Señor Jesús, y comportarnos con Él de la manera como nos comportamos con un amigo íntimo. Debemos recurrir primeramente a Él en cualquier necesidad, hablarle en cualquier dificultad, consultarle en cualquier decisión, presentarle todas nuestras amarguras y hacerle partícipe de todas nuestras alegrías. Esta es la vida que vivió San Pablo: "Para mí el vivir es Cristo." *(Gálatas 2:20; Filipenses 1:21.)* Es precisamente porque se ignora y desconoce esta vida de comunión espiritual, que mucha gente no puede descubrir la belleza del libro del Cantar de los Cantares.

Mucho más podríamos decir sobre este tema, pero los horizontes de este escrito no nos lo permiten. De todos modos creo que lo dicho ha sido suficiente para convencer a los lectores de la importancia del mismo. Concluiré este estudio con unas palabras de aplicación.

Este escrito puede caer en manos de *personas que deberían saber algo sobre lo que es el crecer en la gracia,* pero que en realidad no saben nada. No han hecho progreso desde el día en que se convirtieron o si lo han hecho ha sido muy poco. "Reposan tranquilos como el vino asentado." *(Sofonías 1:12.)* Viven, año tras año, contentos con la vieja gracia, la vieja experiencia, el viejo conocimiento, la vieja fe, y la vieja estatura adquirida en el día de la conversión. Son como los gabaonitas de antaño, su pan es seco y mohoso, y sus zapatos viejos y recosidos. Nunca dan muestras de hacer progreso espiritual alguno. ¿Eres tú uno de estos? Si es así, estás viviendo en un nivel inferior al de tus privilegios y tus obligaciones. Es ya hora de que examines el estado espiritual de tu alma.

Si tienes motivo para creer que eres un verdadero creyente, y sin embargo no creces en la gracia, esto es señal segura de que tu vida espiritual registra alguna dolencia seria. No es la voluntad de Dios el que tu vida espiritual permanezca estancada. "Él da más gracia" y se "complace en la prosperidad de sus siervos". *(Santiago 4:6; Salmo 35:27.)* Este estado de estancamiento tampoco favorece a tu felicidad ni a tu utilidad. Sin crecimiento espiritual nunca podrás gozarte en el Señor. *(Filipenses 4:4.)* Sin crecimiento nunca serás de provecho para los demás. Esta falta de crecimiento espiritual es algo muy serio. ¿A qué se debe?

No desprecies el aviso que te doy. En este día haz la decisión de encontrar el motivo por el cual no creces en la gracia. Con una mirada firme y fiel examina todos los rincones de tu alma. Escudriña el campo de una parte a otra hasta dar con el Acán que debilita tus manos. Acércate al Señor Jesús, el gran Médico, y cualquiera que sea la dolencia espiritual de tu vida, pídele que te sane. Acércate y pídele gracia para que puedas cortar la mano o arrancar el ojo que están enfermos. Por amor a tu propia paz, por amor a tu propia utilidad en el servicio del Señor, por amor a la causa del Maestro, haz hoy la resolución de saber el porqué no creces espiritualmente.

Este escrito puede caer en manos de algunos *creyentes que verdaderamente crecen en la gracia,* pero que no se dan cuenta de ello, ni quieren creerlo. Y es precisamente porque crecen que no ven su crecimiento. Crecen en la humildad, y por eso no pueden aceptar el que progresan espiritualmente. Al igual que Moisés al descender del monte, sus rostros brillan, pero no se dan cuenta de ello. *(Exodo 34:29.)* Por desgracia, el número de estos cristianos no abunda; pero de vez en cuando encontramos uno aquí, y otro allí. Son como las visitas de ángeles: pocas y distantes. ¡Qué privilegio el de aquellos que conviven con estos cristianos que crecen! Conocerles, estar con ellos, y participar de su compañía, viene a ser algo así como "el cielo sobre la tierra".

¿Y qué debemos decir con respecto a los tales? ¿Qué puedo yo decir? ¿Les invitaré a que despierten a la realidad de su propio crecimiento, y que se complazcan en él? No haré nada de eso. ¿Puedo aconsejarles a que se vanaglorien con sus éxitos espirituales? ¡De ninguna manera! No haré nada de eso. No les haría ningun bien decirles tales cosas. Y es que, además, el decirles tales cosas, sería una pérdida inútil de tiempo. Una de las señales más elocuentes de un verdadero crecimiento en la gracia es precisamente este sentimiento de indignidad por parte del creyente. Nunca descubre en sí mismo nada que merezca elogio, sino que experimenta el que no es más que un siervo inútil, y el mayor de los pecadores. En la escena del Juicio Final, son los justos quienes preguntarán: "Señor ¿cuándo te vimos hambriento y te alimentamos? *(Mateo 25:37)*. Por extraño que parezca, a veces los extremos se tocan: el pecador de conciencia empedernida y el creyente eminentemente santo, en un aspecto se parecen: ninguno de ellos se percata realmente de su condición propia. El uno no descubre su propio pecado; el otro no descubre su propia gracia. ¿Pero aún así no diremos nada a estos cristianos que crecen? ¿Tenemos alguna palabra de consuelo que podamos dirigirles? La suma y sustancia de todo lo que podemos decirles se encuentra en dos palabras: ¡Adelante! ¡Continuad!

Nunca podremos tener demasiada humildad, ni demasiada fe en Cristo, ni demasiada santidad, ni una mente demasiado espiritual, ni demasiada caridad, ni demasiado celo para hacer bien a los demás. Por consiguiente, olvidémonos continuamente de las cosas que quedan atrás, y extendámonos a lo que está delante. *(Filipenses 3:13.)* Aún el mejor de los creyentes, en todas estas cosas, está a un nivel infinitamente inferior al ejemplo y modelo de vida del Maestro.

Desechemos como vana y superflua aquella noción tan común de que podemos ir "demasiado lejos" en la profesión cristiana. Esta es una de las mentiras favoritas del diablo y que hace circular a granel. No hay duda de que hay fanáticos y entusiastas en los círculos cristianos que, con sus extravagancias y locuras son motivo de desgracia y hacen que la gente del mundo se forme un concepto equivocado de la fe cristiana. Pero sería una locura e impiedad decir que una persona puede ser demasiado humilde, demasiado caritativa, demasiado santa, demasiado celosa para hacer bien a los demás. Como esclavos del placer y del dinero, la gente puede ir demasiado lejos; pero en las cosas del Evangelio, y en el servicio de Cristo no se conocen extremos.

No evaluemos ni midamos nuestra profesión de fe comparándola con la de los otros; ni pensemos que "ya vamos bien" por el hecho de que hemos avanzado más que nuestros vecinos. Esta es otra trampa del diablo. No miremos a los demás; preocupémonos de lo nuestro. ¿"Qué a ti"? —dijo el Maestro en cierta ocasión, "Sígueme tú". *(Juan 21:22)*. Sigamos adelante, y hagamos de Cristo nuestro ejemplo y modelo. Sigamos adelante, y recordemos que aún en nuestros mejores momentos espirituales, no somos más que miserables pecadores. Aún estando en la cima de nuestra profesión, somos pecadores. Siempre hay posibilidad de más perfeccionamiento y progreso en nosotros, y hasta el mismo fin de nuestras vidas seremos deudores de la misericordia y la gracia de Cristo. Dejemos ya, pues, de una vez, eso de mirar a los demás y de compararnos con otros creyentes; demasiado trabajo tendremos con sólo mirar a nuestros corazones.

Por último, pero no porque lo sea en importancia, si deseamos crecer en la gracia, no nos sorprenda si nos visita la aflicción y la tribulación. Esta ha sido la experiencia de los creyentes más consagrados y santos. Al igual que el Maestro, ellos han sido "hombres despreciados, desechados, experimentados en quebranto" y "perfeccionados por las aflicciones". *(Isaías 53:3; Hebreos 2:10.)* Las palabras del Señor Jesús son verdaderamente significativas: "Todo aquel que lleva fruto, mi Padre lo limpiará, para que lleve más fruto". *(Juan 15:2.)* Para que nuestra espiritualidad se mantenga viva y en todo momento estemos alerta, nos son necesarias las enfermedades, las pérdidas, las cruces, las ansiedades, los desengaños y demás pruebas y aflicciones. Las necesitamos como la vid necesita el cuchillo de la poda, y el oro el horno. Ciertamente, no son agradables a la sangre y a la carne, pero son vitales para el alma. No nos agrada la prueba y la aflicción, y a menudo no podemos comprender el propósito y el porqué de las mismas. El Apóstol nos dice: "Es verdad que al presente ninguna disciplina parece ser causa de gozo, sino de tristeza; pero después da frutos apacible de justicia a los que en ella han sido ejercitados". *(Hebreos 12:11.)* Una vez estemos en el cielo comprenderemos que eran para nuestro bien.

Que permanezcan, pues, estos pensamientos continuamente con nosotros si en verdad deseamos crecer en la gracia. Cuando nos sobrevengan días oscuros y los nubarrones de la prueba se ciernan sobre nosotros, no pensemos que se trata de algo extraño, si no que, por el contrario, estemos convencidos de que en estos días oscuros se aprenden lecciones tan importantes que jamás en los días de sol podrían aprenderse. Digámonos, pues, cada uno de nosotros: "Es para mi provecho; para que sea hecho partícipe de la santidad de Dios. Me ha sido enviado en amor. Estoy en la mejor escuela de Dios. La corrección es instrucción. Esto es para que yo crezca en la gracia".

Aquí dejaré el tema del crecimiento en la gracia. Confío que lo haya desarrollado con suficiente claridad como para que algunos de mis lectores hayan sido movidos a la consideración del mismo. Todas las cosas crecen y envejecen, el mundo envejece; nosotros también. Unos cuantos veranos más, unos cuantos inviernos más, unas pocas enfermedades más, unas pocas tribulaciones más, unas cuantas bodas más, unos pocos funerales más, unas cuantas reuniones más, unas pocas despedidas más y entonces, ¿qué? ¡La hierba crecerá sobre nuestras tumbas!

Cuán importante es, pues, que nos hagamos la pregunta: ¿CRECEMOS EN LA GRACIA? En nuestra profesión de fe, en las cosas que conciernen a nuestra paz, en lo que hace referencia a nuestra santidad, ¿CREEMOS?

LA SANTIFICACION

«Santifícalos en tu verdad». «Porque la voluntad de Dios es vuestra santificación». (Juan 17:17; I Tesalonicenses 4:3).

La santificación es un tema que muchas personas aborrecen en alto grado; algunas lo evaden con burla y desdén, pues lo que menos les agradaría sería ser "santos" o "santificados". Sin embargo, el tema no merece ser considerado de ese modo. La santificación no es un enemigo nuestro, sino un amigo.

Es un tema de suma importancia para nuestras almas. Según la Biblia, a menos que seamos santos no podemos ser salvos. Claramente nos indican las Escrituras que hay tres cosas que son absolutamente necesarias para la salvación: la justificación, la regeneración y la santificación. Estas tres deben coincidir en cada hijo de Dios; cada uno de ellos ha nacido de nuevo, ha sido justificado y santificado. Si en una persona falta alguna de estas cosas, con fundamento podremos decir que no es verdaderamente cristiana a los ojos de Dios, y si muere en tal condición no irá al cielo, ni será glorificado en el último día.

La consideración de este tema es muy apropiada y oportuna en nuestros días. Ultimamente han surgido doctrinas muy extrañas sobre la santificación. Algunos parecen confundirla con la justificación; otros la desmenuzan reduciéndola a la insignificancia bajo un pretendido celo por la gracia soberana, y prácticamente la descuidan; otros están tan llenos de temor de hacer de las "obras" parte de la justificación, que apenas si hay lugar alguno para las "obras" en su profesión religiosa; otros se han hecho una norma equivocada de santificación y en pos de la misma van de iglesia en iglesia, pero fracasan en sus intentos de llevarla a la practica. Puede beneficiarnos mucho, en medio de esta confusión, un examen reposado y bíblico de esta gran doctrina de la fe cristiana.

I. — La santificación.

¿Qué es lo que quiere decir la Biblia cuando habla de una persona santificada? Para contestar a esta pregunta diremos que la santificación es aquella obra espiritual interna que el Señor Jesús obra a través del Espíritu Santo en aquel que ha sido llamado a ser un verdadero creyente. El Señor Jesús no sólo le lava de sus pecados con su sangre, sino que también lo *separa* de su amor natural al pecado y al mundo, y pone un nuevo principio en su corazón, que le hace apto para el desarrollo de una vida piadosa. Para efectuar esta obra el Espíritu se sirve, generalmente, de la Palabra de Dios, aunque algunas veces usa de las aflicciones y de las visitaciones providenciales "sin la Palabra" *(I Pedro 3:1).* La persona que experimenta esta acción de Cristo a través de su Espíritu, es una persona "santificada".

Aquel que se imagina que Cristo vivió, murió y resucitó para obtener solamente la justificación y el perdón de los pecados de su pueblo, tiene todavía mucho que aprender; y está deshonrando, lo sepa o no lo sepa, a nuestro bendito Señor, pues relega su obra salvadora a un plano secundario. El Señor Jesús ha tomado sobre sí todas las necesidades de su pueblo; no sólo los ha librado, con su muerte, de la *culpa* de sus pecados, sino que también, al poner en sus corazones el Espíritu Santo, los ha librado del *dominio* del pecado. No sólo los justifica, sino que también los santifica. Él no sólo es su "justicia", sino también su "santificación" *(I Corintos 1:30).*

Consideremos lo que la Biblia dice: "Y por ellos yo me santifico a mí mismo, para que también ellos sean santificados". "Cristo amó a la Iglesia, y se entregó a sí mismo por ella para santificarla". "Cristo se dio a sí mismo por nosotros para redimirnos de toda iniquidad, y limpiar para sí un pueblo propio, celoso de buenas obras." "Cristo llevó nuestros pecados en su cuerpo sobre el madero, para que nosotros siendo muertos a los pecados, vivamos a la justicia." "Cristo os ha reconciliado en el cuerpo de su carne por medio de la muerte, para haceros santos, y sin mancha, e irreprensibles delante de Él" *(Juan 17:19; Efesios 5:25-26; Tito 2:14; I Pe-*

dro 2:24; Colosenses 1:21-22). La enseñanza de estos versículos es bien clara: Cristo tomó sobre sí, además de la justificación, la santificación de su pueblo. Ambas cosas ya estaban previstas y ordenadas en aquel "pacto perpetuo" del que Cristo es el Mediador. Y en cierto lugar de la Escritura se nos habla de Cristo como "el que santifica", y de su pueblo como "los que son santificados". *(Hebreos 2:11.)*

El tema que tenemos delante es de una importancia tan vasta y profunda, que requiere delimitaciones propias, defensa, claridad y exactitud. Toda doctrina que es necesaria para la salvación nunca puede ser desarrollada con demasiada amplitud ni ser suficientemente destacada. Para despejar la confusión doctrinal, que por desgracia tanto abunda entre los cristianos, y para dejar bien sentadas las verdades bíblicas sobre el tema que nos ocupa, daré a continuación una serie de proposiciones sacadas de la Escritura, que son muy útiles para una exacta definición de la naturaleza de la santificación.

1 — *La santificación es resultado de una unión vital con Cristo.* Esta unión se establece a través de la fe. "El que está en mí, y yo en él, éste lleva mucho fruto."*(Juan 15:5.)* El pámpano que no lleva fruto, no es una rama viva de la vid. Ante los ojos de Dios, una unión con Cristo meramente formal y sin fruto, no tiene valor alguno. La fe que no tiene una influencia santificadora en el carácter del creyente, no es mejor que la fe de los diablos; es una fe muerta, no es el don de Dios, no es la fe de los elegidos. Donde no hay una vida santificada, no hay una fe real en Cristo. La verdadera fe obra por el amor, y es movida por un profundo sentimiento de gratitud por la redención. La verdadera fe constriñe al creyente a vivir para su Señor y le hace sentir que todo lo que pueda hacer por Aquel que murió por sus pecados no es suficiente. Al que mucho le ha sido perdonado, mucho ama. El que ha sido limpiado con Su sangre, anda en luz. Cualquiera que tiene una esperanza viva y real en Cristo se purifica, como Él también es limpio *(Santiago 2:17-20; Tito 1:1; Gálatas 5:6; I Juan 1:7; 3:3).*

2 — *La santificación es el resultado y consecuencia inseparable de la regeneración.* El que ha nacido de nuevo y ha sido hecho una nueva criatura, ha recibido una nueva naturaleza y un nuevo principio de vida. La persona que pretende haber sido regenerada y que, sin embargo, vive una vida mundana y de pecado, se engaña a sí misma; las Escri-

turas descartan tal concepto de regeneración. Claramente nos dice San Juan que el que "ha nacido de Dios no hace pecado, ama a su hermano, se guarda a sí mismo y vence al mundo" *(I Juan 2:29; 3:9-15; 5;4-18)*. En otras palabras, si no hay santificación, no hay regeneración; si no se vive una vida santa no hay un nuevo nacimiento. Quizá para muchas mentes estas palabras sean duras, pero sean duras o no, lo cierto es que constituyen la simple verdad de la Biblia. Se nos dice en la Escritura que el que ha nacido de Dios, "no hace pecado, porque su simiente está en Él: y no puede pecar, porque es nacido de Dios" *(I Juan 3:9.)*

3 — *La santificación constituye la única evidencia cierta de que el Espíritu Santo mora en el creyente.* La presencia del Espíritu Santo en el creyente es esencial para la salvación. "Si alguno no tiene el Espíritu de Cristo, el tal no es de Él" *(Romanos 8:9)*. El Espíritu nunca está dormido o inactivo en el alma: siempre da a conocer su presencia por los frutos que produce en el corazón, carácter y vida del creyente. Nos dice San Pablo: "El fruto del Espíritu es caridad, gozo, paz, tolerancia, benignidad, bondad, fe, mansedumbre, templanza" *(Gálatas 5:22)*. Allí donde se encuentran estas cosas, allí está el Espíritu; pero allí donde no se ven estas cosas, es señal segura de muerte espiritual delante de Dios.

Al espíritu se le compara con el viento, y como sucede con éste, no podemos verle con los ojos de la carne. Pero de la misma manera que conocemos que hace viento por sus efectos sobre las olas, los árboles y el humo, así podemos descubrir la presencia del Espíritu en una persona por los efectos que produce en su vida y conducta. No tiene sentido decir que tenemos el Espíritu, si no andamos también en el Espíritu *(Gálatas 5:25)*. Podemos estar bien ciertos de que aquellos que no viven santamente, no tienen el Espíritu Santo. La santificación es el sello que el Espíritu Santo imprime en los creyentes. "Todos los que son guiados por el Espíritu de Dios, los tales son hijos de Dios" *(Romanos 8:14)*.

4 — *La santificación constituye la única evidencia cierta de la elección de Dios.* Los nombres y el número de los elegidos es un secreto que Dios en su sabiduría no ha revelado al hombre. No nos ha sido dado en este mundo el hojear el libro de la vida para ver si nuestros nombres se encuentran en él. Pero hay una cosa plenamente clara en lo que a la elección concierne: los elegidos se conocen y se distiguen por sus vidas santas. Expresamente se nos dice en la Escritura que

son "elegidos en santificación del Espíritu". "Elegidos para salvación por la santificación del Espíritu." "Predestinados para ser hechos conformes a la imagen de Cristo." "Escogidos antes de la fundación del mundo para que fuésemos santos." De ahí que cuando Pablo vio "la obra de fe" y el "trabajo de amor" y "la esperanza" paciente de los creyentes de Tesalónica, podía concluir: "Sabiendo hermanos amados de Dios, vuestra elección". *(I Pedro 1:2; II Tesalonicenses 2:13; Romanos 8:29; Efesios 1:4 I Tesalonicenses 1:3-4.)*

Si alguien se gloría de ser uno de los elegidos de Dios y, habitualmente y a sabiendas, vive en pecado, en realidad se engaña a sí mismo, y su actitud viene a ser una perversa injuria a Dios. Naturalmente, es difícil conocer lo que una persona es en realidad, pues muchos de los que muestran apariencia de religiosidad, en el fondo no son más que empedernidos hipócritas. De todos modos podemos estar ciertos de que, si no hay evidencias de santificación, no hay elección para salvación; y como enseña nuestro catecismo, el Espíritu Santo "santifica a todo el pueblo elegido de Dios".

5 — *La santificación es algo que siempre se deja ver.* "Cada árbol por su fruto es conocido" *(Lucas 6:44).* Tan genuina puede ser la humildad del creyente verdaderamente santificado que puede en sí mismo no ver más que enfermedad y defectos; y al igual que Moisés, cuando descendió del monte, puede no darse cuenta de que su rostro resplandece. Como los justos en el día del juicio final, el creyente verdaderamente santificado creerá que no hay nada en él que merezca las alabanzas de su Maestro. "¿Cuándo te vimos hambriento y te sustentamos?" *(Mateo 25:37).* Se lo vea, o no se lo vea, lo cierto es que los otros siempre verán en él un tono, un gusto, un carácter y un hábito de vida, completamente distintos a los de los demás hombres. El mero suponer que una persona pueda ser "santa" sin una vida y obras que lo acrediten sería un absurdo, un disparate. Una luz puede ser muy débil, pero aunque sólo sea una chispita, en una habitación oscura se verá. La vida de una persona puede ser muy exigua, pero aún así se percibirá el débil latir del pulso. Lo mismo sucede con una persona santificada: su santificación será algo que se verá y se hará sentir, aunque a veces la misma no puede percatarse de ello. Un "santo" en el que sólo puede verse mundanalidad y pecado, es una especie de monstruo que no se conoce en la Biblia.

6 — *La santificación es algo por lo que el creyente es*

responsable. Y aquí no se me entienda mal. Mantengo firmemente que todo hombre es responsable delante de Dios; en el día del juicio los que se pierdan no tendrán excusa alguna; todo hombre tiene poder para "perder su propia alma" *(Mateo 16:26)*. Pero también mantengo que los creyentes son responsables —y de una manera eminente y peculiar— de vivir una vida santa; esta obligación pesa sobre ellos. Los creyentes no son como las demás personas —muertas espiritualmente— sino que están vivos para Dios, y tienen luz, conocimiento y un nuevo principio en ellos. Si no viven vidas de santidad, ¿de quién es la culpa? ¿A quién podemos culpar, si no a ellos mismos? Dios les ha dado gracia y les ha dado una nueva naturaleza y un nuevo corazón; no tienen, pues, excusa para no vivir para Su alabanza. Este es un punto que se olvida con mucha frecuencia. La persona que profesa ser cristiana, pero adopta una actitud pasiva, y se contenta con un grado de santificación muy pobre —si es que aún llega a tener eso— y fríamente se excusa con aquello de que "no puede hacer nada", es digna de compasión, pues ignora las Escrituras. Estemos en guardia contra esta noción tan errónea. Los preceptos que la Palabra de Dios dirige e impone a los creyentes, se dirigen a éstos como seres responsables y que han de rendir cuentas. Si el Salvador de pecadores nos ha dado una gracia renovadora, y nos ha llamado por su Espíritu, podemos estar ciertos que es porque Él espera que nosotros hagamos uso de esta gracia y no nos pongamos a dormir. Muchos creyentes "contristan al Espíritu Santo" por olvidarse de esto y viven vidas inútiles y desprovistas de consuelo.

7. — *La santificación admite grados y se desarrolla progresivamente*. Una persona puede subir uno y otro peldaño en la escala de la santificación, y ser más santificada en un período de su vida que en otro. No puede ser más perdonada y más justificada que cuando creyó, aunque puede ser más consciente de estas realidades. Pero sí que puede gozar de más santificación, por cuanto cada una de las gracias del Espíritu en su nuevo carácter y naturaleza, son susceptibles de crecimiento, desarrollo y profundidad. Evidentemente éste es el significado de las palabras del Señor Jesús cuando oró por sus discípulos: *"Santifícalos en tu verdad"*; y también del apóstol Pablo por los tesalonicenses: "El Dios de paz os santifique en todo" *(Juan 17:17, I Tesalonicenses 5:23)*. En ambos casos la expresión implica la posibilidad

de crecimiento en el proceso de la santificación. Pero no encontramos en la Biblia una expresión como *"justifícales"* con referencia a los creyentes, por cuanto éstos no pueden ser más justificados de lo que en realidad han sido. No se nos habla en la Escritura de una "imputación de santificación", tal como creen algunas personas; esta doctrina es fuente de equívocos y conduce a consecuencias muy erróneas. Además, es una doctrina contraria a la experiencia de los cristianos más eminentes. Éstos, a medida que progresan más en su vida espiritual y en la proporción en que andan más íntimamente con Dios, ven más, conocen más, sienten más *(II Pedro 3:18; I Tesalonicenses 4:1)*.

8.—*La santificación depende, en gran parte, del uso de los medios espirituales.* Por la palabra "medios" me refiero a la lectura de la Biblia, la oración privada, la asistencia regular a los cultos de adoración, el oír la predicación de la Palabra de Dios y la participación regular de la Cena del Señor. Debo decir, como bien se comprenderá, que todos aquellos que de una manera descuidada y rutinaria hacen uso de estos medios, no harán muchos progresos en la vida de santificación. Y, por otra parte, no he podido encontrar evidencia de que ningún santo eminente jamás descuidara estos medios; y es que estos medios son los canales que Dios ha designado para que el Espíritu Santo supla al creyente con reservas frescas de gracia para perfeccionar la obra que un día empezó en el alma. Por más que se me tilde de legalista en este aspecto, me mantengo firme en lo dicho: "sin esfuerzo no hay provecho". Antes esperaría buena cosecha en un agricultor que sembró sus campos pero nunca los cuidó, que ver frutos de santificación en un creyente que ha descuidado la lectura de la Biblia, la oración y el Día del Señor. Nuestro Dios obra a través de medios.

9.—*La santificación puede seguir un curso ascendente aun en medio de grandes conflictos y batallas interiores.* Al usar las palabras conflictos y batallas, me refiero a la contienda que tiene lugar en el corazón del creyente entre la vieja y la nueva naturaleza, entre la carne y el espíritu *(Gálatas 5:17)*. Una percepción profunda de esta contienda, y el consiguiente agobio y consternación que se derivan de la misma, no es prueba de que un creyente no crezca en la santificación. ¡No! Antes por el contrario, son síntomas saludables de una buena condición espiritual. Estos conflictos prueban que no estamos muertos, sino vivos. El cristiano verdadero, no sólo tiene *paz* de conciencia, sino que también tiene *guerra* en su interior; se le conoce por su paz, pero también por su conflicto espiritual. Al decir y afirmar esto no me olvido que estoy contradiciendo los puntos de vista de algunos cristianos que abogan por una "perfección sin pecado". Pero no puedo evitarlo. Creo que lo que digo está bien confirmado por lo que nos dice Pablo en el capítulo séptimo de su Epístola a los Romanos. Ruego a mis lectores que estudien atentamente este capítulo; y que se den cuenta de que no describe la experiencia de un hombre inconverso, o de un cristiano vacilante y todavía joven en la fe, sino que hace referencia a la experiencia de un viejo santo de Dios que vivía en íntima comunión con Dios. Sólo una persona así podía decir: "Según el hombre interior me deleito en la ley de Dios" *(Romanos 7:22)*.

Creo, además, que lo que he dicho viene confirmado también por la experiencia de los siervos de Cristo más eminentes de todos los tiempos. Prueba de esto la encontramos en sus diarios, en sus autobiografías y en sus vidas. No porque tengamos este continuo conflicto interno, hemos de pensar que la obra de la santificación no tiene lugar en nuestras vidas. La liberación completa del pecado la experimentaremos, sin duda, en el cielo, pero nunca la gozaremos mientras estemos en el mundo. El corazón del mejor cristiano, aún en el momento de más alta santificación, es terreno donde acampan dos bandos rivales; algo así "como la reunión de dos campamentos" *(Cantares 6:13)*. Recordemos los artículos doce y quince de nuestra confesión: "La infección de la naturaleza permanece aún en los que han sido regenerados". "Aunque hemos nacido de nuevo y sido bautizados en Cristo, todavía ofendemos en muchas cosas; y si decimos que no tenemos pecado, nos engañamos a nosotros mismos, y la verdad no está en nosotros". Decía aquel santo hombre de Dios, Rutherford: "La guerra del diablo es mejor que la paz del diablo".

10.—*La santificación, aunque no justifica al hombre, agrada a Dios*. Las acciones más santas del creyente más santo que jamás haya vivido, están más o menos llenas de defectos e imperfecciones. Cuando no son malas en sus motivos lo son en su ejecución; y de por sí, delante de Dios, no son más que "pecados espléndidos" que merecen su ira y su condenación. Y sería absurdo suponer que tales acciones pueden pasar sin censura por el severo juicio de Dios, y obtener méritos para el cielo. "Por las obras de la ley ninguna carne se justificará". "Concluimos ser el hombre justificado por la fe sin las obras de la ley" *(Romanos 3:20-28)*. La única justicia se halla en nuestro Representante y Sustituto, el Señor Jesús. Su obra, y no la nuestra, es la que nos da título de acceso al cielo. Por esta verdad deberíamos estas dispuestos a morir.

Sin embargo, y a pesar de lo dicho, la Biblia enseña que las acciones santas de un creyente santificado, aunque imperfectas, son agradables a los ojos de Dios "porque de tales sacrificios se agrada Dios" *(Hebreos 13:16)*. "Hijos, obedeced a vuestros padres en todo; porque esto agrada al Señor" *(Colosenses 3:20)*. "Nosotros hacemos las cosas que son agradables delante de Él" *(I Juan 3:22)*. No nos olvidemos nunca de esta doctrina tan consoladora. De la misma manera que el padre se complace en los esfuerzos de su pequeño hijo al coger una margarita, o en su hazaña de andar solo de un extremo al otro de la habitación, así se complace nuestro Padre en las acciones tan pobres de sus hijos creyentes. Dios mira el motivo, el principio, la intención de sus acciones, y no la cantidad o cualidad de las mismas. Considera a los creyentes como miembros de su propio Hijo querido, y por amor al mismo se complace en las acciones de su pueblo.

11.—*La santificación nos será absolutamente necesaria en el gran día del juicio como testimonio de nuestro carácter cristiano.* A menos que nuestra fe haya tenido efectos santificadores en nuestra vida, de nada servirá en aquel día el que digamos que creíamos en Cristo. Una vez comparezcamos delante del gran trono blanco, y los libros sean abiertos tendremos que presentar evidencia. Sin la evidencia de una fe real y genuina en Cristo, nuestra resurrección será para condenación; y la única evidencia que satisfará al Juez será la santificación. Que nadie se engañe sobre este punto. Si hay algo cierto sobre el futuro, es la realidad de un juicio; y si hay algo cierto sobre este juicio, es que las "obras" y "hechos" del hombre serán examinados *(Juan 5:29; II Corintios 5:10; Apocalipsis 20:13)*.

12.—*La santificación es absolutamente necesaria como preparación para el cielo.* La mayoría de los hombres al morir piensan ir al cielo; pero pocos se paran a considerar si en verdad gozarían yendo al cielo. El cielo es, esencialmente, un lugar santo; sus habitantes son santos y sus ocupaciones son santas. Es claro y evidente que para ser felices en el cielo debemos pasar por un proceso educativo aquí en la tierra que nos prepare y capacite para entrar. La noción de un purgatorio después de la muerte, que de pecadores hará santos, es algo que no encontramos en la Biblia; es una invención del hombre. Para ser santos en la gloria, debemos ser santos en la tierra. Esta creencia tan común, según la cual lo que una persona necesita en la hora de la muerte es solamente la absolución y el perdón de los pecados, es en realidad una creencia vana e ilusoria. Tanta necesidad tenemos de la obra del Espíritu Santo como de la de Cristo; tanto necesitamos de la justificación como de la santificación. Es muy frecuente oír decir a personas que yacen en el lecho de muerte: "Yo sólo deseo que el Señor me perdone mis pecados, y me dé descanso eterno". Pero quienes dicen esto se olvidan de que para poder gozar del descanso celestial se precisa de un corazón preparado para gozarlo. ¿Qué haría una persona no santificada en el cielo, suponiendo que pudiera entrar? Fuera de su ambiente, una persona no puede ser realmente feliz. Cuando el águila fuera feliz en la jaula, el cordero en el agua, la lechuza ante el brillante sol de mediodía y el pez sobre la tierra seca, entonces, y sólo entonces, podríamos suponer que la persona no santificada sería feliz en el cielo.

He presentado estas doce proposiciones sobre la santificación con la firme persuasión de que son verdaderas, y pido a todos los lectores que las mediten sériamente. Todas, y cada una de ellas, podrían ser desarrolladas más ampliamente, y quizá algunas podrían ser discutidas, pero sinceramente dudo de que alguna de ellas pudiera ser descartada y eliminada como errónea. Con respecto a todas ellas pido un estudio justo e imparcial. Creo, con toda mi conciencia, que estas proposiciones podrán ayudarnos a conseguir nociones más claras sobre la santificación.

II. — Las evidencias visibles de la santificación.

¿Cuáles son las señales visibles de una obra de santificación? Esta parte del tema es amplia y a la par difícil. *Amplia*, por cuanto exigiría hiciéramos mención de toda una serie de detalles y consideraciones que me temo van más allá de los horizontes de este escrito; y es *difícil*, por cuanto no podemos desarrollarla sin herir la susceptibilidad y creencias de algunas personas. Pero sea cual sea el riesgo, la verdad ha de ser dicha; y especialmente en nuestro tiem-

po, la verdad sobre la doctrina de la santificación ha de hacerse sonar.
La verdadera santificación no consiste en un mero hablar sobre religión. — No nos olvidemos de esto. Hay un gran número de personas que han oído tantas veces la predicación del Evangelio, que han contraído una familiaridad poco santa con sus palabras y sus frases, e incluso hablan con tanta frecuencia sobre las doctrinas del Evangelio como para hacernos creer que son cristianos. A veces hasta resulta nauseabundo, y en extremo desagradable, oír como la gente se expresa en un lenguaje frío y petulante sobre "la conversión, el Salvador, el Evangelio, la paz espiritual, la gracia, etc.", mientras de una manera notoria sirven al pecado o viven para el mundo. No podemos dudar de que este hablar es abominable a los oídos de Dios, y no es mejor que el blasfemar, el maldecir y el tomar el nombre de Dios en vano. No es sólo con la lengua que debemos servir a Cristo. Dios no quiere que los creyentes sean meros tubos vacíos, metal que resuena, o címbalo que retiñe; debemos ser santificados, "no sólo en palabra y en lengua, sino en obra y en verdad" *(I Juan 3:18).*

La verdadera santificación no consiste en sentimientos religiosos pasajeros. — Unas palabras de aviso sobre este punto son muy necesarias. Los cultos misioneros y las reuniones de avivamiento cautivan la atención de las gentes y dan pie a un gran sensacionalismo. Iglesias que hasta ahora estaban más o menos dormidas, parece ser que despiertan como resultado de estas reuniones, y demos gracias al Señor de que sea así. Pero junto con las ventajas, estas reuniones y corrientes avivacionistas encierran grandes peligros. No olvidemos que allí donde se siembra la buena semilla, Satanás siembra también cizaña. Son muchos los que aparentemente han sido alcanzados por la predicación del Evangelio, y cuyos sentimientos han sido despertados, pero sus corazones no han sido cambiados. Lo que en realidad sucede no es más que un emocionalismo vulgar que se produce con el contagio de las lágrimas y emociones de los otros. Las heridas espirituales que así se producen son leves, y la paz que se profesa no tiene raíces ni profundidad. Al igual que los de corazón pedregoso, estos oyentes "reciben la Palabra con gozo" *(Mateo 13:20),* pero después de poco tiempo la olvidan y vuelven al mundo, y llegan a ser más duros y peores que antes. Son como la calabaza de Jonás: brotan en menos de una noche, para secarse también en menos de una noche. No nos olvidemos de estas cosas. Vayamos con mucho cuidado, no sea que curemos livianamente las heridas espirituales diciendo, "Paz, paz, donde no hay paz". Esforcémonos para convencer a los que muestran interés por las cosas del Evangelio a que no se contenten con nada que no sea la obra sólida, profunda y santificadora del Espíritu Santo. Los resultados de una falsa excitación religiosa son terribles para el alma. Cuando en el calor de una reunión de avivamiento Satanás ha sido lanzado fuera del corazón por sólo unos momentos o por un tiempo muy corto, no tarda en volver de nuevo a su casa y el estado postrero de la persona es mucho peor que el primero. Es mil veces mejor empezar despacio, y continuar firmemente en la Palabra, que empezar a toda velocidad, sin contar el coste, para luego, como la mujer de Lot, mirar hacia atrás, y volver al mundo. Cuán peligroso resulta para el alma tomar los sentimientos y emociones experimentados en ciertas reuniones como evidencia segura de un nuevo nacimiento y de una obra de santificación. No conozco ningún peligro mayor para el alma.

La verdadera santificación no consiste en un mero formalismo y devoción externa. — ¡Cuán terribe es esta ilusión! ¡Y por desgracia cuán común también! Miles y miles de personas se imaginan que la verdadera santidad consiste en la cantidad y abundancia del elemento externo de la Religión; en una asistencia rigurosa a los servicios de la iglesia, la recepción de la Cena del Señor, la observancia de las fiestas religiosas, la participación en un culto litúrgico elaborado, la imposición propia de austeridades y la abnegación en pequeñas cosas, una manera peculiar de vestir, etc., etc. Muy posiblemente algunas personas hacen estas cosas por motivos de conciencia, y realmente creen que con ello benefician a sus almas, pero en la mayoría de los casos esta *religiosidad externa* no es más que un sustituto para la santidad.

La santificación no consiste en un abandono del mundo y de las obligaciones sociales. — En el correr de los siglos muchos han sido los que han caído en esta trampa en sus intentos de buscar la santidad. Cientos de ermitaños se han enterrado en algún desierto, y miles de hombres y mujeres se han encerrado entre las paredes de monasterios y conventos, movidos por la vana idea de que de esta manera escaparían del pecado y conseguirían la santidad. Se olvidaron de que ni las cerraduras, ni las paredes pueden mantener al diablo fuera y que allí donde vayamos llevamos en nuestro corazón la raíz del mal. El camino de la santificación no consiste en hacerse monje, o monja, o en hacerse miembro de la Casa de Misericordia. La verdadera santidad no aísla al creyente de las dificultades y de las tentaciones, sino que hace que éste les haga frente y las supere. La gracia de Cristo en el creyente no es como una planta de invernadero, que sólo puede desarrollarse bajo abrigo y protección, sino que es algo fuerte y vigoroso que puede florecer en medio de cualquier relación social y medio de vida. Es esencial a la santificación el que nosotros desempeñemos nuestras obligaciones allí donde Dios nos ha puesto, como la sal en medio de la corrupción y la luz en medio de las tinieblas. No es el hombre que se esconde en una cueva, sino el hombre que glorifica a Dios como amo o sirviente, como padre o hijo, en la familia o en la calle, en el negocio o en el comercio, que responde al tipo bíblico del hombre santificado. Nuestro Maestro dijo en su última oración: "No ruego que los quites del mundo, sino que los guardes del mal" *(Juan 17:15)*.

La santificación no consiste en obrar de vez en cuando acciones buenas. — La santificación es un nuevo principio celestial en el creyente que hace que éste manifieste las evidencias de un llamamiento santo, tanto en las cosas pequeñas como en las grandes de su conducta diaria. Este principio ha sido implantado en el corazón y se deja sentir en todo el ser y conducta del creyente. No es como una bomba que sólo saca agua cuando se la acciona desde fuera, sino como una fuente intermitente cuyo caudal fluye espontánea y naturalmente. El rey Herodes cuando oyó a Juan el Bautista "hizo muchas cosas", pero su corazón no era recto delante de Dios *(Marcos 6:20)*. Así sucede con muchas personas que parecen tener ataques espasmódicos de "bondad" como resultado de alguna enfermedad, prueba, muerte en la familia, calamidades públicas o en medio de una relativa calma de conciencia. Sin embargo tales personas no son convertidas, y nada saben de lo que es la santificación. El verdadero santo, como Ezequías lo es con todo su corazón; con el salmista dice: "De tus mandamientos he adquirido inteligencia; por tanto he aborrecido todo camino de mentira" *(IICrónicas 31:21; Salmo 119:104)*.

Una santificación genuina se evidenciará en un respeto habitual a la ley de Dios y en un esfuerzo continuo para obedecerla como regla de vida. ¡Qué gran error el de aquellos que suponen que, puesto que los Diez Mandamientos y la Ley no pueden justificar al alma, no es importante observarlos! El mismo Espíritu Santo que ha dado al creyente convicción de pecado a través de la ley, y lo ha llevado a Cristo para justificación, es quien le guiará en el uso espiritual de la ley como modelo de vida en sus deseos de santificación. El Señor Jesús nunca relegó los Diez Mandamientos a un plano de insignificancia, sino que, por el contrario, en su primer discurso público —el Sermón del Monte— los desarrolló. y puso de manifiesto el carácter revelador de sus requerimieytos. San Pablo tampoco relegó la ley a la insignificancia: "La Ley es buena, si alguno usa de ella legítimamente." "Porque según el hombre interior me deleito en la ley de Dios" *(I Timoteo 1:8; Romanos 7:22)*. Si alguien pretende ser un santo y mira con desprecio los Diez Mandamientos, y no le importa el mentir, el hacer el hipócrita, el estafar, el insultar y el levantar falso testimonio, el emborracharse, el traspasar el séptimo mandamiento, etc., en realidad se engaña terriblemente; y en el día del juicio le será imposible probar que fue un "santo".

La verdadera santificación se mostrará en un esfuerzo continuo para hacer la voluntad de Cristo y vivir a la luz de sus preceptos prácticos. Estos preceptos los encontramos esparcidos en las páginas de los Evangelios, pero especialmente en el Sermón del Monte. Si alguien se imagina que Jesús los pronunció sin el propósito de promover la santidad del creyente se equivoca lamentablemente. Y cuán triste es oír a ciertas personas hablar del ministerio de Jesús sobre la tierra diciendo que lo único que el Maestro enseñó fue *doctrina* y que la enseñanza de las obligaciones prácticas la delegó a otros. Un conocimiento superficial de los Evangelios bastará para convencer a la gente de cuán errónea es esta noción. En las enseñanzas de nuestro Señor se destaca de una manera muy prominente lo que sus discípulos deben ser y lo que han de hacer; y una persona verdaderamente santificada nunca se olvidará de esto, pues sirve a un Señor que dijo: "Vosotros sois mis amigos, si hiciéreis las cosas que yo os mando" *(Juan 15:14)*.

La verdadera santificación se mostrará en un esfuerzo continuo para alcanzar el nivel espiritual que San Pablo establece para las iglesias. — Este nivel o norma espiritual, lo podemos encontrar en los últimos capítulos de casi todas sus epístolas. Es una idea muy generalizada la de que San Pablo sólo escribió sobre materia doctrinal y de controversia: la justificación, la elección, la predestinación, la profecía, etc. Tal idea es en extremo errónea, y es una evidencia más de la ignorancia que sobre la Biblia muestra la gente de nuestro tiempo. Los escritos del apóstol San Pablo están llenos de enseñanzas prácticas sobre las obligaciones cristianas de la vida diaria, y sobre nuestros hábitos cotidianos, temperamento y conducta entre los hermanos creyentes. Estas exhortaciones fueron escritas por inspiración de Dios para perpetua guía del creyente. Aquel que haga caso omiso de estas instrucciones, quizá pase como miembro de una iglesia o de una capilla, pero ciertamente no es lo que la Escritura llama una persona "santificada".

La verdadera santificación se evidenciará en una atención habitual a las gracias activas que el Señor Jesús de una manera tan hermosa ejemplarizó, particularmente la gracia de la caridad. "Un mandamiento nuevo os doy: que os améis unos a otros; como yo os he amado, que también os améis los unos a los otros. En esto conocerán todos que sois mis discípulos, si tuviérais amor los unos con los otros" *(Juan 13:34-35)*. El hombre santificado tratará de hacer bien en el mundo, y disminuir el dolor y aumentar la felicidad en torno suyo. Su meta será la de ser como Cristo, lleno de mansedumbre y de amor para con todos; y esto no sólo de palabra sino de hechos, negándose a sí mismo. Aquel que profesa ser cristiano, pero que con egoísmo centra su vida en sí mismo asumiendo un aire de poseer grandes conocimientos, y sin preocuparle si su prójimo se hunde o sabe nadar, si va al cielo o al infierno, con tal de que él pueda ir a la iglesia con su mejor traje y ser considerado un "buen miembro", tal persona, digo, no sabe nada de lo que es la santificación. Puede considerarse como un santo en la tierra, pero ciertamente no será un santo en el cielo. No se dará el caso de que Cristo sea el Salvador de aquellos que no imitan su ejemplo. Una gracia de conversión real y una fe salvadora ha de producir, por necesidad, cierta semejanza a la imagen de Jesús *(Colosenses 3:10)*.

La verdadera santificación se evidenciará también en una atención habitual a las gracias pasivas. — Al referirme a las gracias pasivas me refiero a aquellas gracias que se muestran muy especialmente en la sumisión a la voluntad de Dios y en la paciencia y condescendencia hacia los demás. Pocas personas pueden hacerse una idea de lo mucho que se nos dice sobre estas gracias en el Nuevo Testamento, y el importante papel que parecen desempeñar. Éste es especialmente el tema que San Pedro nos desarrolla y presenta en sus epístolas. "Cristo padeció por nosotros, dejándonos ejemplo, para que vosotros sigáis sus pisadas. El cual no hizo pecado, ni fue hallado engaño en su boca; quién cuando le maldecían, no retornaba maldición; cuando padecía no amenazaba, sino remitía la causa al que juzga justamente" *(I Pedro 2:21-23)*. Estas gracias pasivas se encuentran entre los frutos del Espíritu que San Pablo nos menciona en su Epístola a los Gálatas. Se nos mencionan nueve gracias y de ellas tres —tolerancia, benignidad, mansedumbre— son gracias pasivas *(Gálatas 5:22-23)*. Las gracias pasivas son más difíciles de obtener que las activas, pero la influencia de las tales sobre el mundo es mayor. La Biblia nos habla mucho de estas gracias pasivas, y en vano hacemos alardes de satisfacción si en nosotros no hay este deseo de poseer tolerancia, benignidad y mansedumbre. Aquellos que continuamente se destapan con un temperamento agrio y atravesado, y que dan muestras de poseer una lengua muy incisiva, llevando siempre la contraria, siendo rencorosos, vengativos, maliciosos —y de los cuales el mundo está por desgracia demasiado lleno— los tales, digo, nada saben sobre la santificación.

Estas son las señales visibles de la persona santificada. No pretendo decir que se verán de una manera uniforme en todos los creyentes, ni que brillarán con todo su fulgor aún en los creyentes más avanzados. Pero sí que constituyen las señales bíblicas de la santificación, y que aquellos que no saben nada de las tales, bien pueden dudar de si tienen en realidad gracia alguna. La verdadera santificación es algo que se puede ver, y las notas que he procurado esbozar, son, más o menos, las notas de la persona santificada.

III. — Distinción entre la santificación y la justificación.

¿En qué concuerdan y en qué difieren? Esta distinción es importantísima, aunque quizá a primera vista no lo parezca. Por lo general las personas muestran cierta predisposición a considerar sólo lo superficial de la fe, y a relegar las distinciones teológicas como "meras palabras" que en realidad tienen poco valor. Yo exhorto a aquellos que se preocupan por sus almas a que se afanen por obtener nociones claras sobre la santificación y la justificación. Acordémonos siempre de que aunque la justificación y la santificación son dos cosas distintas, sin embargo en ciertos puntos *concuerdan* y en otros *difieren*. Veámoslo con detalle.

A. — *Puntos concordantes:*

1. — Ambas proceden y tienen su origen en la libre gracia de Dios.
2. — Ambas son parte del gran plan de salvación que Cristo, en el pacto eterno, tomó sobre sí en favor de su pueblo. Cristo es la fuente de vida de donde fluyen el perdón y la santidad. La raíz de ambas está en Cristo.
3. — Ambas se encuentran en la misma persona. Los que son justificados son también santificados, y aquellos que han sido santificados, han sido también justificados. Dios las ha unido y no pueden separarse.
4. — Ambas empiezan al mismo tiempo. En el momento en que una persona es justificada, empieza también a ser santificada, aunque al principio quizá no se percate de ello.
5. — Ambas son necesarias para la salvación. Jamás nadie entrará en el cielo sin un corazón regenerado y sin el perdón de sus pecados; sin la sangre de Cristo y sin la gracia del Espíritu; sin disposición apropiada para gozar de la gloria y sin el título para la misma.

B. — *Puntos en que difieren:*

1. — Por la justificación, la justicia de otro —de Jesucristo— es imputada, puesta en la cuenta del pecador. Por la santificación el pecador convertido experimenta en su interior una obra que lo va haciendo justo. En otras palabras, por la justificación *se nos considera justos*, mientras que por la santificación *se nos hace justos*.
2. — La justicia de la justificación *no es propia*, sino que es la justicia eterna y perfecta de nuestro maravilloso Mediador Cristo Jesús, la cual nos es imputada y hacemos nuestra por la fe. La justicia de la santificación *es la nuestra propia*, impartida, inherente e influida en nosotros por el Espíritu

Santo, pero mezclada con flaqueza e imperfección.

3. — En la justificación no hay lugar para nuestras obras. Pero en la santificación la importancia de nuestras propias obras es inmensa, de ahí que Dios nos ordene a luchar, a orar, a velar, a que nos esforcemos, afanemos y trabajemos.

4. — La justificación es una obra acabada y completa; en el momento en que una persona cree es justificada, perfectamente justificada. La santificación es una obra relativamente imperfecta; será perfecta cuando entremos en el cielo.

5. — La justificación no admite crecimiento ni es susceptible de aumento. El creyente goza de la misma justificación en el momento de acudir a Cristo por la fe, que de la que gozará para toda la eternidad. La santificación es, eminentemente, una obra progresiva, y admite un crecimiento continuo mientras el creyente viva.

6. — La justificación hace referencia a la *persona* del creyente, a su posición delante de Dios y a la absolución de su culpa. La santificación hace referencia a la *naturaleza* del creyente, y a la renovación moral del corazón.

7. — La justificación nos da título de acceso al cielo, y confianza para entrar. La santificación nos prepara para el cielo, y nos previene para sus goces.

8. — La justificación es un acto de Dios *con referencia* al creyente, y no es discernible para los otros. La santificación es una obra de Dios *dentro* del creyente que no puede dejar de manifestarse a los ojos de los otros.

Estas distinciones las pongo a la atenta consideración de los lectores. Estoy persuadido de que gran parte de las tinieblas, confusión e incluso sufrimiento de algunas personas muy sinceras, se debe a que se confunde y no se distingue la santificación de la justificación. Nunca se podrá enfatizar demasiado el que se trata de dos cosas distintas, aunque en realidad no pueden separarse, y que el que participa de una por necesidad ha de participar de la otra. Pero nunca, nunca, debe confundirse, ni olvidarse, la distinción que existe entre las dos.

Sólo nos resta finalizar el tema con unas palabras de aplicación. La naturaleza y las notas visibles de la santificación han sido presentadas a la consideración del lector, y la pregunta que ahora surge en nuestras mentes es esta: ¿Qué conclusiones prácticas debemos sacar de lo dicho?

Debemos darnos cuenta del estado tan peligroso en que se encuentran algunas personas que profesan ser cristianas. "Sin la santidad nadie verá al Señor" *(Hebreos 12:14).* ¡Cuánta religión hay, pues, que no sirve para nada! ¡Cuán grande es el número de personas que van a la iglesia, a las capillas, y que sin embargo andan por el camino que lleva a la destrucción! Esta reflexión es terrible, aplastante, abrumadora. ¡Oh, si los predicadores y los maestros abrieran sus ojos y se dieran cuenta de la condición de las almas a su alrededor! ¡Oh, si las almas pudieran ser persuadidas a "huir de la ira que vendrá"! Si las almas no santificadas pudieran ir al cielo, entonces la Biblia no sería verdadera. ¡Pero la Biblia es verdad y no puede mentir! Sin la santidad nadie verá al Señor.

Asegurémonos de nuestra propia condición, y no descansemos hasta que veamos en nosotros los frutos de la santificación. ¿Cuáles son nuestros gustos, nuestras preferencias, nuestras elecciones, nuestras inclinaciones? Esta es la gran pregunta. Poco valor tiene lo que podamos desear y esperar en la hora de la muerte; ahora es cuando debemos analizar nuestros deseos. ¿Qué somos ahora? ¿Qué hacemos? ¿Se ven en nosotros los frutos de la santificación? De no ser así, la culpa es nuestra.

Si deseamos verdaderamente la santificación, el curso a seguir es claro y sencillo: *debemos empezar con Cristo.* Debemos acudir a Él tal como somos, como pecadores. Debemos presentarle nuestra extrema necesidad; debemos abandonar nuestras almas a Él por la fe, para así poder obtener la paz y la reconciliación con Dios. Debemos ponernos en sus manos, tal como lo hacemos con el buen médico, y suplicar su gracia y su misericordia. No esperemos a traer nada en nuestras manos. El primer paso para la santificación, al igual que para la justificación, es el de ir por la fe a Cristo.

Si deseamos crecer en la santidad, debemos acudir continuamente a Cristo. Debemos ir a Él tal como hicimos al principio de nuestra vida espiritual. Él es la cabeza de la cual cada miembro recibe el alimento *(Efesios 4:16).* Debemos vivir diariamente la vida de fe en el Hijo de Dios, y proveernos diariamente de Su plenitud para nuestras necesidades de gracia y fortaleza. Aquí se encierra el gran secreto de una vida de santificación ascendente. Los creyentes que no hacen progreso alguno en la santificación y parecen haberse estancado, sin duda alguna es porque descuidan la comunión con Jesús, y en consecuencia contristan al Espíritu Santo. Aquél que en la noche antes de la crucifixión oró al Padre con aquellas palabras de "Santifícalos en tu verdad", está infinitamente dispuesto a socorrer a todo creyente que por la fe acuda a Él por ayuda.

No esperemos demasiadas cosas de nuestros propios corazones. Aún en los mejores momentos, encontraremos en nosotros mismos motivos suficientes para una profunda humillación, y descubriremos que en todo momento somos deudores a la gracia y a la misericordia. A medida que aumente nuestra visión espiritual más nos daremos cuenta de nuestra imperfección. Éramos pecadores cuando empezamos, y pecadores nos veremos a medida que vayamos adelante. Sí, pecadores regenerados, perdonados y justificados, pero pecadores hasta el último momento de nuestras vida. La perfección absoluta de nuestras almas todavía ha de venir, y la expectación de la misma habría de ser una gran razón para hacernos desear más y más el cielo.

En último lugar, nunca nos avergonzaremos de dar demasiada importancia al tema de la santificación, y de nuestros deseos de conseguir una elevada santidad. Aunque algunos se contenten con unos logros muy pobres y miserables, y otros no se avergüencen de vivir vidas que no son santas, nosotros mantengámonos en las sendas antiguas y sigamos adelante en pos de una santidad eminente. He aquí la manera de ser realmente felices.

Por más que digan ciertas personas, debemos convencernos de que la santidad es felicidad; y la persona que vive más felizmente en esta tierra es la persona más *santificada*. Sin duda hay cristianos verdaderos que, como resultado de una salud débil, o de pruebas familiares, o alguna otra causa secreta, no parecen gozar de mucho consuelo, y con suspiros prosiguen su peregrinar al cielo; pero estos casos no son muy abundantes. Por regla general podemos decir que los creyentes santificados son las personas más felices de la tierra. Gozan de consuelos sólidos que el mundo no puede dar ni quitar. "Los caminos de la sabiduría son caminos deleitosos". "Mucha paz tienen los que aman tu ley". "Mi yugo es fácil y ligera mi carga". "No hay paz para los malos, dijo el Señor" *(Proverbios 3:17; Salmo 119:165; Mateo 11:30; Isaías 48:22).**

---

* La importancia del tema de la santificación es tal, y tantos y tan grandes son los errores que sobre el mismo se han cometido, que sin reserva alguna recomiendo sumamente la obra de Juan Owen sobre el Espíritu Santo a todos aquellos que deseen estudiar y profundizar más en este tema. Un escrito como el nuestro no puede ser completo ni abarcarlo todo. — *Nota del autor.*

LA LUCHA

«Pelea la buena batalla de la fe»
(I Timoteo 6:12).

Es curioso el hecho de que la mayoría de la gente sienta un profundo interés por todo aquello que tenga el carácter de lucha. Tanto los pequeños como los mayores, ya sean pobres o ricos, cultos o ignorantes: todos muestran un profundo interés por las batallas, luchas y guerras que registra la historia. Sería en verdad insípido el ciudadano que no mostrara interés por las batallas famosas de su país.

Por encima de todas estas guerras que según el testimonio de la historia el hombre ha ensayado en el curso de los siglos, se registra una contienda que por su importancia y transcendencia eclipsa a todas las demás. Esta contienda no concierne a dos o tres naciones solamente, sino a todo cristiano: es una contienda espiritual. Es una lucha por el alma que toda persona que ansía salvarse ha de entablar.

Me doy cuenta de que sobre esta lucha hay muchas personas que no saben nada. Si oyen hablar de la misma no vacilan en considerar a los cristianos como tontos, locos o entusiastas. Sin embargo es una verdadera guerra, una contienda genuina: con sus luchas y sus heridas; sus velas y sus fatigas; sus sitios y sus asaltos; sus victorias y sus derrotas. Pero lo verdaderamente terrible, tremendo y peculiar de esta contienda son las *consecuencias* que se derivan de la misma. En los conflictos terrenales las consecuencias son más o menos remediables y de duración limitada. Pero en la contienda espiritual no es así: las consecuencias tienen un carácter eterno e invariable.

Y es precisamente sobre esta contienda espiritual que el apóstol Pablo escribió aquellas ardientes palabras a Timoteo:

"Pelea la buena batalla de la fe, echa mano de la vida eterna". Y es sobre esta batalla espiritual que me propongo hablar en este escrito. Considero que este tema mantiene una íntima asociación con el de la santidad. Todo aquel que ha entendido el tema de la santidad, sabe que el cristiano es un "hombre de guerra". Si ansiamos ser santos debemos luchar.

I. — El verdadero cristianismo es una lucha.

¡El verdadero cristianismo es una lucha! Notemos bien la palabra "verdadero", pues hay mucha religión y profesión de fe en el mundo que de cristiana sólo tiene el nombre; en realidad no es un cristianismo verdadero y genuino. Es un cristianismo que satisface las conciencias de aquellos que espiritualmente duermen, y que tiene aspecto de validez pero en realidad es moneda falsa; no es aquello que hace veinte siglos se llamaba cristianismo. Elevado es el número de personas que en el día del domingo va a las iglesias y capillas, y que se llaman a sí mismas cristianas; sus nombres están escritos entre los bautizados; su ceremonia matrimonial tuvo lugar en la iglesia, y desean morir cristianamente y ser enterrados de la misma manera; pasan como cristianos mientras viven pero en la religión que profesan el elemento de "lucha" brilla por su ausencia. No saben nada de lo que sea la contienda espiritual y el esfuerzo de una profesión de fe genuina. Tal "cristianismo" puede satisfacer al hombre carnal, pero no es el cristianismo de la Biblia por más que nos tilden de poco caritativos en nuestras aserciones. No es la religión que el Señor Jesús fundó y que sus Apóstoles predicaron. No es la religión que produce verdadera santidad. El verdadero cristianismo es una *lucha*.

El verdadero cristiano ha sido llamado a ser un soldado, y como tal debe comportarse desde el día de su conversión hasta el de su muerte. Su profesión religiosa está reñida con todo lo que sea fácil, indolente y proporcione seguridad terrena; no puede dormir tranquilamente junto al camino al cielo; si toma la Biblia seriamente y como regla de fe y conducta, se convencerá de que el curso de su peregrinar no admite otra alternativa: *ha de luchar*.

¿Y contra quiénes ha de luchar el soldado cristiano? No contra otros cristianos. ¡Cuán miserable es aquella noción de lucha que tienen tantas personas al suponer que la verdadera religión consiste en una controversia perpetua! ¡Qué poco sabe de lo que es la pelea cristiana aquel que, continuamente, se empeña en sembrar contienda entre iglesias, capillas, sectas, facciones, partidos y demás! Se contribuye a la causa del pecado cuando los cristianos desperdician sus energías en contiendas intestinas y pierden el tiempo en zipizapes pueriles. ¡No! La lucha principal del cristiano es contra el mundo, la carne y el diablo. Hasta la muerte éstos serán sus enemigos y contra éstos deberá pelear continuamente. A no ser que obtenga la victoria sobre estos enemigos, todas las demás victorias serán vanas e inútiles. Si el creyente tuviera la naturaleza de ángel y no fuera una criatura caída, la lucha no sería muy esencial; pero poseyendo como posee un corazón depravado, habiendo un diablo extremamente activo en torno suyo y un mundo lleno de trampas a sus pies, el cristiano debe *luchar* o perder.

Debe luchar en contra de la *carne*. Aun después de la conversión, el creyente lleva consigo una naturaleza dispuesta al mal y un corazón débil e inestable como el agua. Este corazón nunca se verá libre de imperfección en este mundo, y sería vano por nuestra parte creer lo contrario. Y es precisamente para que nuestro corazón no se extravíe que el Señor Jesús nos exhortó a velar y a orar. El espíritu está presto, mas la carne es débil. El creyente ha de pelear y luchar diariamente en oración. Nos dice San Pablo: "Hiero mi cuerpo, y lo pongo en servidumbre." "Veo una ley en mis miembros, que se rebela contra la ley de mi espíritu, y me lleva cautivo." "¡Miserable hombre de mí! ¿Quién me librará del cuerpo de esta muerte?" "Porque los que son de Cristo han crucificado la carne con los afectos y concupiscencias." "Amortiguad, pues, vuestros miembros que están sobre la tierra." (*I Corintios 9:27; Romanos 7:23-24; Gálatas 5:24; Colosenses 3:5*).

Debe luchar contra el *mundo*. El creyente ha de resistir continuamente las influencias artificiosas de este enemigo tan poderoso, y de no batallar diariamente jamás podrá superarle. El amor a los deleites, el temor a las risas y reproches, el secreto deseo de conformación con el mundo y el escondido afán de hacer lo que la mayoría de la gente hace, constituyen poderosos enemigos que continuamente asedian al creyente en su camino al cielo. "La amistad del mundo es enemistad con Dios. Cualquiera pues que quisiera ser amigo del mundo, se constituye enemigo de Dios." "Si alguno ama al mundo el amor del Padre no está en él." "El mundo me es crucificado a mí, y yo al mundo." "Todo aquel que es nacido de Dios vence al mundo." "No os conforméis a este mundo." *(Santiago 4:4; I Juan 2:15; Gálatas 6:14; I Juan 5:4; Romanos 12:2.)*

Debe luchar contra el *diablo.* Este viejo enemigo de la humanidad no está muerto. Desde la caída de Adán y Eva no ha cesado de "rodear la tierra y de andar por ella" ni desistido de conseguir su objeto: la ruina del alma del hombre. El diablo nunca duerme, nunca echa la siesta, sino que, "como león rugiente, anda alrededor buscando a quién devore". Este enemigo invisible siempre está cerca de nosotros, junto a nuestro camino, a la cabecera de nuestra cama, siempre espiándonos. Desde el principio ha sido "homicida y mentiroso" y trabaja noche y día para arrojarnos al infierno. Con tácticas y procedimientos distintos lleva a unos a la superstición y a otros los hace caer en la infidelidad; pero siempre busca la misma meta: la perdición de nuestras almas. "Satanás os ha pedido para zarandearos como trigo." Debemos luchar diariamente contra este enemigo si deseamos ser salvos. "Este linaje no sale sino con oración y ayuno" y pertrechados con "toda la armadura de Dios". Sin una batalla diaria no podremos alejar de nuestro corazón a este enemigo tan fuerte. *(Job 1:7; I Pedro 5:8; Juan 8:44; Lucas 22:31; Mateo 17:21; Efesios 6:11.)*

Quizá para algunas personas estas afirmaciones sean demasiado fuertes, y crean que me he extralimitado y que he pintado la vida cristiana con pinceladas demasiado recargadas. Tales personas están convencidas de que pueden obtener el cielo sin dificultades, luchas y guerras. Si tú eres uno de ellos, lector, escucha ahora lo que en nombre de Cristo voy a exponer. Recuerda aquella máxima del general más famoso que jamás haya vivido en Inglaterra: "En tiempo de guerra el peor error sería desestimar al enemigo y tratar de hacer una pequeña guerra". La lucha del creyente no ha de tomarse a la ligera.

¿Qué dice la Escritura? "Pelea la buena batalla de la fe, echa mano de la vida eterna." "Tú pues, sufre penalidades como fiel soldado de Jesucristo." "Vestíos de toda la armadura de Dios, para que podáis estar firmes contra las asechanzas del diablo. Porque no tenemos lucha contra carne y sangre, sino contra principados, contra potestades, contra señores del mundo, gobernadores de estas tinieblas, contra malicias espirituales en los aires. Por tanto tomad toda la armadura de Dios, para que podáis resistir en el día malo, y estar firmes, habiendo acabado todo." "Porfiad a entrar por la puerta angosta." "Trabajad por la comida que a vida eterna permanece." "No penséis que he venido para meter paz en la tierra. No he venido para meter paz, sino espada." "El que no tiene espada, venda su capa, y compre una." "Velad, estad firmes en la fe; portaos varonilmente, y esforzaos." "Milita la buena milicia, manteniendo la fe y buena conciencia." *(I Timoteo 6:12; II Timoteo 2:3; Efesios 6:11-13; Lucas 13:24; Juan 6:27; Mateo 10:34; Lucas 22:36; I Corintios 16:13; I Timoteo 1:18-19.)* Estas palabras de la Escritura son claras, sencillas y no se prestan a equívocos. Todos estos versículos coinciden en enseñar la misma cosa: el verdadero cristianismo es una lucha, una pelea, una batalla.

Sea cual fuere nuestra denominación cristiana, este hecho no admite controversia alguna: el verdadero cristianismo es una lucha. Nos es impuesta necesidad: debemos luchar. Las promesas del Señor Jesús para las siete Iglesias del Apocalipsis son para los "que vencieren". Allí donde hay gracia divina, allí hay conflicto. El creyente es un soldado. No hay santidad sin lucha. Las almas que se han salvado, son almas que han luchado.

La necesidad de esta lucha es absoluta. No pensemos que en esta lucha podemos permanecer neutrales y sin hacer nada. Tal línea de conducta puede seguirse con respecto a las contiendas entre diferentes naciones, pero es completamente imposible seguirla en el conflicto que concierne al alma. La política de no interferencia tan alabada por los estadistas, es algo que no tiene cabida en la pelea cristiana. En esta batalla nadie puede escaparse alegando aquello de que es "un hombre de paz". Tener paz con el mundo, la carne y el diablo, implica el estar en enemistad con Dios y el andar en el camino ancho que conduce a la destrucción. No hay elección u opción posibles. Debemos luchar; de no hacerlo nos perderemos.

La necesidad de esta lucha es universal. Nadie puede disculparse de esta lucha ni escaparse de la misma. Tanto los predicadores como las congregaciones, tanto los adultos como los jóvenes, tanto los ricos como los pobres, tanto los reyes como los súbditos, tanto los instruidos como los ignorantes, deben tomar las armas e ir a la guerra. Todos tienen por naturaleza un *corazón* lleno de orgullo, incredulidad, negligencia, mundanalidad y pecado. Todos viven en un *mundo* lleno de cepos, trampas y ardides para el alma. Todos tienen alrededor a un *diablo* malicioso, incansable y siempre activo. Todos, desde el rey en su palacio hasta el pobre en su choza, deben luchar para ser salvos. *La necesidad de esta lucha es continua.* Es una lucha que no conoce armisticio, tregua o respiro. Durante los días de la semana como durante el día del domingo, tanto en privado como en público, tanto en el círculo familiar como al ausentarse del hogar, tanto en las pequeñas cosas como en las grandes, la batalla cristiana debe proseguir. El enemigo con el cual contendemos no conoce días de fiesta ni momentos de descanso. Mientras tengamos vida debemos llevar puesta la armadura y recordar que estamos en territorio enemigo. "Aun en las márgenes del Jordán" —decía un santo varón en los últimos momentos de su vida— "encuentro que Satanás me está mordiendo los talones". Debemos luchar hasta la misma hora de la muerte.

Pensemos bien en todo esto. Cuidémonos de que nuestra religión sea verdadera, genuina y real. El síntoma más triste que puede observarse en tantas personas que se llaman cristianas es el de una ausencia total de conflicto y lucha en su profesión cristiana. Estas personas comen, beben, trabajan, se divierten, ganan dinero, gastan dinero, una o dos veces a la semana hacen demostraciones formalistas de su fe y asisten a los cultos, pero de la gran contienda espiritual, con sus desvelos, esfuerzos, agonías, ansiedades, batallas y contiendas, no parecen conocer absolutamente nada. Vayamos con cuidado no sea éste nuestro caso. El peor estado de un alma es cuando "el fuerte armado guarda su atrio", y Satanás conduce a hombres y mujeres "cautivos a voluntad de él", y estos no oponen resistencia. Las peores cadenas son aquellas que el prisionero ni siente ni ve *(Lucas 11:21; II Timoteo 2:26.)*

Si conocemos algo de este conflicto y lucha interior en nuestra experiencia cristiana, entonces tomemos aliento y confortémonos con el pensamiento de que la lucha es el compañero de la genuina santidad cristiana. ¿Se desarrolla en lo más íntimo de nuestro corazón una lucha espiritual? ¿Experimentamos aquello de que la carne codicia contra el espíritu, y el espíritu contra la carne, para que no hagamos lo que deseamos hacer? *(Gálatas 5:17).* ¿Tenemos conciencia de la lucha de estos dos principios? ¿Nos percatamos de esta guerra que se entabla en el hombre interior? Si es así, ¡démos gracias al Señor por ello! Es una buena señal. Es una gran evidencia de una gran obra de santificación. Todos los verdaderos santos son soldados. Terrible es para el alma el estado de apatía, indiferencia y estancamiento. Satanás, al igual que los reyes de este mundo, no guerrea contra sus súbditos. Por consiguiente, el hecho mismo de que él nos asalta y hace frente, debería llenarnos de esperanzas. Lo digo otra vez: confortémonos. El hijo de Dios se distingue y conoce NO SOLO POR SU PAZ INTERIOR, SINO TAMBIEN POR SU LUCHA INTERIOR.

II. — **El verdadero cristianismo es la batalla de la fe.**

Y en este aspecto la batalla cristiana se diferencia completamente de las contiendas del mundo. Es una lucha que no depende de un brazo poderoso, de un ojo rápido o de unos pies veloces. No se entabla con armas carnales, sino con armas espirituales. La fe es la bisagra sobre la cual gira la victoria. El éxito de la contienda se supedita a la fe.

Una fe firme en la verdad de la Palabra de Dios es fundamental en el carácter del soldado cristiano. El creyente es lo que es, hace lo que hace, piensa lo que piensa, se comporta como se comporta, como resultado de una razón muy simple: porque cree en ciertas proposiciones que se revelan y se dan a conocer en las Santas Escrituras. "Es menester que el que a Dios se allega, crea que le hay, y que es galardonador de los que le buscan" *(Hebreos 11:6).*

En nuestro tiempo muchas son las personas a quienes gusta hablar de una religión sin doctrinas y sin dogmas. Al principio, ésto suena bastante bien, parece muy hermoso a simple vista; pero tan pronto como nos detenemos a examinarlo nos damos cuenta de que es una completa imposibilidad. Sería algo así como hablar de un cuerpo sin huesos ni tejidos. Nadie llegará a ser nada ni podrá hacer nada a no ser que crea en *algo*. Aun aquellos que hacen profesión de las miserables doctrinas de los deístas se ven obligados a confesar que creen en algo. Pese a sus mordaces críticas en contra de la dogmática y credulidad cristianas —como ellos dicen— no pueden prescindir de cierta clase de fe.

Para el verdadero cristiano la fe es la médula de su existencia espiritual. Si en el corazón no se tienen ciertos principios importantísimos, nadie puede realmente luchar contra el mundo, la carne y el diablo. Quizá no pueda a veces el creyente definir y especificar estos principios, pero los tiene profundamente arraigados en su corazón y constituyen las raíces de su religión. Siempre que veas a una persona, pobre o rica, instruida o ignorante, que varonilmente lucha contra el pecado y se esfuerza para vencerlo, puedes estar seguro de que en su corazón hay ciertos principios que son el contenido de su fe y la fuerza impulsora de su obrar. Sin la fe y la creencia no hay posibilidad de una conducta recta.

Una fe especial en la persona, obra y ministerio de nuestro Señor Jesucristo es esencial en el carácter del soldado cristiano. Por fe el creyente puede ver a un Salvador invisible que le amó y se dio a sí mismo por él, a un Salvador que pagó sus deudas, llevó sus pecados y transgresiones, y que, resucitado, se sienta a la diestra del Padre para interceder y abogar por él. El soldado cristiano ve a Jesús y se adhiere fuertemente a Él; viendo al Salvador y confiando en Él, experimenta paz y esperanza y está dispuesto a hacer frente a los enemigos de su alma.

El soldado cristiano ve sus propios pecados, su débil corazón, un mundo lleno de tentación, un diablo que trabaja sin cesar, y de mirar solamente esto el creyente tendría razones más que suficientes para desmayar. Pero también ve a un Salvador todopoderoso, a un Salvador que intercede por él, a un Salvador que simpatiza con él; el soldado cristiano ve la sangre de Cristo, su justicia, su sacerdocio eterno, y cree que todo esto es para él. Ve a Jesús y pone en Él toda su confianza; viéndole lucha animosamente y con plena confianza de que a través de Él será "más que vencedor" *(Romanos 8:37).*

Una fe viva en la presencia de Cristo y en su ayuda constituye el secreto de una contienda victoriosa. No olvidemos que la fe admite grados. No todas las personas tienen igual medida de fe y aún la misma persona tiene sus altas y sus bajas en ella. De acuerdo con su grado de fe, el cristiano lucha bien o mal, gana victorias o sufre repulsas ocasionales. Aquel que tiene más fe será el soldado más seguro y más feliz. La certeza y persuasión de que el amor y protección de Cristo están sobre el creyente, hace que la lucha cristiana sea más llevadera. La confianza de que Cristo está a su lado, de modo que el éxito es seguro, proporciona al creyente nuevas fuerzas para soportar la fatiga de la vigilancia, el esfuerzo y la lucha contra el pecado. La fe es "el escudo" que hace "apagar todos los dardos de fuego del enemigo". Es el hombre que puede decir: "Yo sé en quién he creído", el que en la hora del sufrimiento podrá decir: "No me avergüenzo". La persona que escribió aquellas resplandecientes palabras: "No desmayamos... porque lo que al presente es momentáneo y leve de nuestra tribulación, nos obra un sobremanera alto y eterno peso de gloria", fue la misma persona que escribió: "Vivo en la fe del Hijo de Dios". "Por el cual el mundo me es crucificado a mí, y yo al mundo". Es el mismo hombre que dijo "Para mí el vivir es Cristo" quien en la misma epístola dijo: "He aprendido a contentarme con lo que tengo". "Todo lo puedo en Cristo que me fortalece". ¡A más fe, más victoria! ¡A más fe, más paz interior! *(Efesios 6:16; II Timoteo 1:12; II Corintios 4:17-18; Gálatas 2:20; 6:14; Filipenses 1:21; 4:11, 13).*

Creo que es imposible evaluar en exceso la importancia de la fe. ¡Con razón podía el apóstol Pedro llamarla "preciosa"! *(II Pedro 1:1).* El tiempo me faltaría con solo intentar narraros la centésima parte de las victorias que por la fe los soldados cristianos han obtenido. Tomemos nuestras Biblias y leamos con atención el capítulo once de la Epístola a los Hebreos. Notemos la gran lista de héroes de la fe que en el mismo se menciona: desde Abel hasta Moisés, y eso aún antes de que Cristo viniera al mundo y trajera por el evangelio la vida y la inmortalidad a plena luz. Démonos cuenta de las batallas que ganaron sobre el mundo, la carne y el diablo y recordemos que todo se debió a su fe. Todos estos hombres miraron hacia el futuro al Mesías prometido y vieron a Aquel que es invisible. "Por la fe alcanzaron testimonio los antiguos" *(Hebreos 11:1-27).*

Volvamos nuestra atención a las páginas de la Historia de la Iglesia Primitiva y veamos como los cristianos se mantuvieron fieles al evangelio aún ante la muerte. En los primeros siglos hubo un sinfín de hombres y mujeres que, como Policarpo e Ignacio, estaban dispuestos a morir antes que negar a Cristo. Ni las multas, ni las prisiones, ni las torturas, ni el fuego, ni la espada, náda pudo apagar el espíritu del noble ejército de los mártires. Todo el poder de la Roma Imperial resultó impotente para hacer desaparecer aquella religión que empezó con unos pocos pescadores y publicanos en Palestina. Y recordemos que el poderío de la Iglesia provenía de una fe firme en un Jesús invisible. Por la fe obtuvieron la victoria.

Examinemos la historia de la Reforma Protestante. Estudiemos la vida de sus campeones: Wicleff y Huss, Lutero y Calvino, Knox y Latimer y otros tantos. Démonos cuenta de qué manera estos intrépidos soldados de Cristo se mantuvieron firmes contra las huestes enemigas, y cómo por sus principios evangélicos estaban dispuestos a morir. ¡Qué de batallas libraron! ¡Qué de controversias mantuvieron! ¡A qué terrible oposición tuvieron que hacer frente! ¡Qué tenacidad de propósito exhibieron en contra de un mundo armado! Y recordemos que fue su fe en un Jesús invisible el secreto de sus fuerzas. Por la fe vencieron.

Consideremos el caso de aquellos hombres que en los últimos cien años han dejado huellas más profundas en la Historia de la Iglesia. Démonos cuenta de qué manera hombres como Wesley, Whitefield, Veen y Romaine, se mantuvieron solos en su día y en su generación, y reavivaron el Evangelio en Inglaterra en medio de la oposición, calumnia y persecución de la mayor parte de los que profesaban ser cristianos. Notemos de qué manera hombres como William Wilberfoce y Havelock y Hedley Vicars han dado testimonio por Cristo en situaciones sumamente difíciles y levantado el estandarte de la verdad aún en la Cámara de los Comunes. Notemos que estos hombres nunca fluctuaron y que con su conducta fiel al Evangelio ganaron incluso el respeto de sus enemigos. Y recordemos que la clave de su carácter era una fe firme en un Cristo invisible. Vivieron por la fe, anduvieron por la fe, se mantuvieron firmes por la fe y vencieron por la fe.

¿Deseáis vivir la vida del soldado cristiano? Orad, pues, por el don de la fe. La fe es un don de Dios, pero aquellos que oran para obtener este don nunca orarán en vano. La fe es el primer paso hacia el cielo. Todo aquel que desee pelear la buena batalla con éxito y victoria, debe orar por un aumento continuo de su fe. Debe estrechar más y más su comunión con Cristo, y su oración debe ser como la de los discípulos: "Señor, auméntanos la fe" *(Lucas 17:5)*. ¡Oh! qué celosa vigilancia deberíamos ejercer sobre nuestra fe. Y es que la fe es la ciudadela del carácter cristiano, y de ella depende la seguridad de toda la fortaleza. Y es, al mismo tiempo, el punto favorito de los asaltos de Satanás. Si consigue destronarla de nuestro corazón, todo caerá en sus manos. Por amor a nuestras almas y destino eterno debemos estar en guardia contínuamente y defender la ciudadela de la fe.

III. — El verdadero cristianismo es una buena pelea.

Es curioso que el apóstol Pablo refiriéndose a la contienda cristiana la llame *"buena pelea"*. Toda guerra en el mundo es más o menos mala. Cierto es que, para mantener la libertad de las naciones libres y defender los derechos del individuo, la guerra puede convertirse a veces en una absoluta necesidad, pero aún siendo éste el caso, la guerra es mala. Implica un gran derramamiento de sangre y sufrimientos terribles; precipita en la eternidad a miles y miles de personas que no están preparadas para ir al encuentro de Dios; desata las pasiones más bajas del hombre y causan miseria y destrucción; convierte a los miembros de muchos hogares en viudas y huérfanos; interrumpe la obra misionera y la causa del Evangelio. En una palabra: la guerra es un mal terrible e incalculable y todo creyente debería pedir noche y día: "Señor, da paz en nuestro tiempo". Con todo, hemos de decir que hay una guerra que es "buena", que hay una lucha que no es mala. Esta guerra es la pelea cristiana. Esta lucha es la lucha del alma.

Deseo que todo aquel que quiere ver al Señor y busca la santidad, se dé cuenta de la terrible lucha que ha de entablar. Es una contienda que, aunque es espiritual, implica una severidad y realidad extremadamente patente. Requiere valor, bravura y perseverancia. Pero aun siendo así deseo que mis lectores se percaten de que hay grandes alicientes en esta lucha. No es sin motivos que la Escritura llama a la pelea cristiana la "buena batalla". ¿Cuáles son las razones por las que la pelea cristiana es una "buena batalla"?

Es buena por cuanto se lucha bajo las órdenes del mejor general. El Líder y Comandante de todos los creyentes es el Divino Salvador Cristo Jesús. Él es un Salvador de sabiduría perfecta, amor infinito y poder también infinito. El Capitán de nuestra salvación jamás puede fracasar al dirigir a sus soldados a la victoria. Sus movimientos tácticos nunca son sin fundamento; nunca yerra en su juicio, nunca comete error alguno. Su mirada descansa sobre todos sus seguidores, desde el mayor al más pequeño; el más humilde siervo de Su ejército no es olvidado; los más débiles y enfermos reciben sus cuidados. Las almas que Él ha comprado y ha redimido con su propia sangre son demasiado preciosas para que lleguen a perderse. En este aspecto, pues, podemos ver que la pelea cristiana es una "buena batalla".

Es buena por cuanto se lucha disfrutando de la mejor

ayuda. De por sí el creyente es débil, pero sin embargo el Espíritu Santo mora en él. Elegido por Dios el Padre, lavado en la sangre del Hijo, y regenerado por el Espíritu, el creyente no se alista en la guerra por cuenta propia ni lucha sólo. La tercera persona de la Trinidad, el Espíritu Santo, le enseña diariamente, le guía y conduce y le dirige hacia adelante. Dios el Padre, la primera persona de la Trinidad, le guarda con su poder omnipotente. El Hijo, la segunda persona de la Trinidad, como Moisés en el monte Sinaí, intercede por el creyente, mientras éste está en el valle luchando. Un cordón triple como éste nunca puede romperse. Las necesidades y provisiones del creyente están así aseguradas. No hay defecto alguno en el Cuartel General de sus superiores. Por pobre que sea en sí mismo, en el Señor es fuerte y consigue grandes victorias. Ciertamente, ¡es una buena pelea!

Es buena por cuanto *se lucha bajo promesas inmejorables*. Al creyente le son dadas preciosas y grandísimas promesas, y todas son "SI" y "AMEN" en el Amado; todas estas promesas se cumplirán, pues han sido hechas por Uno que no puede mentir y tiene poder y voluntad para guardar Su palabra. "El pecado no se enseñoreará de vosotros." "El Dios de paz quebrantará presto a Satanás de vuestros pies." "El que comenzó en vosotros la buena obra, la perfeccionará hasta el día de Jesucristo." "Cuando pasares por las aguas yo seré contigo; y por los ríos, no te anegarán." "Mis ovejas no perecerán para siempre, ni nadie las arrebatará de mi mano." "Al que a mí viene no le echo fuera." "No te desampararé ni te dejaré." "Por lo cual estoy cierto que ni la muerte, ni la vida, ni ángeles, ni principados, ni potestades, ni lo presente, ni lo por venir, ni lo alto, ni lo bajo, ni ninguna criatura nos podrá apartar del amor de Dios, que es en Cristo Jesús Señor nuestro." (*Romanos 6:14; 16:20; Filipenses 1:6; Isaías 43:2; Juan 10:28; 6:37; Hebreos 13:5; Romanos 8:38-39.*) Palabras como éstas son de un valor incalculable. La promesa de una próxima ayuda ha animado a los defensores de una ciudad cercada y ha multiplicado sus esfuerzos más allá de un nivel natural. ¿Nunca habéis oído que la promesa de "ayuda antes de la noche" tuvo mucho que ver con la gran victoria de Waterloo? Y sin embargo todas estas promesas terrenas no son nada en comparación con el rico tesoro de los creyentes: las eternas promesas de Dios. No hay duda, ¡es una buena pelea!

Es buena por cuanto *no registra víctimas*. Es en verdad una lucha dura en la que se desarrollan tremendas contiendas, conflictos agonizantes, heridas, desvelos y fatigas. Pero aún así, cada creyente, sin excepción, "es más que vencedor por medio de aquel que nos amó". *(Romanos 8:37.)* Ninguno de los soldados de Cristo se perderá, desaparecerá, o será encontrado muerto en el campo de batalla. No se conocerá el duelo, pues ninguno de los oficiales o soldados caerá batido. Cuando se pase lista en aquel gran día del fin del mundo se podrá apreciar que ninguno de los soldados de Cristo dejará de responder. La Guardia inglesa marchó desde Londres a Crimea, pero muchos de los pertenecientes a este formidable y gallardo regimiento jamás regresaron a Londres; sus huesos fueron depositados en tierra extraña. Diferente será la llegada del ejército cristiano a la "ciudad con fundamento, el artífice y hacedor de la cual es Dios". *(Hebreos 11:10.)* Ninguno de los soldados de Cristo faltará. Las palabras de nuestro gran Capitán se cumplirán: "De los que me diste, ninguno de ellos perdí". *(Juan 18:9.)* No hay duda, ¡es una buena pelea!

Es buena por cuanto *hace bien al alma del que lucha*. Todas las guerras despiertan una tendencia a lo bajo y a lo inmoral, desatan las más bajas pasiones del hombre y endurecen la conciencia a la par que minan los fundamentos de la religión y la moralidad. Pero en la batalla cristiana sucede todo lo contrario: desarrolla y saca a relucir lo mejor que todavía queda en el hombre. Promueve la humildad y la caridad; atenúa el egoísmo y la mundalidad; e induce a los hombres a poner sus afectos en las cosas de arriba. Ni los ancianos, ni los enfermos, ni los moribundos, se arrepienten de haber luchado la batalla de Cristo contra el pecado, el mundo y el diablo. Lo único que les pesa es el no haber servido a Cristo mucho antes. La experiencia de aquel gran santo, Philip Henry, no es única. En los últimos días de su vida dijo a sus familiares: "Deseo que os acordéis de esto siempre: una vida al servicio de Cristo, es la vida más feliz a que el hombre pueda aspirar aquí en la tierra." No hay duda, ¡es una buena pelea!

Es buena por cuanto *hace bien al mundo*. Los efectos de todas las demás guerras son devastadores. La marcha de un ejército a través de un país es un azote para sus habitantes; allí por donde va es causa de pobreza, perjuicio y daño; es motivo de agravio para las gentes, y culpable de destrozos a la propiedad y de atentados a la moralidad. ¡Cuán distintos son los efectos que produce la marcha de los soldados cristianos! Allí donde estén son motivo de bendición; hacen elevar el nivel espiritual de la gente y la moralidad de las masas; restringen el progreso del alcoholismo, frenan la corrupción y la deshonestidad. Aún sus enemigos se ven constreñidos a respetarlos. En cualquier parte donde haya cuarteles y guarniciones veremos que su influencia sobre el vecindario no es buena. Pero donde haya un grupo de creyentes, por pequeño que éste sea, habrá bendición en torno al mismo. No hay, pues, duda, ¡es una buena pelea!

Finalmente, es buena por cuanto *termina con una gloriosa recompensa para todos los que han luchado.* ¿Quién puede evaluar la recompensa que Cristo concederá a su pueblo fiel? ¿Quién puede formarse una idea adecuada de las buenas cosas que el Divino Capitán ha preparado para aquellos que le confiesan delante de los hombres? La gratitud de un país hacia sus valerosos soldados puede traducirse en medallas, cruces, pensiones, honores y títulos de nobleza; pero no puede otorgar nada que dure para siempre y que pueda llevarse más allá de la sepultura. Los grandes y suntuosos palacios de la tierra sólo pueden gozarse por unos años. Los soldados y generales más bravos de la tierra tendrán que comparecer un día ante el Rey de los Terrores. Mejor, mucho mejor, es la posición de aquel que lucha bajo la bandera de Cristo en contra del pecado, del mundo y del diablo. Quizá reciba poca honra en esta tierra, pero un día recibirá algo mucho mejor, que nunca podrá perder: recibirá una "corona incorruptible de gloria". *(I Pedro 5:4.)* No hay duda, ¡es una buena pelea!

Fijemos, ya de una vez para siempre en nuestras mentes, el hecho de que la pelea cristiana es una buena batalla; buena, realmente buena, enfáticamente buena. Solamente vemos parte de la misma; vemos la lucha, pero no el fin; vemos la cruz, pero no la corona. Vemos a unos pocos soldados cristianos —humildes, penitentes, de corazón compungido—, orando, sufriendo penalidades y siendo despreciados por el mundo; pero no vemos la mano de Dios sobre ellos, ni que el rostro del Dios les sonría, ni el reino de gloria que está preparado para ellos. Todas estas cosas aún han de manifestarse. Pero no juzguemos por las apariencias. Hay más cosas buenas en la batalla cristiana de las que podamos ver.

Terminaré el tema con unas palabras de aplicación práctica. Vivimos en un tiempo cuando parece ser que el mundo no piensa en otra cosa que en batallas y luchas. La carrera de armamentos que las naciones de la tierra desarrollan es frenética. Es conveniente, pues, que en tales circunstancias los siervos del Evangelio recuerden a las gentes que hay una batalla espiritual contra el pecado, el mundo y el diablo. Permíteme, pues, que para terminar mencione algunas cosas sobre la gran lucha del alma.

1. *Quizá te esfuerces en gran manera para conseguir las recompensas de este mundo.* Quizá emplees al máximo tu capacidad física para obtener dinero, conseguir una posición, hallar placer o conquistar poder. Si es este tu caso, ¡mucho cuidado! Estás sembrando una cosecha de amargos desengaños. Miles han seguido el curso que tú has emprendido, y ha sido demasiado tarde cuando se han dado cuenta de que les sumió en la miseria y en la ruina eterna. Lucharon duramente por las riquezas, por los honores, por los placeres, y volvieron sus espaldas a Dios, a Cristo, al cielo y al mundo venidero; y cuando ya era demasiado tarde se dieron cuenta de que se habían equivocado. Han gustado por experiencia de aquellas amargas palabras de un famoso hombre de estado que en los últimos momentos de su vida dijo: "Se ha peleado la batalla. Sí, se ha peleado la batalla; pero no se ha conseguido la victoria".

Por amor a tu propia felicidad, resuelve en este día pasarte al lado del Señor. Sacude de ti tu pasada indiferencia e incredulidad y abandona los caminos de un mundo que no piensa ni razona. Toma la cruz y ven a ser un buen soldado de Cristo. "Pelea la buena batalla de la fe" para que puedas ser feliz y al mismo tiempo disfrutar de seguridad.

Piensa qué es lo que no harán los hijos de este mundo para conseguir la libertad; y ¡eso que no tienen principios religiosos! Recuerda de qué manera los griegos, los romanos, los suizos, etcétera, han soportado la pérdida de todas las cosas, aún de la vida misma, antes que doblar sus rodillas al yugo extranjero. Que estos ejemplos te sirvan de emulación. Si los hombres pueden hacer tanto por una corona corruptible, ¡qué no tendrías que hacer tú por una corona incorruptible! Despierta a tu condición y miseria de esclavo. Por la vida, la libertad y la felicidad de tu alma, ¡levántate y lucha!

No temas alistarte bajo la bandera de Cristo. El gran Capitán de tu salvación no rechaza a nadie de los que a Él acuden. Al igual que David en la cueva de Adulam, Cristo está dispuesto a recibir a todos los que se le acercan, por indignos que sean y se sientan. Ninguno de los que se arrepienten y creen es demasiado indigno para que no se le permita alistarse en el ejército de Cristo. Todos aquellos que vienen a Él por fe son admitidos; y a éstos se les viste, se les arma, se les instruye y se les conduce finalmente a la victoria. No temas empezar hoy mismo. Todavía hay lugar para ti.

2. *Quizá ya conozcas algo de la batalla cristiana*, y seas un soldado probado y experimentado. Si este es tu caso, permíteme te dé, como camarada, unas palabras de aliento y de aviso. Recuerda que si deseas luchar victoriosamente debes ponerte toda la armadura de Dios y no puedes sacártela hasta la misma hora de la muerte. No puedes prescindir de ninguna pieza de la armadura. Tus lomos deben estar ceñidos de verdad y debes estar vestido de la cota de justicia; tus pies han de estar calzados con el apresto del Evangelio; debes tomar el escudo de la fe, la espada del Espíritu y el yelmo de la salvación. Todas y cada una de esas piezas te son indispensables. No hay día, ni aún hora, que ofrezca seguridad; siempre debes llevar puesta toda la armadura. Con razón podía decir un veterano soldado del ejército de Cristo que murió hace más de 200 años: "En el cielo apareceremos con vestiduras de gloria y no con una armadura. Pero en la tierra nuestras armas deben estar con nosotros noche y día. Debemos andar, trabajar y aun dormir con ellas, de otro modo no seremos buenos soldados de Jesucristo" ("La armadura cristiana", de Gurnall).

Recordemos las inspiradas palabras de aquel gran guerrero, el apóstol Pablo: "Ninguno que milita se embaraza en los negocios de la vida; a fin de agradar a aquel que lo tomó por soldado". *(II Timoteo 2:4.)* ¡No nos olvidemos nunca de estas palabras!

No olvidemos que algunas personas han sido buenos soldados sólo por un tiempo, y que hablaban valientemente de lo que harían y dejarían de hacer en la hora de la batalla, pero tan pronto como la señal de combate sonó, volvieron sus espaldas y huyeron. No nos olvidemos de Balaam, Judas, Demas y la mujer de Lot. Aunque seamos débiles, cuidémonos bien de ser soldados genuinos, verdaderos y sinceros.

Acordémonos de que los ojos de nuestro amante Salvador están sobre nosotros día y noche. Él no permitirá que seamos tentados más de lo que podemos soportar. Él puede compadecerse de nuestras flaquezas, porque Él mismo fue tentado en todo. Él conoce las batallas y los conflictos pues también fue asaltado por el Príncipe de este mundo. "Teniendo, pues, tan gran Pontífice, retengamos nuestra profesión." *(Hebreos 4:14.)*

Recordemos que miles y miles de soldados, antes que nosotros, han peleado la misma batalla y han sido más que vencedores por medio de Aquel que les amó. Vencieron por la sangre del Cordero y también nosotros podemos vencer. El brazo de Cristo es tan fuerte ahora como antes, y su corazón también es tan amante como antes. El que salvó a tantos hombres y mujeres antes de nosotros, no ha cambiado. "Él puede salvar eternamente a los que por Él se allegan a Dios." Abandonemos, pues, nuestras dudas y nuestros temores, y seamos "imitadores de aquellos que por la fe y la paciencia heredaron las promesas" *(Hebreos 7:25; 6:12).*

Finalmente recordemos que el tiempo es corto y que la venida del Señor se acerca. Unas cuantas batallas más y sonará la trompeta, y el Príncipe de Paz vendrá para reinar en una nueva tierra. Unas contiendas más, y unos pocos conflictos más nos restan, y pronto podremos decir adiós para siempre a la batalla contra el pecado, la carne y el mundo, y nos veremos libres de dolor y muerte. Luchemos, pues, hasta el final y jamás nos entreguemos. Estas son las palabras de nuestro Capitán: "El que venciere, poseerá todas las cosas; y yo seré su Dios, y él será mi hijo". *(Apocalipsis 21:7.)*

Concluiré con unas palabras de Juan Bunyan, que aparecen en una de las partes más preciosas de "El Peregrino". En ella nos describe el fin de uno de los peregrinos más santos y mejores:

"Después de esto se llegó a saber que "Valiente-por-la-verdad" había recibido notificación de su partida. Como prueba de que esta notificación era cierta recibió estas palabras de la Escritura: "el cántaro se quebró junto a la fuente". *(Eclesiastés 12:6.)* Habiendo entendido esto, llamó a sus amigos y les dijo: 'Voy a la casa de mi Padre; y aunque con grandes esfuerzos y dificultades he llegado hasta aquí, no me arrepiento de todas las fatigas que he tenido que experimentar para llegar a donde estoy. Mi espada la doy a aquel que me sucederá en la peregrinación, y mi valor y destreza a aquel que lo pueda hacer suyo. Las marcas y cicatrices las llevo conmigo para testimonio de que he luchado Sus batallas a Aquél que me ha de recompensar'. Cuando el día de su partida llegó muchos le acompañaron hasta la orilla del río, y mientras descendía a las aguas dijo: '¿Dónde está, oh muerte, tu aguijón?' Y a medida que bajaba más hacia lo profundo se le oía decir: '¿Dónde, oh sepulcro, tu victoria?' Y así llegó a cruzar el río, mientras que al otro lado las trompetas sonaban para él".

¡Ojalá pueda ser también nuestro fin así! ¡Que nunca nos olvidemos de que sin lucha no hay santidad durante la vida, ni corona de gloria al morir!

LA SANTIDAD

«La santidad, sin la cual nadie verá al Señor» *(Hebreos 12:14).*

El versículo que encabeza esta página nos introduce a un tema de profunda importancia: el de la santidad de vida. Y nos sugiere una pregunta que reclama la atención de todos los que profesan ser cristianos: ¿Somos santos? ¿Veremos al Señor? Esta pregunta nunca está fuera de tiempo. El Sabio nos dice: "Hay tiempo de llorar y tiempo de reír; tiempo de callar y tiempo de hablar" *(Eclesiastés 3:4-7);* pero no hay tiempo, ni aun un día, en el cual el creyente no deba ser santo. ¿Somos nosotros santos?

Esta pregunta hace referencia a todos los creyentes, no importa su rango o condición. Algunos son pobres, otros ricos; algunos ignorantes, otros cultos; algunos ocupan cargos, otros son simples obreros; pero no hay rango o condición de vida que excuse a algún creyente de ser santo. ¿Somos nosotros santos?

Vivimos en un mundo de muchas prisas; nuestro tiempo se caracteriza por la actividad y el dinamismo. Pero rompamos esta veloz rutina y procuremos considerar el tema de la santidad. Hubiera podido escoger, sin duda alguna, un tópico más popular y agradable, y más fácil de desarrollar. Pero sinceramente creo que el tema que he escogido no podía ser más oportuno para nuestros tiempos, ni más provechoso para nuestras almas. Las palabras de la Escritura son en verdad solemnes: "Sin la santidad nadie verá al Señor".

Con la ayuda de Dios me propongo examinar *lo que es* la verdadera santidad, y *la razón por la cual es tan necesaria* para el creyente. Para terminar trataré de señalar el *único camino* para obtener la santidad. En mi anterior escrito consideré el tema desde un punto de vista doctrinal; en éste, trataré de presentarlo de una manera más simple y desde un ángulo práctico.

I. — La santidad en la vida práctica.

¿Qué clase de personas son las que Dios llama santas? En muchas cosas, y en diversos ámbitos, el hombre puede ir muy lejos, pero aún así nunca alcanzar la verdadera santidad. La verdadera santidad no es conocimiento. Balaán lo tenía; no consiste en una gran profesión de fe religiosa, Judas la tenía; no consiste en hacer muchas cosas, Herodes hacía esto; no consiste en una moralidad y respetabilidad externas, el joven rico las tenía; no consiste en disfrutar al oír los predicadores, los judíos en tiempos de Ezequiel tenían esto; no consiste en buscar la compañía de gente piadosa, Joab, Gehazí y Demas fueron compañeros de grandes santos. Sin embargo, ¡ninguno de ellos era santo! Estas cosas, por sí solas, no constituyen la santidad; una persona puede poseer una de ellas, y ser de las que nunca verán al Señor.

¿En qué consiste, pues, la verdadera santidad de vida? La pregunta es difícil de contestar. No porque no se halle suficiente información en la Biblia, sino porque temo pueda dar un punto de vista defectuoso y no diga todo lo que debe decirse sobre el tema. Con la ayuda del Señor trataré de presentaros un esquema de lo que es la santidad. Pero no se olvide que, aunque mi esquema fuera de los mejores, con todo sería pobre e imperfecto.

La santidad consiste en un conformarse a la mente de Dios. Es el hábito de estar de acuerdo con los juicios de Dios, odiar lo que Él odia, amar lo que Él ama, y evaluar todas las cosas de este mundo según las normas de su Palabra. La persona más santa es aquella que de una manera más íntima y completa está de acuerdo con Dios.

La persona santa se esforzará para rehuir todo pecado, y guardar todos los mandamientos. Su mente se inclinará decididamente hacia Dios, y tendrá el deseo de corazón de hacer Su voluntad. Mostrará un mayor temor de desagradar a Dios que de desagradar al mundo y sentirá gran amor por los caminos de Dios. Sentirá lo que Pablo sintió, cuando dijo: "Porque según el hombre interior, me deleito en la ley de Dios" *(Romanos 7:22);* y lo que sintió David cuando dijo: "He amado tus mandamientos más que el oro, y más que oro muy puro. Por eso estimé rectos *todos* tus mandamientos sobre todas las cosas, y aborrecí todo camino de mentira" *(Salmo 119:127-128).*

La persona santa *hará todo lo posible para ser como el Señor Jesucristo.* No sólo vivirá una vida de fe en Él, y recibirá de Él la paz y energía de cada día, sino que también se aplicará para poseer la mente que estaba en Él, y se esforzará para "conformarse a su imagen"*(Romanos 8:29).* Su meta será la de sobrellevar y perdonar a los otros como Cristo nos perdonó; la de ser manso y humilde como Cristo, que se humilló a sí mismo y no buscó su reputación; la de ser desinteresado como Cristo, "que no se agradó a sí mismo"; la de andar en amor como Cristo. La persona santa recordará también que Cristo fue un fiel testigo de la verdad, y que no vino a hacer su propia voluntad, sino que su comida y bebida era hacer la voluntad de su Padre. Recordará siempre que para servir a los demás, Cristo se negó a sí mismo; que ante los inmerecidos insultos de las gentes, Él permaneció manso y paciente; que tuvo mayor consideración para con la gente pobre y piadosa que para con los reyes; que estaba lleno de amor y compasión para con los pecadores; que fue firme y no admitió tolerancia alguna al condenar el pecado: que no buscó la gloria del hombre cuando en ocasiones la hubiera podido tener; que anduvo haciendo bienes y se separó del mundo; que perseveró en oración constante; y que cuando había de hacer la obra de Dios, no permitió el que ni aun sus familiares se interpusieran en su camino.

La persona santa se esforzará en recordar todas estas cosas, y a la luz de las mismas moldeará el curso de su vida. Guardará en su corazón las palabras del apóstol Juan: "El que dice que permanece en Él, debe andar como Él anduvo", y las del apóstol Pedro: "Cristo padeció por nosotros, dejándonos ejemplo, para que sigáis sus pisadas" *(I Juan 2:6; I Pedro 2:21).* ¡Feliz aquel que ha aprendido a hacer de Cristo su *todo,* no sólo para su salvación, sino también para su ejemplo! Cuánto pecado evitaríamos, si a menudo nos hiciéramos la pregunta: "¿Qué haría o diría Jesús en mi lugar?"

La persona santa se ejercitará en la *mansedumbre,* la paciencia, la ternura, la amabilidad y el gobierno de su lengua. Soportará mucho, sobrellevará mucho, juzgará con caridad, y será lento en reivindicar sus derechos. En David al ser maldecido por Simei y en Moisés al ser falsamente acusado por Aarón y María, tenemos dos brillantes ejemplos de lo dicho *(Samuel 16:10; Números 12:3)*. La persona santa seguirá *la templanza y la abnegación*. Se esforzará en mortificar los deseos del cuerpo; en crucificar la carne con sus pasiones y deseos; y en controlar sus inclinaciones carnales. ¡Oh! cuán profunda es aquella exhortación del Señor Jesús a los Apóstoles: "Mirad también por vosotros mismos, que vuestros corazones no se carguen de glotonería y embriaguez y de los afanes de esta vida" *(Lucas 21:34)*; y aquella del apóstol Pablo: "Golpeo mi cuerpo, y lo pongo en servidumbre, no sea que habiendo sido heraldo para otros, yo mismo venga a ser eliminado" *(I Corintios 9:27)*.

La persona santa seguirá *la caridad y el amor fraternal*. Se esforzará para cumplir la norma dorada de hacer y hablar conforme a lo que él desearía que los hombres hicieran y hablaran con él. Su corazón estará lleno de afecto hacia sus hermanos, hacia sus necesidades físicas, sus posesiones, sus caracteres, sus sentimientos y sus almas. "El que ama al prójimo", nos dice San Pablo, "ha cumplido la ley" *(Romanos 13:8)*. Aborrecerá toda mentira, calumnia, detracción, engaño, deshonestidad y cualquier proceder injusto, aún en las cosas más insignificantes. El siclo y el codo que como medidas se usaban en el santuario, eran más largas que las de uso común. La persona santa procurará en todo momento y por su conducta externa, adornar su profesión de fe y hacerla hermosa y bella a los ojos del mundo. ¡Ay! cuán condenadoras resultan las palabras del capítulo 13 de la primera Epístola del apóstol Pablo a los Corintios y el Sermón del Monte a la luz de la conducta de muchos que profesan ser cristianos.

La persona santa mostrará un *espíritu de benevolencia y misericordia hacia los demás*. No se pasará el día sin hacer nada. No se contentará con no hacer el mal, sino que se esforzará en hacer el bien. Buscará el ser útil y el mitigar las miserias a su alrededor. Así era el testimonio de Dorcas: "Abundaba en buenas obras, y en limosnas que hacía" y el obrar y sentir de Pablo: "Con el mayor placer gastaré lo mío, y aun yo mismo me gastaré del todo por amor de vuestras almas, aunque amando más, sea amado menos" *(Hechos 9:36; II Corintios 12:15)*.

La persona santa buscará la *pureza de corazón.* Temerá toda impureza e inmundicia de espíritu y evitará cualquier cosa que pudiera llevarle a ello. Sabe bien que su corazón es como yesca, y con diligencia evitará cualquier chispita del fuego de la tentación. ¿Quién puede sentirse fuerte cuando aún el mismo David cayó? Podemos espigar muchas instrucciones del ceremonial de la ley. Según sus exigencias, la persona que tocara solamente un hueso, un cuerpo muerto o una sepultura, inmediatamente era considerado como impuro a los ojos de Dios. Y no olvidemos que todo esto es simbólico y figurativo. Pocos son los cristianos que sobre este punto son suficientemente vigilantes y estrictos.

La persona santa andará en el *temor de Dios.* No es el temor del esclavo que obra por miedo al castigo; es el temor del niño que desea obrar y vivir como si siempre estuviera delante de su padre, porque le ama. ¡Qué ejemplo más excelente nos da Nehemías de esto! Cuando llegó a ser gobernador de Jerusalén, bien hubiera podido vivir a costa de sus gobernados y exigir de ellos dinero para tal fin; los otros gobernadores lo habían hecho. Pero Nehemías no hizo tal cosa, pues como él mismo nos dice: "Pero yo no hice así, a causa del temor de Dios" *(Nehemías 5:15).*

La persona santa buscará la *humildad.* Con toda mansedumbre de corazón estimará a los otros como mejores que él mismo. Apreciará más corrupción en su corazón que en el de cualquier otro y entenderá el porqué Abraham dijo: "No soy más que polvo y ceniza", y Job exclamará: "He aquí que soy vil"; y la razón por la cual Jacob dijo: "Menor soy que todas tus misericordias"; y Pablo dijera: "Yo soy el primero de los pecadores". Bradford, aquel santo y fiel mártir de Cristo, a menudo terminaba sus cartas con estas palabras: "El más miserable pecador, Juan Bradford". Ya en su lecho de muerte, las últimas palabras de Grimshaw, el gran predicador, fueron: "Ahora se marcha un siervo inútil".

La persona santa mostrará *fidelidad en todas sus relaciones y obligaciones de la vida.* No sólo desempeñará sus obligaciones como los demás que no se preocupan de sus almas, sino que se esforzará por desempeñarlas mejor, pues tiene motivos más elevados y una ayuda superior a la de ellos. Aquellas palabras de Pablo no deberían olvidarse nunca: "Y todo lo que hagáis, hacedlo de corazón, como para el Señor". "No perezosos, fervientes en espíritu, sirviendo al

Señor". La persona santa se propone hacer todas las cosas bien y se avergonzaría de permitir algo deshonesto en su conducta. Es como Daniel, del que se dijo: "No hallamos contra este Daniel ocasión alguna para acusarle, si no la hallamos contra él en relación con la ley de su Dios" *(Daniel 6:5)*. La persona que aspira a la santidad se esforzará en ser un buen esposo, una buena esposa, un buen padre, una buena madre, un buen hijo, un buen patrono, un buen obrero, un buen vecino, un buen amigo, un buen ciudadano, bueno en la calle y bueno en el hogar. Poco vale la santidad si no lleva todos estos frutos. El Señor Jesús hizo una pregunta escudriñadora cuando dijo: "¿Qué hacéis de más? ¿No hacen también así los gentiles?" *(Mateo 5:47)*.

En último lugar, pero no porque lo sea en importancia, la persona santa mostrará en todo una *inclinación y disposición para las cosas espirituales*. Procurará poner completamente sus afectos en las cosas de arriba, y con mano muy floja sujetará las cosas terrenales. No descuidará los negocios de esta vida, pero en su mente y en su corazón el primer lugar lo ocuparán las cosas de la vida venidera. Aspirará a vivir la vida de aquellos cuyo tesoro está en los cielos y a pasar por este mundo como peregrino y extranjero que se dirije a su hogar. En la lectura de la Biblia, en la comunión con Dios en oración, en la compañía del pueblo de Dios, el hombre santo encontrará sus goces mayores. Participará de alguna manera de los sentimientos de David cuando dijo: "Está mi alma apegada a tí." "Mi porción es Jehová" *(Salmo 63:8; 119:57)*.

Estos son los rasgos más sobresalientes de una persona santa. Mucho lamentaría se interpretara mal lo que quiero decir o que mi descripción de la santidad pueda desanimar a alguna conciencia tierna. Lejos está de mi entristecer el corazón del justo o poner una piedra de tropiezo en el camino de algún creyente.

A modo de aclaración diré que la santidad no excluye la *presencia interior del pecado*. El mal más terrible del hombre santo consiste en que consigo lleva "un cuerpo de muerte", ya que queriendo hacer el bien, se da cuenta de que el mal está en él para que no pueda hacer el bien que desea *(Romanos 7:21)*. Pero lo excelente del hombre santo es que no está en paz con el pecado interior; lo odia, y se lamenta por él mismo, y suspira por el día cuando se verá definitivamente libre de él. La obra de santificación en su interior es como la muralla de Jerusalén: progresa la edificación aún "en tiempos angustiosos" *(Daniel 9:25)*.

Tampoco digo que la santidad alcanza su madurez y perfección en un instante, ni que las gracias que acabo de mencionar han de florecer en todo su esplendor antes de que podamos llamar a una persona santa. No, lejos está de mi tal suposición. La santificación es siempre una *obra progresiva*, y aún en los creyentes más avanzados, es una *obra imperfecta*. La historia de los santos más sobresalientes registra muchos "peros" y muchos "sin embargos" antes no alcanzaron la meta. Hasta que no alcancemos la Jerusalén celestial, el oro nunca se verá libre de impurezas, ni la luz brillará sin la interferencia de alguna nube. El mismo sol tiene manchas sobre su superficie. Aún los hombres más santos, una vez pesados en la balanza del santuario mostrarán manchas y defectos. Y es que su vida es un continuo batallar contra el pecado, el mundo y el diablo, y no siempre son vencedores, a veces también son vencidos. La carne pelea siempre contra el espíritu, y el espíritu contra la carne, y "en muchas cosas ofendemos nosotros muchas veces" *(Gálatas 5:17; Santiago 3:2)*.

La verdadera santidad es una gran *realidad*. Es algo que puede verse en una persona, que puede ser conocido, observado y sentido por todos aquellos que están en torno suyo. La santidad es luz y en consecuencia ha de verse. La santidad es como la sal: su sabor ha de percibirse. La santidad es como un ungüento precioso: su presencia no puede disimularse.

Una carretera puede unir dos puntos distantes, pero en el curso de la misma pueden haber muchas curvas y desvíos; y una persona puede ser verdaderamente santa y aún así estar aquejada de muchas *enfermedades*. El oro no es menos oro por el hecho de estar mezclado con otras aleaciones, ni la luz es menos luz porque brilla con menos intensidad, ni la gracia es menos gracia porque es joven y débil. Pero aún con estas salvedades, no encuentro motivo para que a una persona que, a sabiendas y sin avergonzarse de ello, haga aquello que expresamente está condenado por los mandamientos de Dios, se la considere "santa". Con razón dice Owen: "No comprendo cómo una persona pueda ser creyente de verdad, y sin embargo dejar de experimentar que el pecado es la carga más pesada, la tristeza más grande y la aflicción más dura".

II. — Razones por las cuales la santidad de vida es tan importante.

¿Puede la santidad salvarnos? ¿Puede la santidad quitar el pecado? ¿Puede cubrir las iniquidades, hacer satisfacción por las transgresiones y pagar nuestra deuda a Dios? No, ni mucho menos. Jamás permita Dios que lleguemos a decir tal cosa. Nada de eso puede hacer la santidad. Aun los santos más brillantes no son más que "siervos inútiles". Nuestras mejores obras no son más que "trapos de inmundicia" cuando son examinados por la santa ley de Dios. La vestidura blanca que Cristo nos ofrece, con la que somos revestidos por la fe, es nuestra sola y única justicia; el nombre de Cristo es nuestra única confianza, y el Libro de Vida del Cordero nuestro único título para el cielo. Con toda nuestra santidad no somos más que *pecadores*. Aun lo mejor en nosotros está manchado y empañado de imperfecciones; nuestras mejores obras son más o menos incompletas, malas en sus motivos, o defectuosas en su realización. Por las obras de la ley jamás ningún hijo de Adán podrá justificarse. "Por gracia sois salvos, por la fe; y esto no de vosotros, pues es don de Dios: no por obras, para que nadie se gloríe" *(Efesios 2:8-9)*. ¿Por qué pues es tan importante la santidad? ¿Por qué motivo el Apóstol dice: "Sin la santidad nadie verá al Señor"? He aquí algunas razones.

Debemos ser santos porque Dios en la Escritura así lo exige. El Señor Jesús dice a su pueblo: "Si vuestra justicia no fuere mayor que la de los escribas y fariseos, no entraréis en el reino de los cielos". "Sed, pues, vosotros perfectos, como vuestro Padre que está en los cielos es perfecto". Pablo dice a los tesalonicenses: "La voluntad de Dios es vuestra santificación". Y Pedro dice: "Como aquel que os llamó es santo, sed también vosotros santos en toda vuestra manera de vivir; porque escrito está: Sed santos, porque yo soy santo". "En esto", nos dice Leighton, "la ley y el Evangelio concuerdan" *(Mateo 5:20; 5:48; I Tesalonicenses 4:3; I Pedro 1:15-16)*.

Debemos ser santos, pues este *es el gran fin y propósito por el cual Cristo vino al mundo*. Escribiendo a los Corintios, Pablo dice: "Y por todos murió, para que los que viven, ya no vivan para sí, sino para aquel que murió y resucitó por ellos". A los Efesios les dice: "Cristo amó a la iglesia, y se entregó a sí mismo por ella, para santificarla". Y a Tito: "Cristo se dio a sí mismo por nosotros para redimirnos de toda iniquidad y purificar para sí un pueblo propio, celoso de buenas obras" *(Corintios 5:15; Efesios 5:25-26; Tito 2:14)*. Decir que somos salvos de la culpabilidad del pecado, sin ser al mismo tiempo salvos de su dominio en nuestros corazones, sería ir en contra del testimonio de la Escritura. Los creyentes son elegidos "en santificación del Espíritu"; fueron predestinados "para que fuesen hechos conformes a la imagen de su Hijo"; fueron escogidos "para que fuesen santos y sin mancha delante de Él"; fueron llamados "para ser partícipes de su santidad". El Señor Jesús es un Salvador completo. No solamente quita la culpa del pecado en el creyente sino que hace más: rompe el poder del pecado *(I Pedro 1:2; Romanos 8:29; Efesios 1:4; Hebreos 12:10)*.

Debemos ser santos porque esta *es la única evidencia verdadera de que tenemos una fe salvadora en Cristo Jesús*. El Artículo Doce de nuestra Iglesia, dice: "Aunque las buenas obras no pueden quitar el pecado y soportar la severidad del juicio de Dios, sin embargo son aceptables y agradables a los ojos de Dios en Cristo, y fruto necesario de una fe viva". Santiago nos previene de que existe una fe muerta, una fe que no es más que una mera profesión de labios, y no tiene influencia alguna en el carácter de la persona *(Santiago 2:17)*. La verdadera fe es algo muy distinto; siempre se evidenciará por sus frutos; será una fe que santificará, obrará por el amor, vencerá al mundo, purificará el corazón. La única evidencia segura de que estamos unidos a Cristo, y Cristo está en nosotros, es a través de una vida santa. Aquellos que viven para el Señor son, por lo general, los únicos que mueren en el Señor. Si en verdad deseamos la muerte del justo, no descansemos en deseos de indolencia sino esforcémonos en vivir la vida del justo.

Debemos ser santos, porque con ello *probaremos que amamos al Señor Jesús sinceramente*. Sobre este punto el mismo Señor Jesús nos ha hablado muy claro en los capítulos catorce y quince de San Juan: "Si me amáis, guardad mis mandamientos". "El que tiene mis mandamientos, y los guarda, ése es el que me ama". "Vosotros sois mis amigos, si hacéis lo que yo os mando" *(Juan 14:15-21-23; 15:14)*. Sería difícil encontrar palabras más claras que estas; ¡ay de aquel que las descuida! ¡Triste debe ser ciertamente el estado espiritual del hombre que piensa en todo lo que Cristo sufrió, y aún así se adhiere a aquellos pecados por los cuales Jesús sufrió la cruz! Fue el pecado que tejió la corona de espinas; fue el pecado que abrió las manos, pies y costado del Señor; fue el pecado que lo llevó al Getsemaní y al Calvario, a la cruz y al sepulcro. ¡Cuán frío debe estar nuestro corazón si no odiamos el pecado, y no nos esforzamos para vernos libres del mismo, aunque tengamos que cortarnos una mano o arrancarnos un ojo!

Debemos ser santos, porque esta es la única *evidencia convincente de que somos hijos de Dios.* Los niños por lo general se parecen a sus padres. Unos, sin duda alguna, más que otros. Y algo semejante sucede con los hijos de Dios. El Señor Jesús dice: "Si fueseis hijos de Abraham, las obras de Abraham haríais". "Si vuestro padre fuese Dios, ciertamente me amarías" *(Juan 8:39,42).* Si decimos que somos "hijos" de Dios, pero no reflejamos en nosotros su semejanza, vanas son entonces nuestras palabras. Si no sabemos nada de lo que es la santidad, podemos alabarnos tanto como queramos, pero la realidad es muy distinta: no tenemos el Espíritu Santo; estamos espiritualmente muertos, y necesitamos ser vivificados; estamos perdidos y debemos ser hallados. "Porque todos los que son guiados del Espíritu de Dios, éstos son hijos de Dios" *(Romanos 8:14).* Por nuestras vidas debemos dar a conocer a qué familia pertenecemos. A menos que mostremos a los hijos del mundo que nosotros somos los hijos de un Dios santo, nuestra filiación no será más que un término vacío. Dice Gurnall: "No digas que tienes sangre real en tus venas, y que has nacido de Dios, si no puedes probar tu linaje a través de una vida santa".

Debemos ser santos porque ésta es la *mejor manera de hacer bien a los demás.* En este mundo no podemos vivir para nosotros mismos. Nuestras vidas, o harán bien a los demás, o redundarán en su mal. Nuestras vidas son un sermón silencioso que todas las personas pueden leer. Y es triste cuando son un sermón del diablo y no del Señor. Se hace más por el Reino de Cristo con una vida de testimonio santo de lo que nosotros nos imaginamos. La realidad de una vida santa no pasa desapercibida, y obliga al no creyente a pensar. Lleva un peso y una influencia que con ninguna otra podría conseguirse. Hace que la profesión de fe evangélica sea hermosa, y cual faro en la oscuridad atraiga la atención de la gente. En el día del juicio sabremos que además de muchos maridos, muchas otras personas fueron ganadas "sin la palabra" por una vida santa *(I Pedro 3:1).* Quizá la gente no te entenderá cuando les hables de las doctrinas del Evangelio, y quizás algunas personas ni deseen escucharte; pero tu vida es un argumento que no podrán evadir. Hay algo en la santidad que ni aun los más ignorantes pueden dejar de percibir. Quizá no entienden la justificación, pero entenderán, ciertamente, la caridad. Creo que el andar inconsistente y poco santo de muchos de los que profesan ser creyentes hace más daño de lo que nosotros nos podemos imaginar. Estas personas se encuentran entre los mejores aliados de Satanás. Con sus vidas tiran al suelo lo que los pastores construyen con sus labios; y son causa de que las ruedas del carro del Evangelio se muevan muy pesadamente. Estas personas hacen que los hijos del mundo encuentren una excusa perpetua para permanecer en el estado en que están. "No sé para qué sirve la religión", decía cierto comerciante, "puedo observar cómo algunos de mis clientes contínuamente hablan del Evangelio, de la fe, de la elección, y de las preciosas promesas; pero sin escrúpulo alguno me engañan y me roban un penique tan pronto se les presenta la oportunidad. Y si esto es lo que hace la gente religiosa, no sé que puede haber de bueno en la religión". Me es doloroso escribir tales cosas, pero me temo que demasiadas veces el nombre de Cristo es blasfemado como resultado de la vida de ciertos cristianos. Vayamos pues con cuidado, no sea que la sangre de muchas personas nos sea requerida. ¡Que el Señor nos libre de asesinar a las almas con nuestra vida inconsistente y nuestro andar descuidado! ¡Oh, por amor a las almas, si no es por otras razones, esforcémonos en vivir una vida de santidad!

Debemos ser santos porque *nuestro bienestar presente depende mucho de la santidad*. Nunca se nos recordará esto demasiadas veces. ¡Somos tan aptos para olvidar que existe una estrecha conexión entre el pecado y la tristeza, la santidad y la felicidad, la santificación y la consolación! El Señor sabiamente ha dispuesto que nuestro bienestar esté estrechamente relacionado con nuestra manera de obrar. En su misericordia ha dispuesto que, aún en esta vida, la santidad sea un *medio de provecho* para el hombre. Nuestra justificación no es por las obras; nuestro llamamiento y elección no es según nuestras obras; pero aún así sería vano suponer que podemos gozar de los frutos vivos de la justificación y tener *certeza* de nuestro llamamiento, si descuidamos las buenas obras y no nos afanamos para vivir vidas santas. "Y en esto sabemos que nosotros le conocemos, si guardamos sus mandamientos". "Y en esto conocemos que somos de la verdad, y aseguraremos nuestros corazones delante de Él" *(I Juan 2:3; 3:19)*. Si el creyente no sigue en todo al Señor, antes podrá esperar sentir los rayos del sol en un día oscuro y nublado, que experimentar las grandes consolaciones de Cristo. Cuando los discípulos abandonaron al Señor —escaparon del peligro— pero ¡cuán tristes y miserables se sintieron! Cuando algo más tarde le confesaron con valor y firmeza, fueron azotados y puestos en prisión, pero se nos dice que "salieron de la presencia del concilio, gozosos de haber sido tenidos por dignos de padecer afrenta por causa del Nombre" *(Hechos 5:41)*. ¡Por amor a nosotros mismos, si es que no tenemos otras razones, esforcémonos a ser santos! Todo aquel que más estrechamente siga al Señor en todo, gozará más de sus consuelos.

Debemos ser santos porque *sin santidad en la tierra nunca estaremos preparados para gozar del cielo*. El cielo es un lugar santo. El Señor de los cielos es un Ser santo. Los ángeles son criaturas santas. La palabra santidad está escrita sobre todas las cosas del cielo. De ahí que expresamente se nos diga en el Apocalipsis que en el cielo "no entrará ninguna cosa inmunda, o que hace abominación y mentira" *(Apocalipsis 12:27)*.

Solemnemente hago a cada lector esta pregunta: ¿Cómo podremos sentirnos felices en el cielo si morimos sin conocer la santidad? Sobre este particular la muerte no obrará ningún cambio; el sepulcro no alterará los hechos. Cada cual resucitará con el mismo carácter con el que dio el último suspiro. ¿Dónde iremos después de la muerte si en vida fuimos extranjeros a la santidad?

Imagínate, por unos momentos, que sin santidad se te permitiera entrar en el cielo. ¿Qué es lo que harías? ¿Qué goces podría reportarte el cielo? ¿Qué compañía de santos buscarías, y al lado de quiénes te sentarías? Sus goces, no son tus goces; sus gustos, no son tus gustos; su carácter no es tu carácter. Si no has sido ya santo en la tierra, ¿podrías ser feliz en el cielo?

Ahora quizá buscas y amas la compañía de la gente superficial e irreflexiva, de la gente mundana y ambiciosa, los *jaraneros,* los de sed de placeres, los impíos, los profanos. Has de saber que en el cielo no habrá tal clase de personas. *Ahora* quizá consideras que orar, leer la Biblia, cantar himnos, etc., es algo árido y aburrido, que puede tolerarse de vez en cuando, aunque en realidad no te agrada. Consideras que el día del Señor es una carga pesada y sólo unos minutos del mismo los puedes dedicar para el culto a Dios. Recuerda: el cielo es un domingo eterno; un Sabbath sin fin; y sus habitantes, día y noche, no cesan de decir "Santo, Santo, Santo, Señor Omnipotente", y contínuamente elevan sus alabanzas al Cordero. ¿Cómo podría la persona no santa gozarse en tales ocupaciones?

¿Podría la persona no santa deleitarse en la compañía de David, Pablo y Juan después de haberse pasado la vida haciendo las cosas que estos siervos de Dios condenaron? ¿Podría tener dulce comunión con ellos? ¿Que haría la persona no santa ante Jesús? En vida se apegó a los pecados por los cuales el Salvador murió, ¿qué haría delante de Jesús? ¿Podría permanecer confiadamente delante de Jesús y unir su voz al coro de los redimidos para cantar: "Este es nuestro Dios, le hemos esperado, y nos salvará; nos gozaremos y nos alegraremos en su salvación"? *(Isaías 25:9)*. ¿No creéis que la lengua de la persona no santa se pegaría a su paladar con vergüenza, y su deseo más ardiente sería el de ser arrojado de su presencia? Se sentiría extranjero en tierra desconocida y como oveja negra en el rebaño santo de Jesús. La voz del querubín y del serafín, el canto de los ángeles y de los arcángeles y las alabanzas de toda la compañía celestial, constituirían un lenguaje que él no podría comprender. El mismo aire celestial le parecería imposible de respirar.

En mi opinión, el cielo sería un lugar miserable para una persona no santa. Y no podrá ser de otro modo. Muchos, de una manera vaga, dicen que "esperan ir al cielo", pero en realidad no se dan cuenta de lo que dicen. Debe existir cierta aptitud e idoneidad previas para la herencia de los hijos de luz. De alguna manera nuestros corazones han de ser previamente afinados. Para alcanzar la fiesta de la gloria, debemos pasar primero por la escuela preparatoria de la gracia. Debemos mostrar una inclinación celestial, y tener gustos celestiales, pues de otro modo nunca nos encontraremos en el cielo. Antes de seguir adelante en el tema, creo que unas palabras de aplicación son necesarias.

¿Eres santo? ¿Conoces algo de esta santidad sobre la cual te he estado hablando? No te pregunto si asistes con regularidad a la iglesia, ni si has sido bautizado, ni si par-

ticipas de la Cena del Señor, ni si tienes el nombre de cristiano. Lo que te pregunto es más que todo esto; te pregunto: ¿Eres santo? No te pregunto si tú apruebas la santidad en otros, ni si te gusta leer las vidas de varones santos, ni si te gusta hablar de cosas santas, ni si tienes libros santos sobre tu mesa, ni si tú quieres ser santo, ni si esperas ser santo algún día; lo que te pregunto va más lejos: ¿Eres santo? La pregunta hace referencia a este día, a este momento. ¿Eres o no eres santo?

¿Por qué insisto en la pregunta de una manera tan directa y enfática? Porque la Escritura dice: "Sin la santidad nadie verá al Señor". Está escrito; yo no me lo he imaginado; está en la Biblia, no es una opinión privada mía; es la Palabra de Dios. *"Sin santidad nadie verá al Señor"*.

¡Ay! ¡Cuán escudriñadoras y turbadoras son estas palabras! ¡Qué de pensamientos cruzan por mi mente mientras las escribo! Miro a mi alrededor y veo el mundo en tinieblas. Miro a los que profesan ser cristianos y me doy cuenta de que la mayoría de los tales, de cristiano sólo tienen el nombre. Vuelvo mi atención a las páginas de la Biblia y oigo al Espíritu que dice: "Sin santidad nadie verá al Señor".

Ciertamente, este versículo debería hacernos meditar sobre nuestros caminos y servir para que escudriñemos nuestros corazones; debería sugerirnos pensamientos muy solemnes y compelirnos a la oración. Quizás alguno de los lectores trate de hacerme callar, diciendo: "Tú sientes y piensas demasiado en estas cosas; mucho más de lo que sienten y piensan otras personas". Pero contesto: Esta no es la cuestión. La gran pregunta no estriba en lo que *sentimos o pensamos*, sino en lo que HACEMOS. Quizá digas: "No todos los cristianos pueden ser santos; sólo los grandes creyentes, y gente de dones poco comunes, pueden aspirar a este estado de santidad". Pero respondo: Las Escrituras no enseñan tal cosa. Yo leo que todo hombre que tiene esperanza en Cristo "se purifica a sí mismo" *(I Juan 3:3)*. "Sin la santidad *nadie* verá al Señor."

Quizá tú digas: "Es imposible desempeñar nuestras obligaciones de la vida y al mismo tiempo ser santos". Mas yo te contesto: Te equivocas; *puede* hacerse. Teniendo a Cristo a tu lado no hay nada imposible. Has de saber que muchos lo *han hecho;* David, Abdías, Daniel y otros muchos, son ejemplos que prueban lo dicho. Quizá tú objetes: "Si alcanzá-

ramos tal santidad, entonces no seríamos como los demás".
A lo que añado: Bien, lo sé; pero es precisamente ésto lo que tú tienes que ser . ¡Los verdaderos siervos de Cristo siempre han sido distintos del mundo, han constituido una nación separada, un pueblo peculiar; y es esto lo que has de ser, si deseas ser salvo!

Quizá digas: "Si es así, entonces pocos serán los que se salvarán". Y contesto: Lo sé. Esto es precisamente lo que se nos dice en el Sermón del Monte. El Señor Jesús lo dijo hace ya casi veinte siglos: "Estrecha es la puerta, y angosto el camino que lleva a la vida, y pocos son los que la hallan". *(Mateo 7:14)*. Pocos se salvarán, porque pocos se molestan en buscar la salvación. El mundo no desea privarse de los placeres del pecado, ni abandonar sus caminos. Vuelve sus espaldas a una "herencia incorruptible, y que no puede contaminarse, ni marchitarse". Bien dijo Jesús: "Y no queréis venir a mí para que tengáis vida" *(Juan 5:40)*.

Quizá digas: "Estas palabras son duras; el camino es muy estrecho". Yo te contesto: Lo sé; pero como ya te he dicho, hace ya casi veinte siglos que en el Sermón del Monte el Señor Jesús lo dijo. Afirmó que sus seguidores habían de tomar diariamente la cruz y estar dispuestos a perder una mano o un ojo si así fuera necesario para entrar en el Reino de los cielos. Tanto en la fe como en las cosas de la vida "no hay ganancias sin fatigas". Lo que nada nos cuesta, nada vale.

En fin, sea lo que sea lo que creas conveniente objetar, la realidad es ésta: debemos ser santos si deseamos ver al Señor. Para ser santos en el cielo, primero debemos ser santos en la tierra. Dios ha dicho, y su palabra no puede alterarse: "Sin la santidad nadie verá al Señor". "El santoral católico", dice Jenkyn, "sólo hace santos de los muertos, pero la Escritura exige santidad en los vivos". "Que nadie se engañe", nos dice Owen, "la santificación es un requisito necesario e indispensable en todos aquellos que desean someterse a la conducta de Cristo para salvación. Los que van al cielo son precisamente aquellos que han sido santificados sobre la tierra. Esta Cabeza viva no admite miembros muertos".

Ciertamente, no nos debe extrañar que la Escritura, diga: "Debes nacer de nuevo" *(Juan 3:7)*. Resulta claro como la luz del mediodía, que muchos de los que profesan ser cristianos necesitan un cambio completo, una nueva naturaleza, si desean salvarse. Las viejas cosas han de pasar: estas almas han de pasar a ser nuevas criaturas. Se trate de quien se trate, "sin santidad nadie verá al Señor". Me dirigiré ahora a los creyentes con esta pregunta: *¿Creéis que dáis a la santidad la importancia que merece?* Como resultado del tiempo en que vivimos la santidad está muy descuidada; y dudo que ocupe el lugar que merece en la mente y atención de algunos creyentes. Somos dados a olvidar la doctrina del crecimiento en la gracia, de ahí que no nos demos suficiente cuenta de que una persona puede ir muy lejos en una mera profesión externa de la fe evangélica, y con todo ser un extranjero a la gracia y estar espiritualmente muerto delante de Dios. El parecido de Judas Iscariote con los demás Apóstoles era en verdad grande. Cuando el Señor les avisó de que uno de ellos le entregaría, nadie dijo: "Es Judas". Sería conveniente que meditáramos más en el estado espiritual de las iglesias de Sardis y Laodicea.

No me mueve el deseo de hacer de la santidad un ídolo. Lejos está de mí destronar a Cristo y poner la santidad en su lugar. Pero sí que desearía que los creyentes de nuestro día se preocuparan más de la santidad de lo que en realidad hacen. No se olvide que Dios ha casado la justificación con la santificación. Ambas cosas son distintas, pero la una no se da sin la otra. Los que han sido justificados, han sido también santificados y todos los santificados han sido también justificados. Y lo que Dios ha unido, no lo separe el hombre. No me hables de tu justificación, a menos que me muestres primero algunas señales de tu santificación. No te glories de la obra de Cristo a tu favor, a menos que nos puedas mostrar la obra del Espíritu *en ti.* No llegues nunca a pensar que Cristo y el Espíritu pueden estar divididos. Muchos son los creyentes que ya saben estas cosas, pero siempre es provechoso recordarlas de nuevo. Demostremos con nuestras vidas que las sabemos. Tratemos de retener en nuestra memoria las palabras del versículo: "Seguid la santidad, sin la cual nadie verá al Señor".

Algunas veces temo, y esto lo digo con toda reverencia, que si Cristo estuviera ahora sobre la tierra, no serían pocos los que pensarían que su predicación era demasiado *legalista.* Y si Pablo escribiera ahora sus Epístolas, habría algunos que pensarían hubiera sido mejor si hubiera prescindido de los consejos prácticos que aparecen al final de la mayoría de las mismas. Acordémonos que fue el Señor Jesús quien *predicó* el Sermón del Monte y que la Epístola a los Efesios contiene seis capítulos y no cuatro. Me duele verme obligado a hablar de esta manera, pero hay motivo. Bien decía Rutherford: "Los que tratan de prescindir de la santificación son extranjeros a la gracia. El creer y el hacer son hermanos de sangre".

¿No es cierto que en nuestro día necesitamos una norma de santidad más elevada? ¿Dónde está nuestra paciencia? ¿Dónde está nuestro celo? ¿Dónde está nuestro amor? ¿Se ve el poder del Evangelio en nuestro tiempo como se veía en los tiempos pasados? ¿Dónde está aquella característica especial que tanto distinguía a los santos de antaño y que hacía conmover al mundo? Ciertamente, nuestra plata está cubierta de herrumbre, nuestro vino mezclado con agua y nuestra sal tiene poco poder sazonador. La noche casi ya ha pasado y el día se acerca. Despertemos, y no durmamos más. Que nuestros ojos estén, de ahora en adelante, más abiertos de lo que lo han estado hasta ahora. "Despojémonos de todo peso, y del pecado que nos asedia." "Limpiémonos de toda contaminación de carne y de espíritu, perfeccionando la santidad en el temor de Dios" *(Hebreos 12:1; II Corintios 7:1)*. Dice Owen: "Si Cristo murió, ¿vivirá el pecado? Si fue crucificado al mundo, ¿cómo pueden ser vivificados y permanecer vivos nuestros afectos por las cosas del mundo? ¿Dónde está el testimonio santo de aquel que por la cruz de Cristo es crucificado al mundo, y el mundo le es crucificado a él?"

III. — Unas palabras de consejo a los que desean ser santos.

¿Deseas ser santo? ¿Deseas ser una nueva criatura? Pues debes empezar *con* Cristo. Nada pobrás hacer a menos que hayas experimentado tu pecado y debilidad, y te hayas refugiado en Cristo. Él es la raíz y principio de la santidad, y para ser santo debes acudir a Él por la fe. Cristo no es sólo sabiduría y justicia para su pueblo, sino que también es santificación. Lo primero que hacen algunas personas es intentar hacerse santas, ¡y cuán triste es su empeño! Trabajan y se esfuerzan, prueban nuevos métodos, cambian de proceder una y otra vez, pero todo es inútil; su caso es igual que el de aquella mujer con flujo de sangre que, antes de ir a Cristo, había gastado todo lo que tenía "y nada había aprovechado, antes le iba peor" *(Marcos 5:26)*. Corren en vano, y se esfuerzan en vano; y no es de extrañar: han empezado mal. Se empeñan en construir una pared de arena; tan pronto la levantan se desploma. Sacan agua del bote que tiene un agujero en el fondo, y por mucho que saquen, la cantidad de agua que entra es mayor. Nadie puede poner otro fundamento de santidad que el que está puesto, y este es Cristo. Sin Cristo nada podemos hacer *(Juan 15:5)*. Aunque fuertes, las palabras de Traill son verdaderas: "La sabiduría que no es de Cristo, es locura; la justicia que no es de Cristo, es culpabilidad y condenación; la santificación que no es en Cristo es suciedad y pecado; la redención que no es en Cristo es servidumbre y esclavitud".

¿Deseas obtener la santidad? ¿Deseas de corazón ser santo? Entonces *acude a Cristo*. No esperes a nadie; no tardes. No pienses en que debes prepararte. Con las palabras de aquel hermoso himno, acude a Él y dile:

En mis manos nada llevo.
Y sin nada a tu cruz me adhiero.
Desnudo, a ti acudo por vestido;
Y sin esperanza en mi, a ti por gracia vengo.

Todo fundamento de santificación que no sea Cristo, resultará inútil; y es que la santidad es un don especial que Él concede a su pueblo. La santidad es la obra que Él desarrolla en el corazón de los creyentes a través de su Espíritu. Cristo ha sido exaltado "por Príncipe y Salvador, para dar arrepentimiento y perdón de pecados" "A todos los que le recibieron, les dio potestad de ser hechos hijos de Dios." *(Hechos 5:31; Juan 1:12.)* La santidad no se hereda con la sangre, los padres no pueden darla a los hijos; no depende de la voluntad de la carne. La santidad viene de Cristo. Es resultado de una unión vital con Él. Acude, pues, a Cristo, y dile: "Señor, no sólo necesito que me salves de la culpabilidad del pecado, sino también que me salves de su poder a través del Espíritu que Tú has prometido. Hazme santo; enséñame a hacer tu voluntad".

¿Deseas continuar en la santidad? *Continúa, pues, en Cristo*. El mismo Señor Jesús dice: "Permaneced en mí, y yo en vosotros; el que permanece en mí, y yo en él, éste lleva mucho fruto" *(Juan 15:4, 5)*. En Cristo el creyente tiene el manantial para todas sus necesidades, pues agradó al Padre que en él morara toda la plenitud. Él es el Médico a quien continuamente debes recurrir para gozar de buena salud espiritual; es el Maná del cual tú debes comer diariamente; el manantial de la Roca del que tú has de beber diariamente. En su brazo debes apoyarte al abandonar el desierto de este mundo. No sólo has de estar fundamentado en Él, sino también edificado en Él. ¿Dónde estaba el secreto de la vida espiritual de Pablo? En el hecho de que él en Cristo "era todo a todos". Sus ojos estaban siempre en Jesús. De ahí que pudiera decir: "Todo lo puedo en Cristo que me fortalece". "Vivo, no ya yo, mas vive Cristo en mí; y lo que ahora vivo en la carne, lo vivo en la fe del Hijo de Dios" *(Hebreos 12:2; Filipenses 4:13; Gálatas 2:20)*.

Ojalá todos los que han leído este escrito supieran estas cosas por experiencia. Que de ahora en adelante sintamos más la influencia e importancia de la santidad. ¡Qué nuestros años sean *años santos*, y entonces sí que seremos realmente felices! Tanto si vivimos como si morimos, vivamos y muramos para el Señor. Y si. Él viene a buscarnos en vida, que nos encuentre en paz, sin mancha y sin contaminación.

3: LA VIDA
     EN
         COMUNIDAD

LA IGLESIA QUE CRISTO EDIFICA

«...Sobre esta piedra edificaré mi Iglesia;
y las puertas del infierno no prevalecerán contra ella.» *(Mateo 16:18).*

¿Pertenecemos a la Iglesia que está fundada sobre la roca? ¿Somos miembros de la única Iglesia en la cual se pueden salvar las almas? Estas preguntas son muy serias, y merecen una atenta consideración. Pido la atención de todos los lectores mientras trato de demostrar cuál es la verdadera y santa Iglesia Universal, y trato de guiar sus pies hacia el único rebaño seguro. ¿Cuál es esta Iglesia? ¿En que se distingue? ¿Cuáles son sus características? ¿Dónde se encuentra? Sobre estas preguntas tengo algo que decir. Jesús dice: "Sobre esta piedra edificaré mi Iglesia; y las puertas del infierno no prevalecerán contra ella". En estas palabras tan famosas hay cinco cosas que requieren nuestra atención:

I. — *Un edificio:* "Mi Iglesia".
II. — *Un Constructor:* Cristo dice: "Yo construiré mi Iglesia".
III. — *Un Fundamento:* "Sobre esta piedra edicaré mi Iglesia".
IV. — *Peligros Comprendidos:* "Las puertas del infierno".
V. — *Seguridad afirmada:* "Las puertas del infierno no prevalecerán contra ella".

I. — Un edificio: *"Mi Iglesia"*

¿Cuál es esta Iglesia? Pocas preguntas pueden hacerse que sean más importantes que ésta. No son pocos ni pequeños los errores que se han introducido en este mundo por no haberse dado a este tema la atención debida.

La Iglesia de nuestro versículo no es un edificio material. No es un templo de madera, o ladrillo, o piedra, o mármol, hecho de manos, sino que es una compañía de hombres y mujeres. No es ninguna Iglesia particular visible. No es la Iglesia Oriental, ni es la Iglesia Occidental. No es la Iglesia de Inglaterra, ni la Iglesia de Escocia. Y sobre todo, no es, ciertamente, la Iglesia de Roma.

La Iglesia de nuestro versículo está formada por todos los verdaderos creyentes en Cristo Jesús, por todos aquellos que son realmente santos y convertidos de verdad. Comprende a todos aquellos que se han arrepentido del pecado, refugiado en Cristo por la fe, y han sido hechos nuevas criaturas en Él. Incluye a todos los elegidos de Dios, que han recibido la gracia de Dios, que han sido lavados en la sangre de Cristo, que han sido vestidos de la justicia de Cristo, que han nacido de nuevo, y han sido santificados por el Espíritu de Cristo. Todos éstos, sea cual sea su nombre, rango, posición, nación, pueblo o lengua, constituyen la Iglesia de nuestro versículo. Éstos forman el cuerpo de Cristo, son el rebaño de Cristo, la esposa del Cordero. Esta es la "Santa Iglesia Católica y Apostólica" del Credo de los Apóstoles y del Credo Niceno. Esta es la IGLESIA FUNDADA SOBRE LA ROCA.

No todos los miembros de esta Iglesia rinden culto a Dios de la misma manera ni tienen la misma forma de gobierno eclesiástico. Algunos de ellos están gobernados por obispos y otros por ancianos. Algunos usan un ritual en su culto público de adoración, mientras que otros no siguen ninguno. Pero todos los miembros de esta Iglesia acuden al mismo trono de gracia. Todos adoran con un mismo corazón. Todos son guiados por un mismo Espíritu. Todos son real y verdaderamente *santos*. Todos pueden decir "Aleluya", y todos pueden contestar, "Amén".

Esta es la Iglesia de la cual todas las iglesias visibles sobre la tierra son siervas y están subordinadas. Ya sean episcopales, independientes, o presbiterianas, todas estas iglesias sirven a los intereses de la única Iglesia verdadera, y son como el andamiaje detrás del cual se construye el gran edificio, como la cáscara dentro de la cual se desarrolla la semilla viviente. El grado de utilidad de estas iglesias visibles varía. De todas ellas, la más digna y la que vale más, es la que alista más miembros para la verdadera Iglesia de Cristo. Pero no hay ninguna iglesia visible que con derecho pueda decir: "Nosotros constituimos la única Iglesia Verdadera". Ninguna Iglesia visible debería atreverse a decir: "Permaneceremos para siempre; las puertas del infierno no prevalecerán contra nosotros". Es a esta Iglesia que el Señor ha otorgado las preciosas promesas de preservación, continuación, protección y gloria final. Por pequeña y despreciada que la verdadera Iglesia pueda ser en este mundo, a los ojos de Dios es preciosa y honorable. El templo de Salomón, pese a toda su gloria, era mezquino e insignificante en comparación con esa Iglesia que está construida sobre la roca.

Confío que las cosas que he dicho han penetrado profundamente en las mentes de todos los que leen este escrito. Aseguraos de que vuestra posición doctrinal sobre el tema de "la Iglesia" es sana. Cualquier error sobre este particular puede ser peligrosísimo, y acarrear ruina espiritual para el alma. La Iglesia que comprende a todos los que se han arrepentido y creído el Evangelio, es la Iglesia a la cual nosotros deseamos que pertenezcan. Nuestra obra no terminará, ni nuestros corazones estarán satisfechos, hasta que tú hayas sido hecho una nueva criatura y hayas pasado a ser miembro de la única Iglesia verdadera. Fuera de la Iglesia que está "edificada sobre la roca" NO HAY SALVACIÓN

II. — Un constructor: Cristo.

Cristo dice: "Sobre esta piedra edificaré mi Iglesia". Las tres Personas de la bendita Trinidad con ternura cuidan de la verdadera Iglesia de Cristo. En el plan de salvación que se nos revela en la Escritura, Dios el Padre escoge, Dios el Hijo redime y Dios el Santo Espíritu santifica a cada miembro del cuerpo místico de Cristo. Dios el Padre, Dios el Hijo, y Dios el Espíritu Santo —tres Personas y un solo Dios— cooperan en la salvación de toda alma que se salva. No debemos olvidarnos nunca de esta verdad. Sin embargo, en cierto sentido, el cuidado de la Iglesia es prerrogativa del Señor Jesucristo. De una manera peculiar y por experiencia, Él es el Redentor y Salvador de la Iglesia. De ahí que en las palabras de nuestro versículo Él diga: "Yo edificaré; esta obra de edificación es mía".

Es Cristo quien a su tiempo llama a los miembros de la Iglesia. Ellos son "los llamados de Jesucristo" *(Roma-*

nos 1:6). Es Cristo quien les da vida: "El Hijo a los que quiere da vida". *(Juan 5:21.)* Es Cristo quien lava sus pecados: Cristo "nos lavó de nuestros pecados con su sangre". *(Apocalipsis 1:5.)* Es Cristo quien les da paz: "La paz os dejo, mi paz os doy". *(Juan 14:27.)* Es Cristo quien les da vida eterna: "Yo les doy vida eterna; y no perecerán jamás". *(Juan 10:28.)* Es Cristo quien les concede arrepentimiento: "A éste, Dios ha exaltado con su diestra por Príncipe y Salvador, para dar a Israel arrepentimiento, y perdón de pecados". *(Hechos 5:31.)* Es Cristo quien les capacita para llegar a ser hijos de Dios: "A todos los que le recibieron, les dio potestad de ser hechos hijos de Dios". *(Juan 1:12.)* Es Cristo quien lleva a término la obra que en ellos ha sido empezada: "Porque yo vivo, vosotros también viviréis". *(Juan 14:19.)* En una palabra: "Agradó al Padre que en él habitase toda la plenitud". *(Colosenses 1:19.)* Él es el autor y consumador de la fe. Él es la vida. Él es la cabeza; de Él todas las conyunturas y miembros reciben su crecimiento; por Él todos los miembros del cuerpo místico reciben energía para el trabajo y son guardados de caída. Él los guardará hasta el fin, y los presentará sin mancha delante de su gloria con gran alegría. Él es todas las cosas en todos los creyentes.

El Espíritu Santo es el poderoso agente a través del cual el Señor Jesucristo obra esto en los miembros de Su Iglesia. Él es quien da a conocer a Cristo a los creyentes y aplica a sus almas Su obra. Él es quien de una manera incesante renueva, despierta, convence, conduce a la cruz, transforma y quita piedra tras piedra del mundo, y las añade al edificio místico. Pero el gran Constructor que sobre sí ha tomado el ejecutar la obra de la redención y llevarla a término, es el Hijo de Dios, "la Palabra hecha carne". Es el Señor Jesús quien edifica.

En la construcción de la verdadera Iglesia el Señor Jesús condesciende a usar gran número de instrumentos subordinados. El ministerio del Evangelio, la difusión de las Escrituras, la amonestación amorosa, una palabra hablada en tiempo apropiado, las aflicciones, etc., constituyen medios e instrumentos a través de los cuales se realiza Su obra, y el Espíritu infunde vida a las almas. Pero Cristo es el Gran Arquitecto; el que dirige, ordena y guía todo lo que se hace. Pablo puede plantar y Apolos regar, pero es Dios quien da el crecimiento. *(I Corintios 3:6).* Los ministros pueden predicar y los escritores escribir, pero Cristo es quien edifica. Y si Él no edifica, la obra se paralizará.

¡Grande es *la sabiduría* que el Señor exhibe en la edificación de su Iglesia! Todas las cosas se hacen a tiempo, y de la manera apropiada. Cada piedra, según su turno, es colocada en su lugar. En algunas ocasiones Él escoge grandes piedras, mientras que en otras se limita al uso de las pequeñas. A veces la obra va muy deprisa; otras veces va muy despacio. Con frecuencia el hombre da señales de impaciencia y llega a pensar que no se está haciendo nada. Pero el tiempo del hombre no es el tiempo de Dios: "para con el Señor mil años es como un día". El Constructor no comete errores, sabe lo que hace. Obra según un plan perfecto, inalterable y cierto. Las soberbias concepciones arquitectónicas de Miguel Angel y Wren, no son más que bagatelas y juegos de niños en comparación con los sabios consejos de Cristo con respecto a su Iglesia.

¡Grande es *la condescendencia y la misericordia* que Cristo muestra en la edificación de su Iglesia. Con frecuencia escoge las piedras menos apropiadas y más toscas, y las transforma y adapta maravillosamente al edificio de su Iglesia. No desprecia a nadie, ni rechaza a nadie a causa de sus pecados y transgresiones pasadas. A menudo, de fariseos y publicanos hace columnas de su casa. Se deleita en mostrar misericordia y en hacer de gente impía y descuidada hermosas piedras de esquina en su templo espiritual.

¡Grande es *el poder* que Cristo despliega en la edificación de su Iglesia! Su obra prosigue adelante pese a la oposición del mundo, la carne y el diablo. En medio de la tormenta, en la tempestad, en tiempos agitados, al igual que el templo de Salomón la obra progresa silenciosamente, sin ruido ni alboroto ni excitación. El Señor dice: "Lo que hago yo; ¿quién lo estorbará?" *(Isaías 43:13).*

Los hijos de este mundo no muestran interés alguno por la edificación de esta Iglesia. La conversión de las almas nada les preocupa. Los espíritus quebrantados y los corazones contritos, ¿qué valor tienen para ellos? La convicción de pecado, o la fe en el Señor Jesús, ¿qué significa para ellos? A sus ojos todo esto es "locura". Pero aunque a los hijos de este mundo todo esto les tenga sin cuidado, para los ángeles de Dios es motivo de gran gozo. Para la preservación de la verdadera Iglesia, las leyes de la naturaleza algunas veces se han visto suspendidas. Todos los designios providenciales de Dios en el acontecer de este mundo han sido dispuestos y ordenados para el bien de esa Iglesia. Por amor a los escogidos Dios pone fin a las guerras y da paz a las naciones. Los hombres de estado, los gobernadores, los emperadores, los reyes, los presidentes, tienen sus planes y sus proyectos estatales y los consideran de suma importancia. Pero hay otra obra, infinitamente más importante, que se realiza por encima de los proyectos estatales de este mundo, y que convierte a los hombres de estado en "hachas y sierras" en las manos de Dios. *(Isaías 10:15.)* Esa obra es la erección del templo espiritual de Cristo, la reunión de las piedras vivas en la única Iglesia verdadera.

¡Cuán agradecidos deberíamos estar de que la edificación de la verdadera Iglesia descanse sobre las espaldas de Uno que es todopoderoso! Si dependiera del hombre, ¡qué pronto se paralizaría! Pero, ¡bendito sea el Señor que la obra está en manos de un Constructor que no puede fracasar en la tarea de llevar a término sus designios! Cristo es el Constructor todopoderoso. Aunque las naciones y las iglesias visibles no sepan desempeñar sus misiones, la obra de Cristo proseguirá. Cristo nunca fracasará, lo que Él emprende tendrá cumplimiento cierto.

III. — El fundamento.

El Señor Jesús dijo: "Sobre esta piedra edificaré mi Iglesia". ¿Y qué quería significar el Señor Jesús con estas palabras? ¿Hacía de Pedro el fundamento de su Iglesia? Ciertamente ¡no! Si Cristo hubiera querido decir el que la Iglesia iba a ser fundada sobre Pedro, ¿por qué no dijo: "*Sobre* ti edificaré mi Iglesia"? Si se hubiera referido a Pedro ciertamente, hubiera dicho "Edificaré mi Iglesia sobre ti" de la misma manera que dijo: "A ti te daré las llaves". No, no era sobre la persona de Pedro, sino sobre la confesión que acababa de hacer donde iba a fundarse la Iglesia. No era sobre el inestable Pedro, sino sobre aquella poderosa verdad que el Padre le había revelado. Era la verdad concerniente al Salvador prometido, el Fiador, el Mesías, el Mediador entre Dios y el hombre. Esta era la piedra, este era el fundamento sobre el cual la Iglesia de Cristo iba a ser edificada.

El coste del fundamento de la verdadera Iglesia fue enorme. Exigió nada menos que el Hijo de Dios tomara sobre sí nuestra naturaleza, y con ella viviera, sufriera y muriera, no por Sus pecados, sino por los nuestros. Requería el que con tal naturaleza Cristo fuera al sepulcro y resucitara otra vez.

Requería el que con esa naturaleza, Cristo, habiendo obtenido eterna redención para su pueblo, ascendiera a los cielos para sentarse a la diestra de Dios. Ningún otro fundamento hubiera podido satisfacer las necesidades de pecadores perdidos, culpables, depravados y sin esperanza. El fundamento, una vez obtenido, es sumamente sólido. Puede soportar el peso de los pecados de todo el mundo. Ha soportado el peso de todos los pecados de todos los creyentes que sobre Él han edificado. Esta roca poderosa y que no puede ceder, puede soportar el peso de los pecados de pensamiento, de imaginación y de corazón; los pecados públicos y aquellos que sólo Dios conoce; los pecados contra Dios y contra el hombre, y los pecados de toda clase y descripción. El oficio mediador de Cristo es un remedio suficiente para los pecados de todo el mundo.

Todo miembro de la verdadera Iglesia de Cristo está cimentado sobre este fundamento. En muchas cosas los creyentes están desunidos y en desacuerdo, pero en lo que respecta al fundamento de sus almas todos son de una mente. Ya sean episcopales o presbiterianos, bautistas o metodistas, todos los creyentes convergen en un punto: todos están edificados sobre la Roca. Preguntadles dónde han obtenido su paz, su esperanza y la expectación gozosa de las bendiciones venideras, y todos, sin excepción, os señalarán a Cristo como la fuente todopoderosa de bendición. Él es el Mediador entre Dios y el hombre, el Sumo Sacerdote y el Fiador de los pecadores.

Para saber si eres o no un miembro de la verdadera Iglesia, debes examinar el fundamento de tu profesión religiosa. Esto es algo que sólo tú puedes saber. Tu adoración pública es algo que podemos ver; pero no podemos ver si estás edificado personalmente sobre la roca. Tu presencia en la Mesa del Señor podemos atestiguarla, pero no podemos ver si estás unido a Cristo. ¡Mucho cuidado! No te equivoques en lo que a tu salvación personal concierne. Asegúrate de que tu alma descansa sobre la roca. Sin esto, todo lo demás no vale nada. Sin esto, nunca podrás levantarte en el día del juicio. En aquel día será mil veces mejor encontrarse en una choza "sobre la roca", que en un palacio sobre la arena.

IV. — **Los peligros que se ciernen sobre la Iglesia.**

En el versículo se nos hace mención de los tales: "Las puertas del infierno". Y por esta expresión debemos entender el poder del príncipe del infierno, el diablo (Compárese: *Salmo 9:13; 107:18 e Isaías 38:10*).

La historia de la verdadera Iglesia de Cristo registra una guerra continua. Satanás, el príncipe de este mundo, no ha cesado nunca en sus asaltos. El diablo odia la verdadera Iglesia de Cristo con odio eterno. Constantemente suscita oposición en contra de sus miembros. Siempre empuja a los hijos de este mundo para que hagan su voluntad, y perjudiquen y acusen al pueblo de Dios. Si no puede herir la cabeza, herirá al talón. Si no puede robar el cielo a los creyentes, los afligirá en su camino.

Por más de seis mil años el cuerpo místico de Cristo ha sostenido una lucha continua contra los poderes del infierno. Siempre ha sido como una zarza que arde, pero que no se consume; como la mujer que huyó al desierto, pero que no desapareció *(Éxodo 3:2; Apocalipsis 12:6, 16)*. Las iglesias visibles tienen sus tiempos de prosperidad y sus períodos de paz, pero la verdadera Iglesia nunca ha tenido un tiempo de paz; su conflicto es perpetuo; su batalla nunca termina.

Esta contienda con los poderes del infierno es la experiencia de cada miembro individual de la verdadera Iglesia. Todos deben luchar. ¿Y qué es el relato de la vida de todos los santos, sino una continua batalla? Pablo, Santiago, Pedro, Juan, Policarpo, Crisóstomo, Agustín, Lutero, Calvino y Latimer, ¿no eran acaso soldados ocupados en una contienda constante? Algunas veces las personas de los santos han sido asaltadas, otras veces lo han sido sus propiedades. Algunas veces en persecución abierta. De una u otra manera, el diablo ha guerreado continuamente contra la Iglesia. Las "puertas del infierno" han estado asaltando continuamente al pueblo de Cristo.

Los que predicamos el Evangelio podemos ofrecer a todos aquellos que acuden a Cristo, "preciosas y grandísimas promesas" *(II Pedro 1:4)*. En nombre de nuestro Maestro podemos ofrecerte, con toda confianza, la paz de Dios que sobrepasa todo entendimiento. La misericordia, la gracia gratuita y una salvación completa son ofrecidas a todos los que acuden a Cristo y creen el Él. Pero no os prometemos paz con el mundo o con el diablo. Antes por el contrario, os avisamos de que mientras estéis en el cuerpo tendréis una contienda continua. No deseamos que te mantengas apartado, ni disuadirte del servicio de Cristo, pero sí queremos que tú

"calcules el coste" y comprendas bien lo que el servicio a Cristo implica. *(Lucas 14:28.)*
No te sorprenda la enemistad de las puertas del infierno. "Si fuerais del mundo, el mundo amaría lo suyo" *(Juan 15:19).* Mientras el mundo sea el mundo, y el diablo el diablo, existirá esta contienda y exigirá el que los creyentes en Cristo sean soldados. El mundo odió a Cristo, y el mundo odiará a los verdaderos cristianos mientras permanezca la tierra. Y, como dijo el gran reformador Lutero: "Mientras la Iglesia esté sobre la tierra, Caín continuará asesinando a Abel".

Está preparado para hacer frente a la enemistad de las puertas del infierno. Ponte toda la armadura de Dios. En la torre de David hay mil escudos, todos listos para ser usados por el pueblo de Dios. Las armas de nuestra contienda han sido probadas por millones de pobres pecadores como nosotros y nunca han fracasado.

Sé paciente ante la enemistad de las puertas del infierno. La contienda que el hijo de Dios tiene es una señal tan segura de gracia como lo es la paz interior que goza. ¡Sin cruz no hay corona! ¡Sin conflicto no hay verdadero cristianismo! "Bienaventurados sois" nos dice el Señor Jesús," cuando por mi causa os vituperen y os persigan, y digan toda clase de mal contra vosotros". Si por vuestra fe no sois perseguidos y todos los hombres hablan bien de vosotros, entonces bien podéis dudar si pertenecéis a la "Iglesia fundada sobre la roca". *(Mateo 5:11; Lucas 6:26.)*

V. — La seguridad de la verdadera Iglesia.

Las palabras de nuestro versículo encierran una gloriosa promesa. El Constructor de la Iglesia dice: "Y las puertas del infierno no prevalecerán contra ella". Aquel que no puede mentir ha dado su palabra de que todos los poderes del infierno no podrán destruir su Iglesia. Ésta, pese a los continuos asaltos, continuará y permanecerá. Nunca será vencida. Todas las demás cosas creadas pasarán y perecerán, pero no la Iglesia que está edificada sobre la roca.

En rápida sucesión, los imperios se han levantado y han caído. Egipto, Asiria, Babilonia, Persia, Grecia, Cartago, Roma, ¿dónde están todos estos imperios? Todos eran creación humana, por eso han desaparecido. Pero la verdadera Iglesia de Cristo todavía perdura.

Las ciudades más poderosas se han tornado en montones de ruinas. Las amplias murallas de Babilonia se han hundido en la tierra. Los palacios de Nínive no son más que montículos de polvo. Las cien puertas de Tebas sólo quedan en la historia. Hoy en día Tiro no es más que un humilde lugar donde los pescadores cuelgan sus redes. El lugar que ocupa Cartago está completamente desolado. Pero la verdadera Iglesia aún se levanta y permanece. Las puertas del infierno no han prevalecido contra ella.

En la mayoría de los casos, las iglesias visibles más antiguas han decaído o desaparecido. ¿Dónde están la iglesia de Éfeso y la de Antioquía? ¿Dónde están la iglesia de Alejandría y la de Constantinopla? ¿Dónde están las iglesias de Corinto, Filipos y Tesalónica? ¿Dónde están todas estas iglesias? Se apartaron de la Palabra de Dios. Se enorgullecieron de sus obispos, de sus ceremonias y de su antigüedad y cultura. No se gloriaron en la cruz de Cristo. No retuvieron la pureza del Evangelio. No dieron al Señor Jesús el lugar que le correspondía, ni el oficio que es exclusivamente suyo. Ahora pertenecen al pasado, entre las cosas que han sido. Su candelabro ha sido quitado. Pero durante todo este tiempo la verdadera Iglesia ha perdurado.

Al sobrevenir la persecución en un país, la verdadera Iglesia se ha refugiado en otro. Al ser pisoteada y oprimida en un lugar, la Iglesia ha echado raíces y florecido en otro. Ni el fuego, ni la espada, ni la prisión, ni las penalidades, han podido destruir su vitalidad. Sus perseguidores han perecido, pero la Palabra de Dios ha sobrevivido, crecido y se ha multiplicado. Por débil que pueda aparecer a los ojos humanos, la verdadera Iglesia ha sido un yunque que ha roto muchos martillos en los tiempos pasados, y seguramente todavía romperá muchos más antes no venga el fin. "Porque el que os toca, toca a la niña de su ojo" *(Zacarías 2:8)*.

La promesa de nuestro versículo es cierta con respecto a *todo el cuerpo* de la verdadera Iglesia. Cristo jamás dejará de tener un testigo en el mundo. Él ha tenido hijos fieles aun en medio de los peores tiempos. Aun en los días de Acab Dios tenía siete mil en Israel que no doblaron sus rodillas a Baal. Hay algunos también ahora, yo creo, en los lugares oscuros de la Iglesia Romana y de la Iglesia Griega, quienes a pesar de muchas debilidades, sirven a Cristo. El diablo puede rugir terriblemente, y en algunos países la Iglesia puede ser abatida en gran manera, pero las puertas del infierno nunca podrán prevalecer completamente.

La promesa de nuestro versículo es cierta con respecto a *cada miembro individual* de la Iglesia. Algunos entre el pueblo de Dios, de tal modo han sido turbados, que incluso han desesperado de su seguridad. Algunos, como David y Pedro, han caído tristemente. Algunos, como Cranmer y Jewell, se han apartado de la fe por un tiempo. Muchos han sido probados con crueles dudas y temores. Pero al final, todos han llegado felizmente a su destino, tanto el más joven como el más viejo; tanto el más débil como el más fuerte. Y así será hasta el fin del mundo. ¿Puedes evitar que mañana salga el sol? ¿Puedes evitar que en el Canal de Bristol, la marea suba y baje? ¿Puedes entorpecer el curso de los planetas alrededor de sus respectivas órbitas? Si tú pudieras evitar y conseguir todo esto, entonces, y sólo entonces, tú podrías evitar la salvación de cualquier creyente.

La verdadera Iglesia es el cuerpo de Cristo; ningún hueso de este místico cuerpo será roto. La verdadera Iglesia es la esposa de Cristo; aquellos que Dios ha unido por el pacto eterno, jamás podrán separarse. La verdadera Iglesia es el rebaño de Cristo; si el león venía y tomaba un cordero del rebaño de David, éste con presteza se levantaba y lo arrebataba de su boca. Cristo hace lo mismo; ningún cordero del rebaño de Cristo, por enfermo que esté, perecerá. En aquel gran día, Cristo dirá al Padre: "A los que me diste, yo los guardé, y ninguno de ellos se perdió". *(Juan 17:12.)* La verdadera Iglesia es como el trigo de la tierra; puede ser agitado, zarandeado y movido de acá para allá; pero ni un solo grano se perderá. La cizaña y los abrojos serán quemados, pero el grano será recogido en el alfolí. La verdadera Iglesia es el ejército de Cristo. El Capitán de nuestra salvación no perderá a ninguno de sus soldados; sus planes nunca podrán fracasar. La lista de los soldados al empezar la batalla será la misma que al terminarla. De los soldados que gallardamente salieron de Inglaterra para luchar en la guerra de Crimea, ¡cuántos no regresaron! Pero no es así con el ejército de Cristo; al final de la contienda, ninguno de sus soldados será echado de menos. El mismo señor Jesús dice: "Y nunca perecerán". *(Juan 10:28.)*

El diablo puede echar en la cárcel a algunos de los miembros de la verdadera Iglesia. Puede incluso matarlos, ahorcarlos y torturarlos; pero una vez ha matado el cuerpo, ya no puede hacer nada más; el diablo no puede herir el alma. Cuando hace pocos años las fuerzas francesas tomaron Roma, en las paredes de una celda de la inquisición se encontraron escritas las palabras de un prisionero. No sabemos quién era éste; pero sus palabras son dignas de recordarse, pues por ellas este prisionero, "aunque muerto, todavía habla". Las palabras que escribió en las paredes, muy posiblemente después de una injusta sentencia y excomunión, son en verdad impresionantes: "Bendito Jesús, ellos no pueden echarme de tu verdadera Iglesia". ¡Cuán ciertas son estas palabras! Todo el poder de Satanás resulta insuficiente para echar fuera de la verdadera Iglesia a un creyente.

No temamos por la Iglesia de Cristo cuando sus pastores mueren y sus santos van con el Señor. Cristo sostendrá siempre su causa. Él levantará siervos mejores y hará lucir estrellas más brillantes en su Iglesia. Las estrellas están todas en su diestra. Abandona todos tus pensamientos ansiosos con respecto al futuro. Deja ya de afligirte por las decisiones estatales, o por las intrigas de los lobos con piel de cordero. Cristo cuidará siempre de su Iglesia y de que "las puertas del infierno" no prevalezcan contra ella. Aunque nuestros ojos no puedan apreciarlo, todo va bien. Los reinos de este mundo todavía vendrán a ser los reinos de nuestro Dios y de su Cristo.

Terminaré este escrito con unas palabras de aplicación práctica.

1.—Las primeras serán en forma de *pregunta:* ¿Eres tú un miembro de la única Iglesia verdadera? No te pregunto si eres miembro de alguna denominación, o si asistes a una determinada iglesia o capilla. Te pregunto si perteneces a la Iglesia "edificada sobre la Roca". ¿Eres miembro de esta Iglesia? ¿Estás cimentado sobre el Fundamento de la misma? ¿Estás sobre la Roca? ¿Has recibido el Espíritu Santo? ¿Da el Espíritu testimonio a tu espíritu de que tú eres uno con Cristo, y Cristo uno contigo? En el nombre del Señor te ruego que hagas caso de estas preguntas, y que las medites solemnemente. Si no has sido convertido, no perteneces a la Iglesia fundada sobre la Roca.

Que todos los lectores de este escrito se percaten de la seriedad de su estado si es que no pueden responder favorablemente a estas preguntas. Cuidado, mucho cuidado, no sea que vuestra alma naufrague por toda la eternidad. Cuidado, no sea que al fin las puertas del infierno prevalezcan sobre vosotros, y el diablo os reclame como suyos y os perdáis para siempre. Cuidado, no sea que de la tierra de las Biblias y de la completa luz del Evangelio*, un día tengáis que descender a las profundidades de la condenación. Cuidado, no sea que en aquel gran día seáis separados a la izquierda, unos como episcopales que se han perdido, otros como presbiterianos que se han perdido, otros como metodistas que se han perdido, otros como bautistas que se han perdido; y todos perdidos porque un día dirigisteis todo vuestro celo en pro de un partido y vuestra mesa de comunión, y nunca os hicisteis miembros de la verdadera Iglesia.

2. — En segundo lugar, mis palabras de aplicación constituirán una *invitación*. Me dirijo a todos aquellos que no son todavía verdaderos creyentes, y les insto a que sin tardanza se unan a la verdadera Iglesia. Venid, uníos a Cristo en un pacto eterno que nunca será olvidado.

Considera bien lo que te digo. Solemnemente te pido que no interpretes mal el significado de mi invitación. No te invito a que dejes la iglesia visible de la cual eres miembro. Yo aborrezco toda idolatría de formas y partidos, y detesto este espíritu de proselitismo entre las denominaciones evangélicas. En realidad lo que yo hago es invitarte a que vengas a Cristo para ser salvo. ¿Por qué no será hoy el día de tu decisión? ¿Por qué no este día, entre tanto que se dice "hoy"? ¿Por qué no esta noche, antes que el sol aparezca en el amanecer? Acude a Aquel que murió en la cruz por los pecadores y ahora les invita a que vengan a Él por la fe y sean salvos. ¡Ven a mi Maestro, el Señor Jesús! Ven, te digo, pues todas las cosas están preparadas: la misericordia, el cielo, están listos para ti, y los ángeles también están listos para alegrarse en ti. Cristo está listo y dispuesto a recibirte; verás como te dará la bienvenida entre sus hijos. Entra en el arca; las aguas de la ira de Dios pronto inundarán la tierra; ven, ¡entra en el arca y estarás seguro!

Entra en el barco salvavidas de la única Iglesia verdadera. Este viejo mundo pronto se romperá a pedazos. ¿No percibes como ya se conmueve? Este mundo ya no es más que un barco que ha naufragado terriblemente sobre un banco de arena. La noche ya casi ha terminado, las olas empiezan a levantarse, el viento arrecia, la tormenta pronto reducirá a astillas el barco naufragado. Pero el barco salvavidas ya está en camino, y nosotros, los ministros del Evangelio, te roga-

* Inglaterra.

mos que subas al mismo. Te rogamos que ahora mismo acudas a Cristo.
Quizá tú preguntes: "¿Pero cómo puedo venir? Mis pecados son muchos. Soy demasiado perverso para venir. No me atrevo a venir". ¡Despréndete de este pensamiento! Constituye una tentación de Satanás. Ven a Cristo tal como eres, como pecador. Escucha las palabras tan hermosas de aquel viejo himno:

> Tal como soy, sin una sola excusa,
> Porque tu sangre diste en mi provecho,
> Porque me mandas que a tu seno vuele
> ¡Oh Cordero de Dios! acudo, vengo.

Es así como debes venir a Cristo. Sin detenerte por nada, debes acudir a Cristo. Como pecador hambriento, debes venir para ser saciado; como pobre, para ser enriquecido; desnudo, para ser vestido de justicia. Si así vienes, Cristo no te rechazará. "Al que a mí viene" nos dice el mismo Señor Jesús, "no le echo fuera". Oh, ven, ven al Señor Jesús. Entra por fe en la verdadera Iglesia, y serás salvo.

3. — En último lugar, mis palabras serán de *exhortación* a todos los lectores en cuyas manos pueda caer este escrito. Esforzaos para vivir una vida *santa*. Que vuestro andar sea digno de la Iglesia a la que pertenecéis. Vivid como ciudadanos del cielo. De tal manera alumbre vuestra luz delante de los hombres, que ellos puedan beneficiarse de vuestra conducta. Mostrad al mundo de quien sois y a quien servís. Sed epístolas de Cristo, conocidas y leídas de todos los hombres; escritas en letras tan claras que nadie pueda decir: "No sé si esta persona pertenece a Cristo". La persona que no sabe lo que es la santidad práctica, no es miembro de la "Iglesia fundada sobre la Roca".

Esforzaos para vivir una vida *valerosa*. Confesad a Cristo delante de los hombres. Sea cual fuere vuestra posición: confesad a Cristo. ¿Por qué habéis de avergonzaros de Él? En la cruz Él no se avergonzó de vosotros. Él está presto a confesaros delante de su Padre en los cielos. Sed valientes, muy valientes. El buen soldado no se avergüenza de su uniforme. El verdadero creyente no debe nunca avergonzarse de Cristo.

Esforzaos para vivir una vida *gozosa*. Vivid como aquellos que esperan la bendita esperanza, la Segunda venida de Jesucristo. Este es el acontecimiento que todos deberíamos anhelar. Mas que el de ir al cielo, el pensamiento que debería llenar nuestras mentes es el de que el cielo vendrá a nosotros. Tiempos buenos se avecinan para el pueblo de Dios, para toda la Iglesia de Cristo, para todos los creyentes; pero tiempos malos para los impenitentes y los incrédulos. Velemos, vigilemos y oremos por estos tiempos buenos.

El andamiaje pronto será desmantelado; la última piedra pronto será colocada; la cobertura está casi lista. Un poco más, y la belleza de la Iglesia que Cristo está edificando brillará en todo su esplendor.

El gran Maestro Constructor pronto vendrá en persona. El edificio será mostrado a los mundos congregados, y en los que no habrá imperfección. El Salvador y los salvados se gozarán juntos, y todo el universo reconocerá que en la edificación de la Iglesia de Cristo todo fue bien hecho. *"Bienaventurados"* —se dirá en aquel día, si es que no se dijo ya antes— *"¡bienaventurados todos aquellos que pertenecen a la Iglesia fundada sobre la Roca!"*.

LA ORACION

«Es necesario orar siempre» «Quiero, pues.
que los hombres oren en todo lugar.» *(Lucas 18:1; I Timoteo 2:8).*

En la vida práctica de la profesión cristiana la oración es la actividad más importante. Todo lo demás se supedita a la oración. La lectura de la Biblia, la observancia del Día del Señor, la predicación, los cultos, la Cena del Señor, todo esto es muy importante: pero ninguna de estas cosas es tan importante como la oración.

En el estudio de este tema me propongo dar algunas razones para justificar mi lenguaje tan enfático sobre la oración, e invito a toda persona, en cuyas manos caiga este estudio, a que medite con atención sobre las mismas.

I. — La oración es absolutamente necesaria para la salvación.

La oración es absolutamente necesaria para la salvación y esto lo digo con conocimiento de causa. Pero debo aclarar que con esta declaración no me refiero, ni incluyo, a los niños pequeños ni a los retardados mentales, como tampoco pretendo decidir el estado final de los paganos. Me refiero, de una manera muy especial, a todos aquellos que se llaman y se consideran cristianos y viven en un país que profesa ser cristiano. Para todas estas personas la oración es absolutamente necesaria para su salvación.

Creo firmemente que la salvación es por gracia. Con gozo estaría dispuesto a ofrecer el perdón completo y gratis del Evangelio al peor de los pecadores. No vacilaría ni un momento en acercarme a su lecho de muerte y decir: "Cree en el Señor Jesucristo —aún en estos momentos— y serás salvo". Pero no encuentro ningún lugar de la Biblia el que una persona pueda obtener la salvación *sin pedirla*. ¿Cómo puede alguien recibir el perdón de sus pecados sin haber antes elevado su corazón con aquella oración de, "Señor Jesús: dáme la salvación y el perdón"? No puedo encontrar en la Biblia el que alguien se salve por sus oraciones, pero tampoco puedo encontrar el que alguien se haya salvado sin la oración.

No es absolutamente necesario para la salvación el que una persona haya de *leer* la Biblia. Hay personas que no saben leer, o son ciegas, y que sin embargo tienen a Cristo en su corazón. No es absolutamente necesario para la salvación el que una persona haya de *oír* el evangelio. Hay personas sordas, enfermas, o que viven en lugares donde no se predica el evangelio, y que, sin embargo, por otros conductos han recibido a Cristo en su corazón. Pero esto no puede decirse con respecto a la oración. Es absolutamente necesario para la salvación el que una persona *ore*.

Nadie puede desempeñar por nosotros el cuidado por nuestra salud, ni el cultivo de nuestra mente. Tanto los príncipes y reyes, como los pobres y humildes, deben satisfacer por ellos mismos las necesidades de sus cuerpos y de sus mentes. Nadie puede comer, beber o dormir a través de otra persona. Nadie puede aprender el alfabeto por otra persona. Todas estas cosas debe hacerlas uno por sí mismo, pues de no ser así, nunca podrían hacerse.

Y lo mismo que sucede con el cuerpo y la mente, sucede con el alma. Hay ciertas cosas que son absolutamente necesarias para el bienestar del alma; pero sólo individualmente pueden atenderse. Cada persona, individualmente, tiene que acudir a Cristo; cada persona, individualmente, tiene que hablar y orar a Dios. Cada uno de nosotros debe hacer esto; no hay nadie que pueda hacerlo por nosotros.

¿Podemos esperar que la salvación nos venga de un "Dios no conocido"? ¿Y cómo podemos conocer a Dios sin la oración? Para conocer a las personas en torno nuestro debemos primero hablar con ellas. No podemos conocer a Dios en Cristo a menos que le hablemos por la oración. Si deseamos estar con Él en el cielo, primeramente debemos ser sus amigos aquí en la tierra, y para ser sus amigos *debemos orar*.

En el día de la venida de Cristo, muchos se sentarán a su diestra. Todos los santos del norte, del sur, del este y del oeste serán reunidos, y habrá "una multitud que nadie podrá contar". *(Apocalipsis 7:9.)* El canto de victoria que brotará de sus gargantas, cuando al fin su redención sea completa, será en verdad un cántico glorioso; sobrepasará en mucho al ruido de las muchas aguas y al estruendo de los truenos. Pero no habrá desarmonía en el cántico: todos cantarán a una voz y con un sólo corazón. Y es que la experiencia de todos ellos habrá sido la misma: todos creyeron, todos fueron lavados con la sangre de Cristo, todos nacieron de nuevo, *todos oraron*. Sí, debemos orar en esta tierra, pues de otro modo nunca adoraremos en el cielo. Debemos ir primero a la escuela de la oración para conseguir aquella aptitud que un día nos permita participar en la fiesta de la alabanza. En resumen: el no orar implica el estar sin Dios, sin Cristo, sin gracia, sin esperanza, sin cielo; implica el estar en el camino que conduce a la condenación.

II. — **El hábito de la oración es una de las características que más distinguen al cristiano verdadero.**

Por el hábito de la oración todos los hijos de Dios se parecen. En el momento en que la vida espiritual les es implantada, empiezan ya a orar. Así como la primera señal de vida en el recién nacido es la respiración, así también en todos los que han nacido de nuevo la primera señal de vida es *la oración*.

El hábito de la oración es una de las características comunes de los escogidos de Dios. "Ellos claman a Él día y noche". *(Lucas 18:7.)* El Espíritu Santo, que ha hecho de ellos nuevas criaturas ha puesto en sus corazones el espíritu de adopción por el cual claman "Abba, Padre". *(Romanos 8:7.)* Cuando el Señor Jesús les da vida, les da también una voz y una lengua, y les dice: "Ya no seáis más mudos". Los hijos de Dios no son mudos. El orar es tan consubstancial a su naturaleza, como lo es el lloro para los recién nacidos. Al percibir la necesidad que tienen de misericordia y de gracia, y al experimentar el vacío y debilidad de sus corazones, no pueden hacer otra cosa que orar. *Deben orar.*

He observado detenidamente la vida de los santos de Dios en la Biblia, y he podido darme cuenta de que todos ellos eran hombres de oración. He descubierto que una de las características de los santos de Dios es la de que "oraron al Padre", y la de que "invocaron el nombre del Señor Jesucristo". Según la Biblia, uno de los distintivos de los inicuos es que "no invocaron el nombre de Jehová". *(I Pedro 1:17; I Corintios 1:2; Salmo 14:4.)*

He leído también las biografías de muchos cristianos eminentes y me he dado cuenta de que algunos eran ricos y otros pobres; algunos eran cultos y otros sin instrucción; algunos eran anglicanos y otros presbiterianos; algunos eran bautistas y otros independientes; algunos eran calvinistas y otros arminianos. Pero en todos ellos veo algo de común: todos fueron *hombres de oración*.

Por los relatos misioneros que me van llegando, con gran gozo veo que los paganos, en distintas partes del globo, aceptan el Evangelio. Hay conversiones en Africa, en Nueva Zelanda, en la India, en América del Sur. En muchos aspectos estos conversos son distintos y difieren entre sí, pero sin embargo, hay en todos ellos una característica común: todos oran. Siempre he visto que la gente que en verdad se convierte, *ora*.

Ya se que hay personas que no oran sinceramente, y que no lo hacen con el corazón. El mero hecho de que una persona ore no implica que espiritualmente su corazón sea recto delante de Dios. En este aspecto, como en otros de la religión cristiana, abunda la hipocresía y el engaño. Pero esto sí que lo afirmo con certeza: la persona que no ora demuestra que no es todavía cristiana. Y por consiguiente no podrá experimentar realmente sus pecados, ni sentirse deudora a Cristo, ni desear la santidad. Todavía no ha sido hecha una nueva criatura; no ha nacido de nuevo. Puede quizá confiar en una pretendida fe y esperanza, e incluso en la elección, pero si no ora, todo lo que dice es vano.

El hábito de la oración privada y de corazón, es una de las evidencias más reveladoras de una verdadera obra del Espíritu Santo. Una persona puede predicar por falsos motivos; puede escribir y hacer discursos excelentes y ser diligente en buenas obras, pero con todo, ser un Judas Iscariote. Pero raramente una persona buscará la quietud de su cámara y derramará su alma ante Dios secretamente si no es cristiano. El Señor Jesús mismo ha puesto en la oración el sello que distingue una verdadera conversión; y cuando envió a Ananías a Damasco para que buscara a Saulo, la única prueba que le dio de su conversión fue ésta: *"He aquí el ora". (Hechos 9:11.)*

Ya sé que los escogidos de Dios han sido elegidos para

salvación desde la eternidad, y que el Espíritu Santo, que es quien los llama, a veces los lleva a Cristo de una manera lenta y gradual. Pero el ojo humano sólo puede juzgar por lo que ve y no puede considerar a nadie como justificado si antes no ha creído; y me atrevo a decir que nadie cree hasta que ha orado. No puedo concebir una fe muda. El primer acto de la fe es hablar a Dios. La fe es para el alma lo que la vida es para el cuerpo. La oración es para la fe lo que la respiración es para la vida. ¿Cómo puede una persona vivir sin respirar? ¿Y cómo puede una persona creer sin orar?

Y es éste precisamente, el punto que nos interesa saber de tu vida espiritual: queremos saber si tú verdaderamente oras. Tus puntos de vista doctrinales pueden ser correctos y tu amor por la fe evangélica puede ser firme e inconmovible, pero aún así, todo esto puede no ser más que un mero conocimiento intelectual que se alimenta de un sentimiento partidista. Lo que nos interesa saber es si tú, en verdad, puedes hablar *a* Dios de la misma manera que puedes hablar *de* Dios.

III. — **De todas las obligaciones de nuestra fe, la oración es la más descuidada.**

En nuestros días la profesión religiosa abunda. Los lugares de culto se han multiplicado y también el número de los asistentes. Pero a pesar de toda esta pública manifestación religiosa, la oración es descuidada por muchos. He llegado a la conclusión de que la mayoría de los que profesan ser cristianos nunca oran. Muchísimas son las personas que *nunca dicen unas palabras de oración;* comen, beben, duermen, se levantan, van al trabajo, regresan a sus hogares, respiran el aire de Dios, ven el sol de Dios, andan sobre la tierra de Dios, gozan de las mercedes de Dios, tienen cuerpos mortales, un juicio y una eternidad delante de ellos, *pero nunca hablan a Dios*. Viven como las bestias del campo que perecen; se comportan como criaturas sin alma; no tienen ninguna palabra para decir a Aquél en cuyas manos están sus vidas y de quien reciben el aliento y todas las cosas y de quien un día oirán palabras de condenación eterna. ¡Cuán terrible es todo esto!

Creo también que las *oraciones de muchas personas no son más que una mera rutina,* una colección de palabras que se repiten de carretilla y de cuyo significado nadie se apercibe. Algunas de estas oraciones no son más que una serie de frases, a veces deslabonadas, que aprendieron en la niñez. Hay personas que repetirán una y otra vez el credo, sin darse cuenta de que en esta confesión no se encierra ninguna petición. Otras recitarán el "Padre nuestro", pero sin el más leve deseo de que lo que en esta oración se expresa tenga cumplimiento.

Aun muchas de aquellas personas que han aprendido buenas oraciones, cuando las dicen lo hacen con desgana y rutinariamente, quizá mientras se lavan o se visten. Esto no es orar. Las palabras que no salen del corazón son de tanto provecho para el alma, como el batir de los tambores delante de los ídolos por parte de los paganos. Donde no hay *corazón* puede haber labios y lengua, pero no habrá nada que Dios pueda escuchar; no hay verdadera oración. No tengo duda de que Saulo se sumerjía en largas oraciones antes de que el Señor fuera a su encuentro en el camino de Damasco, pero no fue hasta que su corazón fue quebrantado que el Señor dijo: "He aquí él ora".

Que no se extrañen nuestros lectores de que esto sea así, pues la *verdadera oración no puede provenir de una naturaleza no regenerada*. La mente carnal es enemiga de Dios y no quiere saber nada de Él. Los sentimientos hacia Dios no son de amor, sino de temor. ¿Cómo puede una persona verdaderamente orar cuando no siente realmente el pecado ni las realidades espirituales? La inmensa mayoría de la gente anda por el camino ancho y no es consciente de las cosas espirituales. De ahí que sin reparo de ninguna clase diga que son pocos los que verdaderamente oran.

No está de moda el orar. La gente de nuestro tiempo se avergüenza de orar. Hay personas que antes demolerían un puente que hacer una oración en público. Si las circunstancias fueran tales que se vieran en la necesidad de compartir la misma habitación con un extraño, antes irían a la cama sin orar, que confesar dicho hábito. Los deportes, los teatros, las diversiones, el alternar en la sociedad, todo esto está muy de moda, pero no el orar. No creo, pues, que la verdadera oración sea un hábito común, cuando hay tantos que se avergüenzan de la misma. Creo que son muy pocos los que verdaderamente oran.

La manera de vivir de muchas personas pone de manifiesto que no oran. ¿Podemos verdaderamente creer que la gente ora noche y día para no pecar, cuando continuamente les vemos zambullirse en la iniquidad? ¿Podemos creer que oran para librarse del mundo, cuando en realidad les vemos como se afanan por las cosas y placeres del mismo? ¿Podemos creer que piden a Dios por su gracia, cuando en sus vidas no muestran el más ligero deseo de servirle? ¡Oh, no! Es claro como la luz del día que la gente no ora a Dios por nada, o si lo hace, en realidad no desea lo que pide; y en definitiva es como si no orase. La oración y el pecado no pueden vivir en el mismo corazón: o la oración consumirá el pecado, o el pecado ahogará la oración. Al considerar la clase de vida de muchas personas, no puedo por menos que decir que son pocos los que oran.

La manera de morir de muchas personas pone de manifiesto que no han orado en sus vidas. Muchas son las personas que en los umbrales de la muerte son como extraños delante de Dios. No sólo muestran una ignorancia abismal del contenido del Evangelio, sino que carecen de todo poder para hablar con Él. Recuerdo el caso de cierta señora que, en sus últimos momentos de vida, deseaba tener la visita de un pastor. Deseaba que el pastor orara con ella; pero al preguntarle éste qué deseaba que orase, no supo que contestar. No podía mencionar nada por lo cual el pastor pudiera hacer intercesión. Los lechos de muerte revelan muchos secretos. Yo no puedo olvidar lo que he oído y visto junto al lecho de personas moribundas; de ahí que no pueda evitar el sacar esta conclusión: son pocos los que oran.

IV. — *La oración es fuente de gran estímulo.*

Dios ha dispuesto todas las cosas para que la actividad de la oración sea fácil. En lo que a Él se refiere, "todo está aparejado". *(Lucas 14:17.)* Toda posible objeción está ya rebatida; toda dificultad solventada; todo lo torcido ha sido enderezado y lo áspero allanado. No hay excusa para que el hombre no ore.

Hay un *camino* a través del cual el hombre, por pecador y miserable que sea, puede acercarse a Dios el Padre. Jesucristo abrió este camino a través del sacrificio de sí mismo por nosotros en la cruz. La justicia y santidad de Dios ya no han de atemorizar a los pecadores y hacer que éstos no se acerquen a la cruz del perdón. En su trono de gracia Dios está presto y dispuesto a escuchar las súplicas de todos aquellos que a través de Jesús, e implorando sus méritos y preciosa sangre, se acercan a Él en oración. El nombre de Jesús es el pasaporte infalible de nuestras oraciones. A través de este nombre podemos acercarnos confiadamente a Dios y hacer notorias nuestras peticiones. Dios se ha comprometido a oírnos. ¿No es esto un gran estímulo para que oremos? Hay un *abogado* e intercesor para nuestras oraciones: Jesucristo. En nuestras oraciones Él mezcla el incienso de su intercesión todopoderosa y, cual dulce aroma de perfume, las hace ascender al trono de Dios. Tan pobres como son nuestras oraciones y, sin embargo, una vez en las manos de nuestro Sumo Sacerdote, se transforman en oraciones fuertes y poderosas. Sin su correspondiente firma, un cheque no tiene valor —no es más que un pedazo de papel— pero los simples movimientos gráficos de la firma, hacen que adquiera gran valor. De por sí, la pobre oración de un hijo de Adán no tiene valor, pero una vez ha sido rubricada por la mano de Jesús "puede mucho". La ciudad de Roma había dispuesto que cierto oficial tuviera siempre las puertas de su casa abiertas a fin de ayudar a cualquier ciudadano en necesidad de asistencia. De la misma manera el oído de Jesús está siempre atento a las súplicas de todos aquellos que desean gracia y misericordia; su misión es ayudarles; su delicia son sus oraciones. ¿No es esto un gran estímulo para que oremos?

El *Espíritu Santo* está presto a ayudarnos en nuestras oraciones. "El Espíritu ayuda nuestra flaqueza" *(Romanos 8:26)*. Una de las misiones especiales del Espíritu Santo es la de ayudarnos en nuestros intentos para hablar con Dios. No debemos, pues, desanimarnos ni afligirnos por el temor de no saber cómo presentar nuestras peticiones: el Espíritu nos dará las palabras, si en verdad buscamos Su dirección. Él nos proveerá de "pensamientos que viven, y palabras que arden". Las oraciones del pueblo de Dios son inspiradas por el Espíritu Santo, que mora en ellos como el Espíritu de gracia y de suplicación. El pueblo de Dios puede descansar en la confianza de que sus oraciones serán oídas. No son ellos solos los que oran; el Espíritu Santo también suplica con ellos. ¿No es esto un gran estímulo para que oremos?

Hay "preciosas y grandísimas *promesas*" para los que oran. Considerad algunas de las promesas del Señor Jesús: "Pedid, y se os dará; buscad, y hallaréis; llamad, y se os abrirá. Porque cualquiera que pide, recibe; y el que busca, halla; y al que llama, se abrirá"*(Mateo 7:7-8)*. "Y todo lo que pidiereis al Padre en mi nombre, esto haré, para que el

Padre sea glorificado en el Hijo. Si algo pidiereis en mi nombre yo lo haré" *(Juan 14:13-14)*. Y la misma preciosa lección encontramos expresada en las parábolas del amigo que solicitó ayuda en la noche, y en la de la viuda importuna *(Lucas 11:5; 18:1)*. Meditad estos pasajes, pues constituyen un gran aliciente para nuestra vida de oración.

La Escritura nos ofrece *ejemplos* maravillosos del poder de la oración. Parece ser que para la oración no hay nada que sea demasiado grande, demasiado duro o demasiado difícil. Y es que la oración ha conseguido cosas que, desde un punto de vista humano, eran imposibles. Ha conseguido victorias sobre el fuego, el aire, la tierra y sobre las aguas. La oración abrió el Mar Rojo; la oración hizo brotar agua de la roca e hizo descender pan del cielo; la oración hizo que el sol detuviera su curso; la oración hizo descender fuego de lo alto sobre el sacrificio de Elías; la oración redujo a la nada el consejo de Achitophel; la oración desbarató el ejército de Senaquerib. Con razón María, la reina de los escoceses, podía decir: "Temo más las oraciones de Juan Knox, que a un ejército de diez mil hombres". La oración ha sanado a muchos enfermos, incluso ha resucitado a muertos. La oración ha sido medio de conversión de almas. "El hijo de tantas oraciones", dijo un anciano a la madre de San Agustín, "nunca perecerá". Cuando se posee el espíritu de adopción, nada parece imposible. "¡Déjame! —es la contundente declaración de Dios a Moisés, cuando éste iba a interceder por los hijos de Israel *(Éxodo 32:10)*. En la versión caldea se lee: "¡Deja de orar!". Mientras Abraham suplicaba misericordia para Sodoma, Dios prolongaba su gracia; y la prolongó hasta que Abraham cesó de orar. ¿No es esto un gran aliciente para nuestra vida de oración?

V. — La oración diligente es el secreto para una vida de santidad.

Entre los verdaderos cristianos existen grandes diferencias; en el ejército de Dios no todos son iguales. Es cierto que todos se ejercitan en la buena pelea, pero hay unos que luchan más valientemente que otros. Todos están ocupados en la obra del Señor, pero hay unos que hacen más que los otros. Todos son luz en el Señor, pero hay unos que brillan más que otros. Todos corren la misma carrera, pero hay unos que llegan más lejos que otros. Todos aman al mismo Señor y

Salvador, pero unos le aman más que otros. ¿No es esto cierto? Hay personas que, aunque forman parte del pueblo de Dios, parece que no han hecho progreso alguno desde el día en que se convirtieron. Han nacido de nuevo, pero espiritualmente permanecen bebés durante toda su vida. Asisten a la escuela de Cristo, pero no se mueven del A B C del Evangelio y la santidad. Pertenecen al rebaño de Cristo, pero siempre están en el mismo lugar, no se mueven. Año tras año uno puede observar en ellas las mismas faltas y debilidades. La experiencia espiritual de las tales no ha cambiado desde el día de su conversión. Sólo pueden tolerar la leche del Evangelio, pero no pueden con la comida fuerte. Siempre la misma puerilidad en la fe, las mismas flaquezas, la misma estrechez mental y de corazón, la misma falta de interés en cualquier cosa que rebase su pequeño círculo, todo exactamente lo mismo que diez años atrás. Son peregrinos, ciertamente, pero peregrinos como los gabaonitas de antaño, su pan es seco y mohoso, sus zapatos viejos y recosidos, y con vestidos viejos sobre sí *(Josué 9:4-5)*. Aunque resulte triste confesarlo, ¿no es esto cierto?

Sin embargo, hay otros dentro del pueblo de Dios, que *progresan continuamente*. Crecen como la hierba después de la lluvia. Progresan como Israel en Egipto. Avanzan como Gedeón y los suyos que, aunque cansados, siguen adelante *(Jueces 8:4)*. Siempre están añadiendo gracia a la gracia, fe a la fe, y esfuerzo al esfuerzo. Cada vez que uno los ve, tiene la impresión de que el corazón de los tales se ha engrandecido, y la estatura espiritual de los mismos duplicado. Parece que cada año ven más, saben más, crecen más y viven más profundamente su profesión religiosa. No sólo exhiben buenas obras para probar la realidad de su fe, sino que en las tales se muestran celosos. No sólo hacen bien, sino que no se cansan de hacer bien *(Tito 2:14; Gálatas 6:9)*. Se proponen grandes cosas y las consiguen. Si fracasan, lo intentan de nuevo, y si otra vez caen, de nuevo se levantan. Y en todo esto, y durante todo este tiempo, se consideran a sí mismos como siervos inútiles que no hacen nada de provecho. Estas personas son las que hacen hermosa la religión cristiana a los ojos del mundo, y las que la adornan con sus vidas; arrancan las alabanzas de los inconversos y obtienen la estimación incluso de los egoístas del mundo. Oír, ver y convivir con estas personas resulta de provecho espiritual para el alma;

enfrente de las tales, y al igual que sucedía con Moisés, uno se hace la idea de que han venido de delante de la presencia de Dios; al separarse uno de ellas experimenta el calor de su compañía, algo así como si nuestra alma hubiera estado cerca del fuego. Debemos confesar que gente así no abunda mucho.

¿A qué podemos atribuir la diferencia tan grande entre estas dos clases de personas que hemos descrito? ¿Por qué razón algunos cristianos brillan más y son más santos que otros? Yo creo que esto se debe, en la mayoría de los casos, a hábitos distintos de oración privada. Yo creo que los que se distinguen por una vida de santidad pobre, *oran poco;* mientras que los que se distinguen por una vida de profunda santidad, *oran mucho.*

Quizá esto haya ocasionado cierta perplejidad en algunos de mis lectores. Y no me extraña sea así, pues para muchas personas la santidad es un don especial que sólo unas pocas personas pueden conseguir. Admiran la santidad, pero a distancia, en los libros. Por eso cuando se les dice que la santidad está al alcance de todos, se extrañan. Piensan que el monopolio de la santidad es privilegio de unos pocos creyentes muy favorecidos, pero no de todos.

Esta idea es muy peligrosa. Yo creo que la grandeza espiritual, y también la natural, depende, más que nada, del uso diligente de los medios a nuestro alcance. Después de la conversión, la santidad de una persona depende, principalmente, del uso cuidadoso de los medios de gracia que Dios ha dispuesto. Y sin reserva alguna me atrevo a afirmar que el medio principal, y por el cual la mayoría de creyentes han sido grandes en la Iglesia de Cristo, ha sido el *hábito diligente de la oración privada.*

Considerad las vidas de los siervos de Dios más sobresalientes y que más han brillado, ya sea en la Biblia o fuera de la Biblia. Pensad en lo que se nos dice de Moisés, de David, de Daniel, y de Pablo. Reparad en la vida privada de oración de Whitefield, Cecil, Venn, Bickersteth y McCheyne. En todos ellos, y en todos los mártires y héroes de la fe cristiana, descubriréis que eran *hombres de oración.* ¡Oh! depended de la oración; la oración es poder.

A través de la oración se derraman continuamente las frescas lluvias del Espíritu. Y no olvidemos que es el Espíritu quien empieza una obra de gracia en el corazón, y que es Él quien la continúa y la hace prosperar. Pero el bendito Espíritu desea nuestras intercesiones y súplicas, y los que más piden, con más plenitud gozarán de sus influencias.

La oración es el remedio contra el diablo y contra los pecados que tan fácilmente nos asaltan. No podrá mantenerse firme en nosotros el pecado contra el cual oramos. Si deseamos crecer en la gracia y en la santidad, jamás olvidemos el gran medio de la oración.

VI. — El descuido de la oración es la causa principal de un apartamiento espiritual.

Hay personas que después de haber hecho una buena profesión de fe, parecen apartarse de los caminos del Señor. Corren bien durante un tiempo, como los gálatas, pero luego caen en las enseñanzas de falsos maestros. Mientras las emociones y sentimientos arden, al igual que Pedro confiesan a Cristo, pero tan pronto viene la hora de la prueba, le niegan. Los creyentes pueden perder el primer amor, como los efesios; sus ánimos y su celo, como Marcos, puede enfriarse. Por un tiempo seguirán algunos, como Demas al Apóstol, pero más tarde volverán al mundo. Muchos de los que profesan la religión cristiana pueden hacer esto.

¡Cuán triste es la condición de los que se apartan! De todas las calamidades que puedan caer sobre el hombre, yo creo que ésta es la peor. Un barco embarrancado, el vuelo de un águila herida en un ala, un jardín invadido por la maleza, un arpa sin cuerdas, una iglesia en ruinas; la visión de todo ésto es triste. Pero la visión de un alma que se ha apartado del Evangelio, todavía es más triste. Estoy convencido de que una persona que en verdad ha nacido de nuevo y bebido de los manantiales de la gracia, aunque caiga y se aparte, el Señor, a su tiempo, la restaurará y llevará de nuevo al redil. Pero creo también que una persona puede caer y apartarse de tal manera, que pueda llegar a desesperar de su propia salvación y de toda obra de gracia en su alma. Y si esto no es el infierno, no dista mucho de serlo. Una conciencia herida, una mente desengañada de sí misma, una memoria que continuamente acusa, un corazón atravesado por los dardos del Señor, un espíritu quebrantado por la carga de las acusaciones propias, todo esto lleva ya el sabor del infierno. Es un infierno en la tierra. Cuán cierto es el proverbio de aquel hombre sabio: "De sus caminos será hastiado el necio de corazón" *(Proverbios 14:14)*.

¿Cuál es la causa principal de todo enfriamiento y apartamiento espiritual? Por regla general creo que la causa principal es el descuido y negligencia de la oración privada. Es cierto que la historia secreta de muchas caídas no se conocerá hasta el Día del Juicio. De ahí que sólo me limite a expresar mi opinión, pero esta opinión ha sido formada como resultado de mis experiencias pastorales y mis observaciones del corazón humano. Repito pues mi opinión: el motivo principal de todo enfriamiento y apartamiento tiene su origen en el *descuido de la oración privada*.

Las Biblias que se leen sin oración, los sermones que se oyen sin oración, los matrimonios que se contraen sin oración, los viajes que se emprenden sin oración, las amistades que se forman sin oración, las lecturas bíblicas y devocionales con oraciones rápidas y que no salen del corazón; todo esto constituye una serie de escalones descendentes por los cuales muchos creyentes bajan a un plano de apatía espiritual, o al borde mismo de una terrible caída.

Por este proceso se forman las personas lánguidas como Lot; las de carácter inestable como Sansón; las inconsistentes como Asa; las flexibles como Josafat; las cuidadosas en extremo como Marta, etc. A menudo la causa que motiva todos estos casos es ésta: *descuido de la oración privada*.

No dudemos del hecho de que los que caen, primero caen en su vida espiritual privada, y más tarde su caída es pública. Primero caen en su vida de oración, y luego a los ojos del mundo. Al igual que Pedro, primero descuidan la amonestación del Señor de velar y orar, y luego, también como ese Apóstol, pierden las fuerzas y en la hora de la tentación niegan al Señor.

El mundo nota en seguida su caída y hace gran escarnio, pero nada sabe de la causa por la cual han caído. Los paganos consiguieron que Orígenes, bajo la amenaza de terribles torturas, ofreciera incienso a un ídolo. Y luego celebraron grandemente la apostasía y cobardía de éste. Pero la causa de la apostasía no la conocían los paganos. El mismo Orígenes nos dice que en aquella mañana abandonó prestamente su habitación sin haber guardado su acostumbrado tiempo de oración.

Confío que el lector cristiano de este escrito nunca se apartará de la fe. Pero la mejor manera de asegurarse de que no se apartará de los caminos del Señor, es recordando mi amonestación: *no descuides la oración privada*.

VII. — La oración es la clave de la felicidad y el contentamiento.

Vivimos en un mundo donde abunda el sufrimiento; y así ha sido desde que entró el pecado. El sufrimiento es resultado del pecado, y hasta que el pecado sea quitado del mundo, es vano pensar que el sufrimiento desaparecerá. La copa de sufrimiento que algunas personas han de beber, es más grande que la de otras. Pero son contadas las personas que viven sin sufrimiento o desvelo de ninguna clase. Nuestros cuerpos, nuestras propiedades, nuestras familias, nuestros hijos, nuestros amigos, nuestros vecinos, nuestras ocupaciones terrenas —todas estas cosas y cada una de ellas— son causa de nuestros continuos desvelos. Enfermedades, muertes, pérdidas, desengaños, separaciones, ingratitudes, falsos testimonios, todo esto es muy común en la vida, y no podemos evitarlo. Y cuanto más profundos sean nuestros sentimientos, más agudos serán nuestros sufrimientos; y cuanto más amemos, más tendremos que llorar.

¿Y dónde encontrar la panacea que nos pueda traer la alegría en medio de este mundo de sufrimiento? ¿Cuál es la mejor manera de cruzar este valle de lágrimas con el menor dolor posible? Yo no sé de otro remedio mejor que el de *llevar todas las cosas a Dios en oración*.

Este es el consejo llano y sencillo que la Biblia nos brinda, tanto en el Antiguo Testamento como en el Nuevo. "Invócame en el día de la angustia; te libraré, y tú me honrarás" *(Salmo 50:15)*. "Echa sobre Jehová tu carga y él te sustentará; no dejará para siempre caído al justo" *(Salmo 55:15)*. Esto es lo que nos dice el salmista David. Por su parte, el Apóstol Pablo escribe: "Por nada estéis afanosos; sino sean notorias vuestras peticiones delante de Dios en toda oración y ruego, con hacimiento de gracias. Y la paz de Dios, que sobrepuja todo entendimiento, guardará vuestros corazones y vuestros entendimientos en Cristo Jesús" *(Filipenses 46:7)*. Santiago nos dice: "¿Está alguno entre vosotros afligido? Haga oración" *(Santiago 5:13)*.

Esta fue la práctica de todos los santos cuyas vidas se nos detallan en las Escrituras. Esto fue lo que Jacob hizo cuando temía a su hermano Esaú. Esto fue lo que hizo Moisés cuando el pueblo estaba dispuesto a apedrearle en medio del desierto. Esto fue lo que hizo Ezequías al recibir la carta de Senaquerib. Esto fue lo que la Iglesia hizo cuando Pedro fue puesto en prisión. Esto fue lo que Pablo hizo al ser lanzado a la cárcel.

El secreto de la felicidad en este mundo de sufrimiento, está en poner todos nuestros cuidados en las manos del Señor. Es el tratar de llevar sus propias cargas lo que hace que a menudo los creyentes estén tristes; nada más que mencionaran al Señor sus dificultades, entonces Él haría que las pudieran sobrellevar con la misma facilidad con que Sansón llevó las puertas de Gaza. De persistir los creyentes en el intento de llevar sus propias cargas, llegará el día cuando ya no podrán soportar ni el peso de una langosta *(Eclesiastés 12:5)*.

Hay un amigo que siempre está dispuesto a socorrernos si nosotros, por nuestra parte, estamos dispuestos a confiarle nuestras dificultades. Cuando estaba en la tierra, este Amigo se compadeció de los pobres, de los enfermos y de los afligidos. Es un Amigo que conoce los corazones de los hombres, pues como hombre vivió entre nosotros por treinta y tres años. Un Amigo que, por ser varón de dolores y experimentado en quebranto, puede llorar con los que lloran y consolarles; no hay dolor que no pueda mitigar. Este Amigo es Jesucristo. El secreto de la felicidad es abrirle siempre nuestro corazón. ¡Oh! si fuéramos como aquel pobre creyente negro que, al ser amenazado y castigado, decía: *"Tengo que decírselo al Señor"*.

Jesús puede hacer felices a aquellos que confían en Él y acuden a Él, sea cual sea su condición. En la prisión puede traerles paz, contentamiento en medio de la pobreza, consuelo en medio del desamparo y gozo al borde de la sepultura. En Él hay plenitud completa para todos los miembros que creen, y su gracia siempre está a punto de ser derramada sobre los que la piden en oración. ¡Oh, si el hombre comprendiera que la felicidad no consiste en la simple posesión de cosas materiales o en las circunstancias externas de la vida! La felicidad depende del estado del corazón.

Por pesadas que sean las cruces, la oración puede aligerarlas; puede hacer descender a Alguien que nos ayudará a llevarlas. La oración puede abrirnos el camino cuando éste aparece completamente obstaculizado; puede traernos a Alguien que nos dirá: "Este es el camino, andad por él". Cuando todas las perspectivas aparecen oscuras, la oración puede llevarnos un rayo de esperanza, puede traer a Alguien a nuestro lado que nos susurrará: "No te dejaré ni te desampararé nunca". Cuando la muerte arrebate a nuestros seres queridos y el mundo parezca vacío, la oración podrá traernos consolación; puede traernos a Alguien que puede llenar el vacío de nuestros corazones con Su presencia, y acallar la tormenta de nuestra alma con aquellas palabras de "Calla, enmudece". ¡Oh, si los hombres no fueran como Agar, ciegos a los pozos de agua viva que están a su lado! *(Génesis 21:19)*.

Es mi deseo que los lectores de este escrito sean cristianos felices; por eso les insto a que tomen seriamente el privilegio de la oración. Y antes de terminar deseo decir...

1. Unas palabras *para aquellos que no oran*. No me inclino a creer que todos los que leen este mensaje son gente de oración. Y si tú te cuentas entre estos que no oran, permíteme que ahora, en nombre de Dios, te dirija unas palabras. Lo que yo puedo hacer es tan sólo avisarte, pero esto lo hago solemnemente. Te aviso de que tu estado es de un peligro aterrador; si mueres estando en el mismo, tu alma irá a la perdición. Te aviso de que, precisamente por hacer profesión de ser cristiano, tu condición no admite excusa alguna. No puedes presentar razón alguna para justificar la falta de oración en tu vida.

No puedes alegar el que *tú no sabes orar*. La oración es el acto más sencillo de la profesión cristiana. Es, simplemente, hablar con Dios. No requiere estudio, sabiduría, ni erudición; sólo requiere de un corazón y de una voluntad. Por débil que esté el bebé, le será posible llorar por alimento. El más pobre de los mendigos puede extender su mano. El hombre más ignorante, con sólo tener mente, encontrará algo para decir a Dios.

No es excusa, tampoco, decir que no tienes un *lugar apropiado para orar*. Todo hombre, si se lo propone, puede encontrar un lugar adecuado para orar. Nuestro Señor oraba en una montaña, Pedro en un terrado, Isaac en el campo, Natanael bajo una higuera, Jonás en el vientre de una ballena. Cualquier lugar puede ser un santuario, un Betel, para poder estar en comunión con Dios.

No puedes alegar, tampoco, que *no tienes tiempo*. Tienes tiempo de sobras, si te lo propones. Nuestro tiempo es corto, pero suficientemente largo para que podamos orar. Daniel tenía en sus manos nada menos que los asuntos de un reino, y sin embargo oraba tres veces al día. David era rey sobre una poderosa nación, y sin embargo nos dice: "Tarde y mañana y a mediodía oraré y clamaré" *(Salmo 55:17)*. Si buscamos verdaderamente el tiempo, lo encontraremos.

Es inútil que te excuses diciendo que *no puedes orar hasta que tengas fe y un nuevo corazón*. Esto es añadir pecado a tu pecado. Es terrible no ser convertido y ser condenado al infierno; pero aún es peor cuando la persona dice: "Lo sé, pero no suplicaré por misericordia". Este argumento no tiene justificación bíblica, ya que claramente nos exhorta la Escritura a buscar la misericordia y el perdón: "Buscad a Jehová mientras pueda ser hallado, llamadle en tanto que está cercano" *(Isaías 55:6)*. "Tomad con vosotros palabras de súplica y convertíos a Jehová" *(Oseas 14:2)*. "Arrepiéntete de esta maldad, y ruega a Dios" son las palabras de Pedro a Simón el Mago *(Hechos 8:22)*. Si deseas realmente fe y un nuevo corazón, ve y clama al Señor que te lo conceda. A menudo el mero deseo e intento de orar ha sido el principio de la conversión. Ciertamente, el diablo más peligroso es el que no habla.

¡Oh, hombre que no oras! ¿Qué eres y quién eres para no pedir nada a Dios? ¿Has pactado, acaso, con la muerte y el infierno? ¿Estás a buenas con el gusano y el fuego? ¿No tienes pecados para ser perdonados? ¿No tienes temor del tormento eterno? ¡Oh, si despertaras de tu presente locura, y consideraras lo que toca a tu fin! ¡Oh si te levantaras y suplicaras a Dios! Se acerca el día cuando los hombres fuertemente clamarán: "Señor, Señor, ¡ábrenos!", pero será ya demasiado tarde. En este día los pecadores desearán que las rocas caigan sobre ellos y que las montañas los cubran. Con amor os exhorto; quizá hoy será vuestro último día. La salvación está cerca. No perdáis el cielo por no haberlo pedido.

2. Me dirigiré ahora *a los que realmente desean ser salvos*, pero no saben lo que deben hacer. Confío en que alguno de mis lectores se encuentre entre estos. En cualquier caminata debe darse un primer paso; debe haber un cambio: el abandono de una posición quieta, y un movimiento hacia adelante. Las peregrinaciones de Israel —de Egipto a Canaán— fueron largas y agotadoras. Tardaron más de cuarenta años antes no llegaron a cruzar el río Jordán; pero entre todos los israelitas hubo algunos que marcharon primero de Rameses a Succoth. ¿Cuál es el primer paso que el hombre da al abandonar el pecado y el mundo? *Cuando ora de todo corazón.*

Para construir cualquier edificio, hay que colocar una primera piedra y dar un primer golpe. Noé tardó 120 años para construir el arca, pero para empezarla, un día tuvo que hendir el hacha en un árbol. El templo de Salomón era un edificio esplendoroso, pero hubo un día en que la primera piedra fue arrancada del monte Moriah y puesta como fundamento. ¿Cuándo es que la primera piedra del edificio espiritual es colocada por el Espíritu? *En el momento y día cuando el corazón del hombre se abre a Dios en oración.*

Si algún lector de este escrito desea salvación, y quiere saber que es lo que tiene que hacer, yo le aconsejo que hoy mismo vaya a Cristo y que en la quietud de su habitación le suplique que salve su alma. Dile que tú has oído que Él recibe a los pecadores, y que en cierta ocasión dijo: "Al que a mí viene, no le echo fuera". *(Juan 6:37.)* Díle que eres un pobre y miserable pecador y que vienes a Él confiando en su propia invitación. Díle que te entregas completamente en sus manos; que eres tan indigno y te sientes tan desprovisto de esperanza, que si Él no te salva no podrás jamás salvarte. Pídele que te libre de la culpa, poder y consecuencia del pecado. Suplícale que te perdone y te lave con su preciosa sangre, y que te dé un nuevo corazón y poder para ser su discípulo y siervo de ahora en adelante. Si en verdad buscas y ansías la salvación, ve hoy mismo a Cristo y suplícale todas estas cosas.

Dile todo esto con tus propias palabras y según tu propia manera de ser. Si estuvieras enfermo y te visitara el médico, le dirías dónde sientes el dolor. Si tu alma realmente experimenta el dolor del pecado, encontrarás palabras para decírselo a Cristo. No dudes nunca de su buena disposición para salvarte; tú eres pecador y Él vino a salvar a los pecadores: "No he venido a llamar justos, sino pecadores a arrepentimiento". *(Lucas 5:32.)*

No vaciles por tu indignidad. Nada ni nadie te detenga. El deseo de hacerte esperar viene del diablo. Tal como eres, ¡acude a Cristo! Cuanto más grande el pecado, más urgente la necesidad de acudir a Cristo. No solucionarás ni cambiarás nada mientras te mantengas alejado de Cristo.

No temas por el hecho de que tu oración es balbuciente, y tus palabras pobres, y tu lenguaje entrecortado: Jesús puede entenderte. De la misma manera que una madre entiende los primeros balbuceos de su tierno hijo, así el Señor Jesús entiende a los pecadores. Él puede interpretar los suspiros y comprender los gemidos.

No desesperes si la respuesta no es inmediata. Mientras hablas, Jesús te escucha; y si tarda en contestar es por alguna razón sabia, o quizá porque desee comprobar tu deseo y sinceridad. Continúa orando, y verás como vendrá la respuesta. Recuerda pues, si es que deseas ser salvo, el consejo que te he dado en este día y pónlo por obra para el bien y salvación de tu alma.

3. Hablaré ahora, en último lugar, *a los que oran*. Confío que algunos de los que leen este escrito saben bien lo que es la oración y experimentan el Espíritu de adopción en sus corazones. Para los tales van, pues, estas palabras de consejo fraternal y de exhortación. El incienso que se ofrecía en el tabernáculo había de prepararse según una fórmula muy especial; recordemos esto y mostremos gran cuidado en la manera y modo como ofrecemos nuestras oraciones.

El creyente sincero a menudo está turbado y es que sobre sus rodillas ha podido comprender aquellas palabras del Apóstol: "Queriendo hacer el bien, hallo esta ley: que el mal está en mí". *(Romanos 7:21.)* Sobre nuestras rodillas hemos comprendido al Salmista cuando dice: "Odio los pensamientos vanos". Podemos también comprender la oración de aquel pobre hotentote convertido, al decir: "Señor, líbrame de todos mis enemigos, pero sobre todo, de este mal hombre que soy yo". Pocos son los creyentes que no han experimentado que a menudo los momentos de oración son momentos de conflicto. El diablo muestra una peculiar ira contra nosotros cuando nos ve orando. Yo creo, de todos modos, que las oraciones que se hacen sin encontrar combate espiritual alguno en el alma, merecen recelo por nuestra parte. Somos pobres jueces de nuestras oraciones, y a menudo la oración que más place a Dios es aquella que a nosotros menos nos complace. Permíteme, pues, que como compañero en la contienda cristiana te brinde unas palabras de exhortación:

En primer lugar te recalcaré la importancia de la *reverencia y la humildad* en la oración. No nos olvidemos nunca de lo que somos y de lo solemne que es hablar con Dios. No nos introduzcamos delante de su presencia de una manera loca y precipitada. Digámonos a nosotros mismos: "Estamos sobre tierra santa; este lugar es nada menos que puerta del cielo; no podemos jugar con Dios". No nos olvidemos de las palabras de Salomón: "No te des prisa con tu boca, ni tu corazón se apresure a proferir palabra delante de Dios; porque Dios está en el cielo, y tú sobre la tierra". *(Eclesiastés 5:2.)* Cuando Abraham habló con Dios, dijo: "Yo soy polvo y ceniza" *(Génesis 18:27)*. Job dijo: "He aquí que yo soy vil". *(Job 40:4.)* Acerquémonos a Dios con el mismo espíritu.

Hago notar, a continuación, la importancia de la *oración espiritual*. Y con esto quiero significar el que debemos esforzarnos para obtener la ayuda directa del Espíritu Santo en nuestras oraciones, y evitar, a toda costa, la formalidad y la rutina. Fácilmente podemos caer en el hábito de recurrir a las palabras más apropiadas y elevar peticiones netamente bíblicas, y con todo, nuestra oración no ser más que una mera rutina desprovista de sentimiento, algo así como el sendero del caballo que mueve la noria. Deseo mencionar este punto con delicadeza y precaución. Ya sé que hay ciertas cosas por las cuales debemos orar siempre, y quizá con las mismas palabras: el mundo, el diablo, nuestros propios corazones, constituyen los obstáculos a vencer cada día. Pero aún siendo así, debemos ir con mucho cuidado. Aunque la pauta de nuestras oraciones siempre sea más o menos la misma, esforcémonos para que esté saturada del Espíritu. No me satisfacen las oraciones que se hacen de memoria o se leen de un libro. Si al médico le podemos decir el estado de nuestros cuerpos sin tener que recurrir a un libro, debemos también presentar a Dios el estado de nuestras almas directamente y sin plegarias formuladas. No objeto al uso de muletas cuando alguien se recupera de la rotura de algún miembro; pero si el uso de las mismas se perpetuara para toda la vida, en verdad sería motivo de tristeza. Mi deseo es que la persona, en su vida de oración, ande sin muletas.

Es importante, también, que nuestra vida de oración esté *regulada* y *ordenada*. Dios es un Dios de orden. En el templo judío, las horas del sacrificio de la mañana y de la tarde estaban reguladas, y no sin motivo. El desorden es, evidentemente, uno de los frutos del pecado. No deseo llevar a nadie a la esclavitud de alguna práctica; pero sí que insisto en que es esencial para la salud de nuestras almas, el que hagamos de la oración algo integrante de las veinticuatro horas de nuestro día. De la misma manera que destinamos cierto tiempo para comer, para dormir y para los asuntos de la vida, debemos también destinar cierto tiempo para la oración. Debemos escoger las horas y momentos más apropiados. Hablemos con Dios por la mañana antes de hablar con el mundo; y hablemos con Dios por la noche después de haber hablado con el mundo. Dejemos bien sentado en nuestras mentes que la oración debe ser una de las grandes ocupaciones de cada día.

Debemos *perseverar* en la oración. Una vez hemos iniciado el hábito de la oración, no lo abandonemos. Quizás a veces estés tentado a decir: "Como que ya tuvimos el culto y la oración familiar, no es necesario que tenga mi oración privada". En alguna ocasión quizá el cuerpo os diga: "No me encuentro bien, me encuentro cansado y tengo sueño, dejemos la oración". Quizás en alguna otra ocasión la mente diga: "Hoy tengo asuntos muy importantes que decidir, será conveniente acortar las oraciones". Todas estas sugerencias vienen directamente del diablo, y lo que en realidad quieren decir es esto: "Descuida tu alma". No es que yo diga que todas las oraciones han de ser igual de largas, pero lo que sí afirmo es que no debemos abandonar la oración bajo ningún pretexto o excusa. No es sin motivo que Pablo exhortara: "Perseverad en la oración". "Orad sin cesar." *(Colosenses 4:2; I Tesalonicenses 5:17.)* El Apóstol no quería significar que debemos estar continuamente sobre nuestras rodillas, como la vieja secta de los eutiquianos suponía. Lo que en realidad Pablo quería dar a entender es que nuestras oraciones han de ser como un continuo holocausto, celebrado cada día y con regularidad. Nuestras oraciones deberían ser como el fuego del altar, no siempre consumiendo el sacrificio, pero sin extinguirse nunca. No te olvides que puedes unir las devociones de la mañana y de la noche a través de una continua cadena de breves oraciones durante todo el día. Incluso en compañía, u ocupado en los negocios, o andando por la calle puedes enviar cortos mensajes a Dios, tal como hizo Nehemías en presencia de Artajerjes. *(Nehemías 2:4.)* Y nunca pienses que el tiempo que tú das a Dios es un tiempo perdido.

Nuestras oraciones deben ser *fervorosas*. No es necesario chillar, ni hablar en voz muy alta y estridente para probar que nuestras oraciones son fervorosas. Lo importante es que salgan del corazón y lleven el sello inconfundible de la sinceridad. Es la "oración del justo" que "obrando eficazmente puede mucho" y no la oración fría, apagada e indiferente.

En las Escrituras se nos habla de la oración ferviente de distintas maneras: a veces como un llamar urgente; otras como un luchar y pelear con Dios; otras como un laborar incesante. Y así, en los siguientes ejemplos bíblicos, se nos dice que en Peniel Jacob luchó; en Daniel vemos este llamar incesante de toda oración fervorosa: "Oye, Señor; oh Señor, perdona; presta oído, Señor, y haz; no pongas dilación, por amor de ti mismo, Dios mío". *(Daniel 9:19.)* Del Señor Jesús se nos dice que "en los días de su carne" ofreció "ruegos y súplicas con gran clamor". *(Hebreos 5:7.)* ¡Qué poco se parecen a todo esto nuestras súplicas! ¡Qué frías y sin color son éstas! Cuán verdaderamente Dios podría decir a muchos de nosotros: "En realidad no deseáis las cosas por las cuales oráis".

Esforcémonos para corregirnos de este defecto. Llamemos con persistencia y con todas nuestras fuerzas a las puertas de la gracia con aquel sentir angustioso del personaje del "Peregrino" que a menos que se nos oiga pereceremos. Convenzámonos de que las oraciones frías son como un sacrificio sin fuego. Acordémonos de Demóstenes, el gran orador, que en cierta ocasión, al rogarle un hombre que intercediera por su causa, hizo como si no lo oyera; y es que dicho hombre presentó su caso de una manera muy fría. De nuevo reclamó ante el orador sus derechos, pero esta vez con verdadera ansiedad. "Ah", dijo Demóstenes, *"ahora te creo"*.

Nuestras oraciones deben ser elevadas con fe. Hemos de creer que nuestras oraciones son oídas y que si son conformes con la voluntad de Dios, serán siempre contestadas. Este es el tácito mandamiento del Señor Jesús: "Por tanto os digo que todo lo que orando pidiéreis, creed que lo recibiréis, y os vendrá". *(Marcos 11:24.)* La fe es a la oración, lo que la pluma a la flecha: sin ella la oración no daría al blanco. Debemos ejercitar la costumbre de suplicar las promesas de Dios en nuestras oraciones. Debemos adueñarnos de algunas de estas promesas, y decir: "Señor, la palabra que has hablado sobre tu siervo, y sobre su casa, despiértala para siempre, y haz conforme a lo que has dicho". *(II Samuel 7:25.)* Esta fue la costumbre de Jacob, de Moisés y de David. En el salmo 119 hay muchas cosas que han sido pedidas por ser "conformes a tu palabra".

Sobre todas las cosas deberíamos estar siempre persuadidos de que nuestras oraciones serán contestadas. Deberíamos ser como el comerciante que envía a sus navíos a los lejanos mares, pero que confía regresarán al puerto patrio. En este punto, ¡cuántos cristianos son de censurar! La Iglesia de Jerusalén oró incesantemente en favor de Pedro cuando éste fue puesto en la cárcel, pero una vez salió, no lo podían creer. *(Hechos 12:15.)* Cuán ciertas son las palabras de aquel viejo predicador: "La señal más evidente de que no damos

importancia a la oración, es la de que no nos preocupamos de los resultados que obtenemos". (Traill.)
Nuestras oraciones deben estar saturadas de *valor y confianza*. Hay cierto tipo de familiaridad en las oraciones de algunas personas, que no puedo aprobar. Sin embargo existe lo que llamamos valor en la oración, y que es una virtud muy deseable. Ejemplo de esto es el valor exhibido por Moisés en sus súplicas a Dios para que Israel no fuera destruido: "¿Por qué han de hablar los egipcios, diciendo: para mal los sacó, para matarlos en los montes, y para raerlos de sobre la faz de la tierra? Vuélvete del furor de tu ira". *(Exodo 32:12)*. También en Josué hay ejemplo de este valor cuando al ser los hijos de Israel derrotados ante las puertas de Hai, dijo: Porque los cananeos y todos los moradores de la tierra oirán, y nos cercarán, y raerán nuestro nombre de sobre la tierra: entonces, "¿qué harás tú a tu grande nombre?" *(Josué 7:9.)*
Lutero también se distinguía por este valor en sus súplicas a Dios. Alguien que le oyó orar, en cierta ocasión comentaba: ¡"Qué espíritu, y qué confianza había en su súplicas! ¡Con qué reverencia pleiteaba con Dios!, pero parecía que en realidad suplicara con extrema sumisión; su fe y su esperanza eran como si hablara con un padre condescendiente o con un amigo!" Este valor también era característico en Bruce, el gran teólogo y predicador escocés del siglo XVII. Se decía que sus oraciones eran "como dardos disparados al cielo".
También en este aspecto nuestras vidas de oración tienen mucho que desear. No nos damos suficiente cuenta de los grandes privilegios del creyente. No elevamos con la frecuencia debida aquella súplica de "Señor, ¿no somos tu propio pueblo? ¿No es para tu propia gloria el que nosotros seamos santificados? ¿No es para tu honor que deseamos nosotros que la obra del Evangelio prospere?"
Nuestras oraciones requieren *plenitud*. No debemos olvidar las palabras del Señor Jesús censurando a los fariseos quienes, por pretexto, hacían largas oraciones; el Señor nos exhorta a que no recurramos a vanas repeticiones. Pero por otro lado, no olvidemos que el mismo Señor Jesús nos dio vivo ejemplo de largas e intensas devociones perseverando día y noche en oración. No hay duda alguna que, en lo que a nosotros concierne, no corremos el peligro de errar por *orar demasiado*. ¿No es una de las características de nuestro

tiempo el que los creyentes oran *demasiado poco*? Parece que necesitan poco de Dios, que tienen poco que confesar a Dios, poco que pedir y poco que agradecerle. ¡Cuán triste es todo esto! Es muy común oír a los creyentes hablar y lamentarse de que no progresan demasiado en los caminos del Señor. Pero hay motivos para sospechar que la gracia que tienen es, sencillamente, la que han pedido. Tienen poco porque han pedido poco. La debilidad espiritual de estas personas hay que buscarla en sus oraciones tan diminutas, tan desmirriadas y pronunciadas con tanta prisa. *No tienen porque no piden.* Esta estrechez espiritual no viene de Cristo, sino que es culpa de nosotros mismos. El Señor dice: "Ensancha tu boca, y henchirla he", pero nosotros somos como aquel rey de Israel: en vez de herir la tierra cinco o seis veces, nos contentamos con tres. *(Salmo 81:10; II Reyes 13:18-19.)*

Nuestras oraciones deben ser *específicas*. No debemos contentarnos con peticiones generales, por importantes que éstas sean. Debemos especificar nuestras necesidades delante del trono de la gracia. No es suficiente confesar que somos pecadores; debemos mencionar los pecados de cuya culpabilidad nos acusa la conciencia. No es suficiente orar por santidad de vida; debemos mencionar las gracias que más necesitamos para la santificación. No es suficiente decir al Señor que tenemos dificultades; debemos detallar y especificar las dificultades que nos oprimen. Esto fue lo que hizo Jacob cuando temía a su hermano Esaú; presentó al Señor exactamente cuáles eran sus temores. *(Génesis 32:11.)* Esto fue también lo que hizo Pablo cuando le fue dado el aguijón en la carne. *(II Corintios 12:8.)* Aquí se encierra confianza verdadera.

Tendríamos que creer que nada es tan insignificante como para no ser mencionado en nuestras oraciones. ¿Qué pensaríamos del paciente que simplemente dijera al médico que estaba enfermo, pero que no mencionara las particularidades de su enfermedad? ¿Qué pensaríamos de la esposa que dijera al marido que no es feliz, pero sin especificar la causa? No olvidemos que Jesús es el verdadero esposo del alma, y el verdadero médico de la misma. Demostremos que creemos esto por medio de nuestras oraciones. No tratemos de esconder nuestros secretos delante de su presencia; abrámosle de par en par las puertas del corazón.

Hemos de darnos cuenta de la importancia de la *oración*

intercesora. Por naturaleza somos egoístas, y aún después de la conversión el egoísmo parece pegarse a nosotros. Hay en nosotros la tendencia a pensar solamente en aquello que concierne a nuestras almas; ya sea en nuestros conflictos espirituales, ya sea en nuestro progreso en la fe; por lo general nos olvidamos de los demás. Es necesario que luchemos contra esta tendencia particularista. Debemos mencionar también el nombre de otras personas en nuestras oraciones. Habríamos de llevar el mundo entero en nuestro corazón: los paganos, los católicos, los creyentes evangélicos, nuestro país, nuestra congregación, nuestros amigos. Por todos estos debemos orar, y haciendo esto exhibiremos la más alta caridad. El que más me ama es el que más ora por mí.

La oración intercesora redunda para bien de la salud espiritual del alma. Aumenta nuestros afectos y engrandece el corazón. La Iglesia de Cristo se beneficia de todo ello. Y es que toda la maquinaria necesaria para la extensión del evangelio se lubrica con la oración. Tanto hacen por la causa del Señor los que, como Moisés, interceden por la gente en el monte de la oración, como los que, como Josué, están en medio de la batalla misionera. La oración intercesora nos transformará a la semejanza de Jesús. Nuestro Salvador lleva en sus hombros y en su pecho los nombres de los que forman su pueblo; Él es nuestro Sumo Sacerdote delante de Dios. ¡Oh, qué privilegio parecerse a Jesús! Los creyentes que interceden y oran por la gente, son los que verdaderamente ayudan a sus pastores. Si tuviera que escoger el pastorado de alguna iglesia, me decidiría por el de una congregación que ora.

En nuestras oraciones debiera brillar *la gratitud*. La súplica y la alabanza son dos cosas distintas, sin embargo, en la Biblia las encontramos estrechamente ligadas entre sí, y esta unión es tan íntima que si en nuestras oraciones no se encuentra este elemento de gratitud, en realidad no son verdaderas oraciones. No es sin motivo que Pablo dijera: "Sean notorias vuestras peticiones delante de Dios en toda oración y ruego, con hacimiento de gracias". *(Filipenses 4:6.)* "Perseverad en oración, velando en ella con hacimiento de gracias." *(Colosenses 4:2.)*

Es por la misericordia de Dios que no estamos en el infierno. Es por la misericordia de Dios que tenemos la esperanza del cielo. Es por la misericordia de Dios que hemos sido llamados por el Espíritu y no hemos sido abandonados a nuestros propios caminos. Es por la misericordia de

Dios que todavía estamos vivos y podemos glorificarle y alabarle. Todos estos pensamientos deberían causar profunda impresión en nuestras mentes mientras hablamos con Dios. Deberíamos abrir siempre nuestros labios en oración alabando a Dios por la gracia de la salvación y por su misericordia eterna. La característica de todos los santos eminentes ha sido esta nota de profunda gratitud al Señor. San Pablo da principio a sus epístolas con una nota de gratitud al Señor. Y hombres como Whitefield continuamente han mostrado gratitud al Señor. Si nos mueve el deseo de brillar como luces refulgentes y verdaderas en el día en que vivimos, debemos aumentar este elemento de gratitud en nuestras oraciones.

En último lugar, debemos *vigilar nuestras oraciones*. La oración, más que cualquier otra actividad de nuestra profesión religiosa, requiere una continua vigilancia. Y es que fue por la oración donde empezó nuestra vida religiosa, es por la oración que puede florecer y madurar y es por la falta de oración que puede decaer. Decidme cómo son las oraciones de una persona, y os diré cuál es su estado espiritual. La oración es el pulso espiritual del creyente y por este pulso la salud espiritual del creyente puede observarse. Vigilemos, pues, continuamente nuestras oraciones privadas; ellas son el tuétano, médula y columna de nuestra profesión cristiana. Los sermones, los libros, los tratados, las reuniones de comité, la compañía de gente buena, etcétera, todo esto es importante y de provecho, pero no son sustitutos de la oración. Dáos cuenta de aquellos lugares, de aquellas compañías y demás, que os apartan de vuestra vida de comunión con Dios, y hacen que vuestras oraciones sean muy pobres. *Estad en guardia.* Buscad aquellas amistades y compañías que puedan contribuir a que vuestras almas se preparen mejor y con más celo para la vida de oración; *no os apartéis de las tales.* Si cuidáis y vigiláis vuestras oraciones, os puedo decir que nada irá mal en vuestras almas.

Los puntos que he expresado en este escrito son para vuestra consideración. Con espíritu humilde os los presento, pues soy el primero en darme cuenta de cuán necesario es que los recuerde y los ponga en práctica. Y estoy convencido de que estos puntos forman parte de la verdad de Dios. De aquí que desee que, no sólo yo, sino también todos los que amo, se percaten de los mismos y los pongan por obra.

La oración es la necesidad apremiante de nuestro tiempo. Los creyentes de nuestro tiempo deberían ser hombres y mujeres de oración. La Iglesia de nuestro tiempo debería ser una Iglesia de oración. El deseo y oración de mi corazón al Señor es que, a través de este escrito, se promoviera más el espíritu de oración. ¡Oh! cuánto deseo que los que hasta aquí no han orado, se levanten ahora a orar y a suplicar a Dios; y que los que oran, y han orado, continuamente mejoren y perfeccionen su vida de oración. Amén.

LA LECTURA DE LA BIBLIA

«Escudriñad las escrituras». «¿Cómo lees?»
(Juan 5:39; Lucas 10:26).

Después de la oración no hay nada que sea tan importante para nuestra vida espiritual como la lectura de la Biblia. En su gran misericordia Dios nos ha dado un libro que nos puede "hacer sabios para la salvación por la fe que es en Cristo Jesús" *(II Timoteo 3:15)*. Por la lectura de este Libro aprenderemos también a vivir confiadamente y a morir en paz. ¡Dichoso el hombre que posee una Biblia! ¡Pero aún más dichoso quien la lee! Y dichoso y feliz en alto grado aquel que, no sólo la lee, sino que también la pone por obra, y hace de ella su regla de fe y de vida.

Es un hecho tristísimo, sin embargo, que el hombre tenga la desafortunada habilidad de abusar de los dones de Dios. Ha pervertido el poder, las facultades y privilegios con que fue creado y los usa para fines distintos a los que Dios dispuso. El lenguaje del hombre, su imaginación, su intelecto, su vigor, su tiempo, su influencia, su dinero, etcétera, en vez de usarse para la gloria del Hacedor, se usan para conseguir y satisfacer los fines egoístas de una criatura caída. Y de la misma manera que el hombre hace mal uso de las misericordias y dones de Dios, también hace mal uso de la Palabra, de la Biblia. Una acusación inapelable puede hacerse en contra del llamado mundo cristiano, y es la de que ha abusado y descuidado la Biblia.

La Biblia es el libro que más se vende y el libro que más se compra; es el libro que más se imprime y el libro que más se distribuye. Hay Biblias en todos los tamaños, y para todos los gustos. Pocos son los hogares que no tengan una Biblia.

Pero con todo debemos decir que *tener* la Biblia es una cosa, y *leer* la Biblia es otra.

El descuido que con respecto a la Biblia muestra la gente, será el tema a desarrollar en este escrito. Lo que tú haces con la Biblia *no es algo sin importancia*. Te ruego, pues, que con atención consideres el tema que a continuación me propongo desarrollar. Toda persona que verdaderamente se preocupa por su alma debe tener a la Biblia en alta estima, estudiarla con regularidad y familiarizarse íntimamente con su contenido.

I. — La manera como se escribió la Biblia es única.

Ningún otro libro se ha escrito como la Biblia. La Biblia nos ha sido dada por "inspiración de Dios" *(II Timoteo 3:16)*. Y en este aspecto difiere de cualquier otro libro. Dios enseñó a los escritores de la Biblia lo que éstos habían de decir; en sus mentes puso ideas y pensamientos y los guió y dirigió al ponerlos por escrito. Cuando lees la Biblia, date cuenta de que no estás leyendo los escritos de hombres pobres e imperfectos como tú y yo, sino que estás leyendo las palabras del Dios eterno. Cuando escuchas la Palabra, en realidad no estás oyendo las opiniones falibles de hombres mortales, sino que estás oyendo el mensaje que proviene de la mente del Rey de reyes. Los hombres que fueron usados para escribir la Biblia no hablaron lo suyo propio, sino que "hablaron siendo inspirados por el Espíritu Santo" *(II Pedro 1:21)*. Todos los demás libros del mundo, por buenos y útiles que sean, son más o menos imperfectos; a medida que uno más los estudia y examina, más se da cuenta de sus defectos y errores. La Biblia, sin embargo, es un libro absolutamente perfecto; desde el principio hasta el final es la Palabra de Dios.

No me detendré a dar largas y elaboradas demostraciones de esto; la Biblia en sí lleva el sello de su propia inspiración. La Biblia es el milagro más estupendo que podemos contemplar. Aquel que dice que la Biblia no es inspirada, que justifique, si puede, su aserto; que pruebe, si a ello se aventura, el carácter y naturaleza peculiares de este libro, y que lo haga con argumentos que satisfagan el sentido común de cualquier persona. Nada podrá demostrar en contra de la inspiración de este Libro.

El hecho de que en la Biblia encontramos diferencias de estilo literario, no va en contra de la inspiración divina de la misma, tal como algunos han objetado. Isaías no escribe en el mismo estilo de Jeremías, ni Pablo en el de Juan. Pero aún así, no podemos decir que los escritos de estos hombres no fueron inspirados en el mismo grado. El agua del mar no tiene en todas partes el mismo color; en algunos lugares es más azul o más verde que en otros. Esto se debe a la mucha o poca profundidad de las aguas y al color del suelo marítimo; pero en todas partes se trata de la misma agua salada. Según el instrumento musical que se toque, el aire pulmonar de una persona producirá diferentes sonidos; la flauta, la gaita o la trompeta tienen sonidos peculiares y distintos, pero el aire que produce las notas en todos los casos es el mismo: es el viento que proviene de los pulmones del músico. La luz de los planetas que nosotros vemos no es la misma, varía según se trate de Marte, Saturno o Júpiter; sin embargo, bien sabemos que se trata de la misma luz; todos estos planetas reflejan la luz que reciben del sol. Y es así también con los libros del Antiguo y Nuevo Testamento: todos son verdad inspirada, pero los aspectos de esa verdad varían según la mente a través de la cual el Espíritu Santo la hizo brotar. El estilo y sello peculiares de cada escritor varía, lo cual nos demuestra que cada uno de ellos tenía una naturaleza individual y distinta, pero el Guía Divino que inspiró y dirigió lo escrito, en todos los casos era el mismo. Toda la Biblia es inspirada. Cada capítulo, cada versículo, cada palabra, viene de Dios.

¡Oh, si los hombres que tienen dudas y dificultades, y aún pensamientos escépticos sobre la inspiración de la Biblia, examinaran con calma las Escrituras por ellos mismos! ¡Oh, si obraran bajo la influencia de aquel consejo que significó el primer paso de la conversión de San Agustín: "¡Toma y lee! ¡Toma y lee!" ¡Qué de nudos intrincados solventaría este proceder! ¡Qué de dificultades y de objeciones haría desaparecer! Sería como el despuntar el sol sobre las tinieblas del alba: desaparecerían. Entonces, ¡cuántos confesarían en seguida: "¡El dedo de Dios está aquí! Dios está en este libro, y yo no lo sabía".

Y es precisamente sobre este Libro que deseo hablar a mis lectores. No es algo sin importancia saber lo que estás haciendo con el mismo. No es sin motivo que Dios hizo que este Libro fuera escrito "para tu enseñanza", y que poseas la palabra de Dios" *(Romanos 15:4; 3:2)*. Te exhorto y te ruego que des una contestación sincera a esta pregunta:

"¿Qué estás haciendo con la Biblia?" ¿La lees alguna vez? Y si la lees, ¿CÓMO LA LEES?

II. — **El conocimiento absolutamente necesario para la salvación sólo se contiene en la Biblia.**

En nuestros días se cumplen aquellas palabras de Daniel: "Muchos correrán de aquí para allá y la ciencia se aumentará" *(Daniel 12:4)*. El número de escuelas se multiplica; se crean nuevos centros de cultura y las viejas universidades se transforman radicalmente. La riada de nuevos libros es contínua. Se estudia más, se aprende más, se lee más. Y yo me alegro de que sea así. La masa sumida en la ignorancia, además de constituir una pesada carga para la nación, implica el peligro de que se levante y vaya en pos del primer Absalón que la arengue. Pero el punto sobre el que deseo hacer énfasis es éste: por mucha que sea la instrucción y cultura que pueda recibir el hombre, éstas no podrán salvarle del infierno. Sólo la verdad de la Biblia puede salvarle del infierno.

Una persona puede ser muy instruida, pero aún así no ser salva. Quizá pueda dominar más de la mitad de las lenguas que se hablan en el mundo, y estar familiarizada con las cosas más profundas y difíciles del cielo y de la tierra. Quizá como resultado de los muchos libros leídos se haya convertido en una biblioteca ambulante; y pueda disertar, como Salomón, "de los árboles, desde el cedro del Líbano hasta el hisopo que nace en la pared", y de "los animales, las aves, los reptiles y los peces" *(I Reyes 4:33)*. Quizá pueda ser una autoridad en los secretos del fuego, del aire, de la tierra y del agua. Y no obstante, si muere ignorando las verdades de la Biblia, ¡muere miserablemente! La química nunca pudo acallar una conciencia culpable; las matemáticas nunca pudieron curar las heridas de un corazón quebrantado; ninguna ciencia ha podido jamás suavizar la almohada del moribundo. Ninguna filosofía humana ha podido inculcar esperanza en la hora de la muerte. La teología natural es incapaz de brindar paz al hombre ante la perspectiva de caer en manos de un Dios vivo y santo. Todo esto es terrenal, y no puede elevar al hombre a las alturas espirituales. Quizá sirva para hinchar al hombre con un aire dignificado y elevado durante su corta vida, pero es incapaz de darle alas y hacerle remontar a las realidades espirituales. La muerte pondrá fin a todos sus logros intelectuales; y después de la muerte se dará cuenta de que de nada le sirvieron.

Una persona puede ser muy ignorante, y sin embargo ser salva. Quizá no pueda leer ni una palabra, ni escribir una letra. Quizá sus conocimientos de geografía no rebasen los límites de su propia aldea y sea incapaz de decirnos qué ciudad está más cerca de Londres: París o Nueva York. Quizá no sepa nada de Historia, ni de las batallas y figuras célebres de su propio país. Quizá sus conocimientos de política sean tan primarios que no sepa el nombre del dirigente político del país. Quizá no tenga ni la noción más elemental de los descubrimientos de la ciencia, ni sepa si Julio César ganó sus victorias con pólvora o con las espadas de sus legionarios; quizá llegue a imaginarse que en tiempos apostólicos ya se conocía la imprenta. Quizá crea y esté convencido de que el sol da vueltas alrededor de la tierra. Sin embargo, y aún a pesar de que sobre estos temas sea tan ignorante, si este hombre con sus oídos ha escuchado el mensaje bíblico y lo ha creído con el corazón, este conocimiento es suficiente para salvar su alma; y en aquel gran día estará en el seno de Abraham junto con el pobre Lázaro, mientras que la persona sabia y erudita, que murió inconversa, estará perdida para toda la eternidad.

Se habla mucho hoy en día de la ciencia y de la importancia de la instrucción y de la cultura. Pero sólo el conocimiento de la Biblia nos puede hacer sabios para la salvación. Sin dinero, sin cultura, sin amigos, sin salud, etcétera, una persona puede entrar en el cielo; pero sin conocimiento de la Biblia jamás podrá entrar allí. ¡Ay, de la persona que muere ignorando la Biblia!

Es sobre este Libro que te hablo. Es, pues, importante saber lo que estás haciendo con él. Este Libro concierne a la vida espiritual de tu alma. Te ruego, pues, que sinceramente contestes a esta pregunta: ¿Qué haces con la Biblia? ¿La lees? Y si la lees ¿CÓMO LA LEES?

III. — **No existe ningún otro libro con un contenido tan importante.**

El tiempo me faltaría si intentara detallar las grandes cosas que se encuentran en la Biblia. Todo esbozo o bosquejo que pudiera darte, resultaría insuficiente para que pudieras hacerte una idea de los tesoros que contiene. Podría mencionarte, en lo que queda de libro, muchos de los tesoros de la Escritura, pero aún así gran parte de su valor quedaría por decir.

¡Cuán gloriosa es, y que satisfacción más plena proporciona al alma, la descripción que del plan de Dios para la salvación y perdón del pecador nos ofrece la Biblia! La venida de Cristo Jesús al mundo para salvar a los pecadores; la redención que Él obró por nosotros al morir en la cruz, el justo por los injustos; el pago completo que con su sangre hizo por nuestros pecados; la justificación que todo pecador obtiene a través de su fe en Jesús; la prontitud del Padre, del Hijo y del Espíritu Santo, para recibir, perdonar y salvar para siempre al pecador. ¡Cuán inexplicablemente grandes y maravillosas son estas verdades! Y si no fuera por la Biblia no las conoceríamos.

¡Cuán consoladora es la información que sobre Cristo Jesús, el Mediador del Nuevo Testamento, se nos da en la Biblia! En cuatro Evangelios distintos se nos narra hermosamente la persona y obra del Salvador; cuatro testimonios diferentes de su vida y milagros; sus palabras y sus hechos; su vida y su muerte; su poder y su amor; su mansedumbre y su paciencia; sus obras, sus pensamientos, su corazón. Hay una cosa en la Biblia que ni aún la mente más llena de perjuicios puede dejar de ver: ¡el carácter sublime de Jesús!

¡Cuán alentadores son los ejemplos que de la gente santa nos da la Biblia! Nos refiere la vida de personas que, como nosotros, estaban sujetas a pasiones, tentaciones, aflicciones, enfermedades, cruces, familias, cuidados diversos y que sin embargo por la fe y la paciencia heredaron las promesas. *(Hebreos 6:12.)* La Biblia no nos esconde nada de la vida de estas personas; los errores, enfermedades, flaquezas, conflictos, experiencias, oraciones, alabanzas, vida y muerte de éstas se nos refieren con detalle. Y se nos añade que el Dios y Salvador de estas personas, pese a sus faltas y a sus errores, todavía desea ser gracioso y misericordioso para con todos ellos; no ha cambiado para con sus criaturas.

¡Cuán instructivos son los ejemplos que nos detalla la Biblia de la gente que no andó rectamente! Nos ofrece el caso de hombres y mujeres que, como nosotros, tenían la luz, el conocimiento y oportunidades de andar bajo la revelación y que sin embargo endurecieron sus corazones, amaron el pecado, continuaron en sus pecados, rechazaron las amonestaciones y se arruinaron espiritualmente para siempre. La Biblia nos advierte que el Dios que castigó a Faraón, Saúl, Ahab, Jezabel, Jedas, Ananías y Safira, es un Dios que no cambia, y que hay un infierno.

¡Cuán preciosas son las promesas que contiene la Biblia para los que aman a Dios! Sea cual sea la condición o necesidad del alma, hay siempre en sus páginas una promesa para el creyente. Nos dice también la Escritura que agrada a Dios que le recordemos sus promesas y que si Dios ha prometido una cosa, su palabra se cumplirá con toda certeza. ¡Cuán benditas son las esperanzas que la Biblia descubre al creyente en Cristo Jesús! Paz en la hora de la muerte, descanso y felicidad más allá de la tumba, un cuerpo glorificado al despuntar el día glorioso de la resurrección, una absolución completa y triunfante en el día del juicio, una recompensa eterna en el Reino de Cristo; una gozosa reunión con todo el pueblo de Dios en la Segunda Venida, éstas son, repito, las maravillosas perspectivas del futuro de todo verdadero creyente. Todas están contenidas en el Libro, en el Libro que es todo verdad.

¡Cuán reveladora es la luz que sobre el carácter del hombre arroja la Biblia! Nos indica y enseña lo que podemos esperar sea la vida del hombre y su obrar según su condición y estrato en la vida. Nos da un conocimiento profundo de los resortes secretos que motivan las acciones humanas y el curso ordinario que seguirá todo aquello que está bajo el control del hombre. La Biblia "discierne los pensamientos y las intenciones del corazón" *(Hebreos 4:12)*. ¡Cuán profunda es la sabiduría que se contiene en los libros de Proverbios y Eclesiastés! Con razón podía decir aquel viejo teólogo: "Dádme una Biblia y una vela, y aunque me encerréis en la más oscura y profunda mazmorra, os podré decir todo lo que hará el hombre".

Todo esto son cosas que no se encuentran en ningún otro libro sino en la Biblia. No nos podemos formar una idea de lo poquísimo que sabríamos de estas cosas, si no tuviéramos la Biblia. No nos damos cuenta del valor del aire que respiramos y del sol que resplandece sobre nosotros, porque nunca nos ha faltado. No damos valor a las verdades que hemos mencionado, porque no nos damos cuenta de la negrura espiritual que envuelve la mente y el corazón de aquellos que no gozan de la revelación bíblica. No hay lengua que pueda descubrir en todo su esplendor, el valor de los tesoros que se contienen en este volumen. Con razón Juan Newton decía que para él, algunos libros eran *cobre;* otros *plata;* otros, en número más reducido *oro;* pero sólo la Biblia era un libro cuyas hojas eran como *cheques de banco.*

Es sobre este Libro que te estoy hablando, lector. Confío que te darás cuenta de que *es muy importante lo que tú haces con la Biblia.* No es una trivialidad saber de que modo usas este tesoro. Con sinceridad responde a mi pregunta: ¿Qué estás haciendo con la Biblia? ¿La lees? Y si la lees, ¿CÓMO LA LEES?

IV. — Ningún otro libro ha hecho tanto bien a la humanidad como la Biblia.

Las doctrinas de la Biblia volvieron el mundo al revés en tiempos apostólicos. Hace apenas veinte siglos que Dios envió a un puñado de judíos para realizar una tarea que, según la mente humana, estaba condenada al fracaso. Fueron enviados en un tiempo cuando todo el mundo estaba lleno de superstición, crueldad y pecado. Estos hombres habían de anunciar a las gentes que las religiones humanas eran falsas y tenían que ser abandonadas; su misión era la de luchar contra la grosera idolatría reinante, contra el pecado y la inmoralidad del día; contra los intereses creados y las viejas asociaciones; contra un clan sacerdotal fanático y las sonrisas irónicas de los filósofos; contra una población ignorante y regida por emperadores sanguinarios; ¡contra la misma Roma Imperial! ¡Ninguna misión, ninguna tarea hubiera parecido más quijotesca que la de pretender cambiar todo este estado de cosas! ¡Ninguna misión hubiera contado con más posibilidades de fracaso que la que emprendieron ese reducido número de judíos hace veinte siglos!

¿Y cómo los armó Dios para esta batalla? No les dio armas carnales; no les concedió poder terrenal para compelir a las gentes al asentimiento de sus palabras, ni dinero para ganar adeptos. Lo que hizo Dios fue, simplemente, poner el Espíritu Santo en sus corazones y las Escrituras en sus manos. Ellos tenían que exponer, explicar y proclamar las doctrinas de la Biblia. El predicador cristiano del siglo primero no llevaba espada ni mandaba ejército cual hiciera Mahoma, ni sugestionaba a las gentes con el sensualismo de las religiones entonces tan en boga. ¡No! el predicador cristiano era un hombre santo, con el mensaje de un libro santo.

¡Y de qué manera progresó y triunfó la obra de estos hombres del Libro Santo! En pocas generaciones, y por las doctrinas del mismo, cambiaron completamente la faz de la sociedad antigua. Vaciaron los templos de dioses paganos; asestaron un golpe fatal a la idolatría y dieron al mundo una moralidad verdadera, una ética real para la sociedad; elevaron el carácter y la posición de la mujer, alteraron el código de la moralidad y decoro; y pusieron fin a muchas de las crueles costumbres y deportes de aquel entonces. Nadie ni nada podía oponerse al cambio. La persecución y otras formas de oposición resultaron inútiles. Iban de victoria en victoria y a su paso las prácticas malas se desvanecían. Les gustara o no a los hombres, la corriente avasalladora del Evangelio seguía su curso y aumentaba su influencia. Los cimientos de la tierra se conmovieron y sus viejos refugios se derrumbaron. El árbol del cristianismo crecía y se desarrollaba; las cadenas que en torno al mismo se lanzaron para ahogar su desarrollo, no pudieron resistir la fuerza del árbol de la fe; cedieron como si hubieran sido de estopa. Todo esto se consiguió por las doctrinas de la Biblia. ¡Qué pálidas resultan las victorias de César, Alejandro y Napoleón, al compararlas con todas estas victorias del cristianismo!

Fue este Libro el que en tiempos de la Reforma Protestante cambió Europa. En la Edad Media, una densa nube de superstición y error cubría y ensombrecía la Iglesia cristiana. De haber resucitado alguno de los Apóstoles hubiera creído que el mundo se había sumergido de nuevo en el paganismo; tan grande era el cambio. Las doctrinas del Evangelio yacían enterradas bajo una densa masa de tradiciones humanas. Las prácticas idólatras eran comunes y la clase sacerdotal se había interpuesto entre el hombre y Dios. ¿Cómo llegó a desaparecer esta miserable oscuridad? A través de la Biblia.

En Alemania Dios se sirvió de la traducción de la Biblia hecha por Martín Lutero. En Inglaterra, las semillas del renacer evangélico fueron sembradas por Wycleff al traducir las Escrituras. Y los mismo sucedió en otros países de Europa. Sin la Biblia, al morir los reformadores hubiera también muerto la Reforma. A través de la lectura de la Biblia los ojos de la gente se abrieron a las verdades del Evangelio, y gradualmente la levadura de la verdadera fe fue transformando Europa. El amor a la pureza del Evangelio retornó de nuevo en millones de corazones. Fueron inútiles las amenazas y las excomuniones; fracasaron las cruzadas políticas, y la fuerza de la espada. Era demasiado tarde; las gentes sabían demasiado; habían visto la luz; habían oído las buenas nuevas; habían bebido de las fuentes de la verdad. Los rayos del Sol de Justicia brillaban en sus mentes y en sus corazones; las escamas habían caído de sus ojos. La Biblia había obrado en sus corazones; el pueblo no quería regresar a Egipto. La Biblia había triunfado de nuevo. ¿Y qué son las revoluciones políticas de cualquier nación, comparadas con la revolución espiritual obrada repetidas veces por la Biblia?

Este es el Libro del cual ha dependido el bienestar y el progreso de toda nación. En la proporción en que se honra la Biblia se encontrará luz o tinieblas, moralidad o inmoralidad, evangelio o superstición. Abramos las páginas de la historia, y nos convenceremos de este hecho. Leamos lo que sucedía en Israel bajo el gobierno de los reyes. ¡De qué modo prevalecía la iniquidad! Pero no es de extrañar. La ley de Dios había sido completamente abandonada; fue en tiempos del rey Josías que en un rincón del templo se encontró tirado el libro de la ley. La lectura sobre el estado de cosas en tiempos del Señor Jesús tampoco es animadora. ¡Qué terrible cuadro nos ofrecen los escribas y fariseos! La Escritura fue invalidada como resultado de las tradiciones humanas *(Mateo 15:6)*. Y lo mismo sucedió a la Iglesia en la Edad Media. ¡Qué tristes son los relatos que de la superstición y la ignorancia de aquellos tiempos han llegado hasta nosotros! Pero esto no nos ha de extrañar: si no se tiene la luz de la Biblia, por necesidad los tiempos han de ser oscuros.

Este es el Libro gracias al cual el mundo civilizado disfruta de tantas instituciones y organizaciones dignas de alabanza. Pocas personas parecen darse cuenta del sinfín de cosas buenas que son de beneficio público y que se originaron y tuvieron sus raíces en la Biblia. Las mejores leyes sociales son de inspiración bíblica. Las normas más elevadas y más puras de moralidad, las legislaciones matrimoniales y familiares más perfectas, todo esto se fundamenta en la revelación bíblica. A la influencia de la Biblia se debe directa o indirectamente toda institución caritativa y humanitaria. Antes que la levadura del Evangelio empezara a obrar en el mundo, se hacía poco o casi nada para el socorro o cuidado de los enfermos, de los pobres, de los ancianos, de los huérfanos, los ciegos, los enfermos mentales, etcétera. Por mas que escudriñemos los anales de la antigua Atenas y de la Roma

Imperial, no llegaremos a encontrar instituciones y ayudas semejantes. ¡Cuántas personas que desprecian la Biblia son ciegas a la influencia maravillosa que sobre las leyes e instituciones de nuestro tiempo ha ejercido y ejerce dicho libro! ¡Cuántas personas que disfrutan del cuidado y asistencia de un hospital —para citar un solo ejemplo— desprecian la Biblia y no se dan cuenta que es gracias a la influencia de este Libro que ahora gozan de tales cuidados y privilegios! De no haber sido por la Biblia, quizá hubieran muerto abandonados, sin el cuidado y afecto de unas manos caritativas. Nuestro mundo es terriblemente inconsciente de sus deudas de gratitud. En aquel gran día del juicio, llegará la gente a saber los beneficios y la influencia incalculable e inestimable que ha ejercido la Biblia.

Es sobre este Libro tan maravilloso que te hablo en este escrito. Y podrás, pues, comprender, que tu actitud con respecto a la Biblia es algo que tiene importancia. Te ruego que con honestidad contestes a esta pregunta: ¿Qué estás haciendo con la Biblia? ¿La lees? Y si la lees, ¿CÓMO LA LEES?

V. — No existe ningún otro libro que como la Biblia pueda hacer tanto bien para quien lo lea detenidamente.

La Biblia no pretende enseñar la sabiduría de este mundo. No fue escrita para explicar geología o astronomía, ni para instruir en matemáticas o filosofía natural. La Biblia no hará de ti un médico, un abogado o un ingeniero. Pero hay otro mundo. Además de trabajar y ganar dinero, el hombre fue creado para alcanzar otros fines, otras metas. Hay otros intereses y otras necesidades que deberían ocupar nuestra vida; por encima de las necesidades del cuerpo están las necesidades del alma. Son los intereses de nuestra alma inmortal por los cuales se preocupa la Biblia. Para saber las leyes de abogacía, puedes recurrir a los libros de Suárez: para informarte y aprender de anatomía puedes recurrir al Testut. Pero si deseas saber como puedes salvar tu alma, debes estudiar la Palabra de Dios, la Biblia.

Las Sagradas Escrituras "te pueden hacer sabio para la salvación por la fe que es en Cristo Jesús" *(II Timoteo 3:15).* En sus páginas se muestra el camino al cielo; en ellas se contiene todo lo que tú debes saber, creer y hacer. Puede mostrarte lo que tú eres: *un pecador;* puede mostrarte lo que

Dios es: *santo;* puede mostrarte a Aquel que es el dador de la paz, de la gracia y del perdón: *Jesucristo.* He leído de cierto inglés que una vez visitó Escocia en los días de Blair, Rutherford y Dickson —tres famosos predicadores— y que les oyó predicar por ese orden. Del primero dijo que le había mostrado la majestad de Dios; del segundo, que le había mostrado la hermosura de Cristo; y del tercero que le había descubierto su propio corazón. Aquí se encuentra la gloria y belleza de la Biblia y en estos tres puntos se resumen las enseñanzas que con más o menos fulgor se contienen desde el primer capítulo hasta el último.

La Biblia, al ser aplicada al corazón por el Espíritu Santo, *es el sublime instrumento usado para la conversión de las almas.* Este cambio tan poderoso al que llamamos conversión, por lo general empieza con la impresión que algún versículo o doctrina de la Biblia ejerce sobre la conciencia. Miles y miles de personas se han convertido de esta manera; fue así como las cosas viejas pasaron y todas fueron hechas nuevas; fue así como los amantes de los placeres se convirtieron en amantes de Dios. A través de la Biblia, los afectos y deseos del corazón en vez de ir hacia abajo, se cambian hacia arriba. A través de la Biblia, hombres y mujeres que primeramente pensaban en las cosas del mundo y de la tierra, han pasado a pensar en las cosas celestiales y en vez de andar por vista, andaron por fe. ¿Qué son los milagros de Roma, aceptando que sean verdaderos, en comparación con todo esto? Estos son los verdaderos milagros que año tras año la Biblia viene obrando en miles y miles de corazones.

La Biblia, al ser aplicada al corazón por el Espíritu Santo, *viene a ser el medio principal por el cual los creyentes crecen y se fortalecen en la fe,* después de su conversión. La Palabra de Dios los purifica, santifica, instruye y capacita para toda buena obra *(Salmo 119:9; Juan 17:17; Timoteo 3:15-17).* Para conseguir todas estas cosas, el medio principal que usa el Espíritu es la Palabra, ya sea oída o leída. La Biblia muestra al creyente la manera de agradar a Dios, la manera de glorificar a Cristo en todas las cosas y en todas las relaciones sociales. Por la Palabra el creyente puede sobrellevar las aflicciones y las privaciones, dirigir sus ojos a la tumba y decir: "No temeré mal alguno" *(Salmo 23:4).*

La persona que tiene la Biblia y el Espíritu Santo en su corazón tiene todo lo necesario para ser sabia espiritualmente. No necesita de tradiciones antiguas, ni de los llamados

Padres de la Iglesia, ni de la "voz de la Iglesia", para ser guiado a toda verdad. Delante de él está el pozo de la verdad, ¿y qué más puede desear? Aunque esté abandonado en alguna isla desierta o encerrado en alguna prisión, aunque no pueda asistir a ninguna iglesia ni hablar con ningún pastor, si tiene la Biblia, tiene un guía infalible para su alma. Ni en los concilios ni en la Iglesia con sus ministros, está la verdadera infalibilidad; ésta solamente se encuentra en la Biblia.

Ya sé que hay personas que dicen que no han encontrado poder salvador en la Biblia. Nos dicen que han tratado de leerla, pero que no han entendido nada ni han experimentado ese poder que los evangélicos afirman proviene de la Biblia. No puede negarse que la Biblia contiene cosas profundas y difíciles, pero es que si no fuera así no sería el libro de Dios. Sí, es cierto, hay cosas difíciles, pero difíciles porque nuestra mente no puede abarcarlas. Algunas de las cosas que contiene la Biblia van más allá de los poderes de nuestra razón, de nuestra mente flaca y limitada, de ahí que no las entendamos. ¿Pero no constituye el reconocimiento de nuestra ignorancia, la piedra angular de todo conocimiento? Para desarrollar una ciencia, ¿no debemos, primeramente, aceptar como verdaderas ciertas presuposiciones? El significado de muchas de las cosas que enseñamos a nuestros hijos, ¿no lo aprenderán más tarde? ¿Por qué, pues, debe sorprendernos el encontrar *cosas profundas* y difíciles de entender cuando empezamos a estudiar la Palabra de Dios? ¿Por qué no perseveramos en el estudio y confiamos que un día la luz caerá sobre estas cosas difíciles? Esto es lo que debemos creer y lo que hemos de esperar. Debemos leer la Palabra con humildad, creyendo que lo que ahora no sabemos lo sabremos algún día, quizás en este mundo, quizás en el venidero, pero lo sabremos.

Pero a la persona que ha abandonado la lectura de la Biblia simplemente porque ha encontrado cosas profundas, debe preguntársele si no ha encontrado también muchas cosas sencillas y fáciles de entender. ¿Acaso no se muestran con diáfana sencillez las cosas necesarias para la salvación? ¿Qué pensaríamos de un capitán que en medio de la noche dirigiera su barco hacia el Canal de la Mancha, y dijera que no podía encontrar el estuario del Támesis para ir a Londres? ¿No le tildaríamos de holgazán y cobarde? Sus objeciones carecerían de fundamento, pues las innumerables luces y faros a lo largo de la costa y a la entrada del estuario hacen que la entrada al río sea fácil. ¿Por qué no se guía por estas luces? Y lo mismo debemos decir a cualquier persona que abandona la lectura de la Biblia por el hecho de que ésta contenga cosas profundas. ¿Por qué dejarla? ¿No brillan con todo su fulgor las luces que nos muestran nuestro estado espiritual y el camino al cielo y el camino para servir a Dios? Debemos decir a esta persona que sus objeciones no son más que excusas perezosas que no merecen ni ser oídas.

Muchos levantan la objeción de que hay muchas personas que leen la Biblia, pero no por ello son, en lo más mínimo, mejores que las otras. "En este caso" —nos preguntan—, "¿dónde está aquel poder de la Biblia del que tanto se habla?"

La razón por la cual tantas personas leen la Biblia sin provecho espiritual alguno, es simple: no la leen detenidamente. Por lo general las cosas en el mundo se pueden hacer de dos maneras: bien o mal; y lo mismo sucede con la lectura de la Biblia. A menos que sea con humildad y oración sincera, de poco provecho espiritual nos será. El mejor reloj de sol que se pueda construir, de nada nos serviría si fuéramos tan ignorantes como para ponerlo en la sombra. Si la lectura de la Biblia no aprovecha a ciertas personas, la culpa no es de la Biblia, sino de éstas. El abuso de una cosa no constituye argumento alguno en contra del uso de la misma.

Tal como hicieron los de Berea y el eunuco etíope, la Biblia ha de leerse con perseverancia y humildad *(Hechos 8:28; 17:11)*. En el día del juicio ningún alma podrá levantarse y decir que con sed escudriñó la Biblia y no encontró en sus páginas el agua viva con que saciarla. Todo aquel que escudriña la Escritura, encuentra el manantial de vida. Las palabras de la Sabiduría, en el libro de Proverbios, son bien ciertas con referencia a la Biblia: "Si clamares a la inteligencia y a la prudencia dieres tu voz; si como a la plata la buscares y la escudriñares como a tesoros; entonces entenderás el temor de Jehová y hallarás el conocimiento de Dios". *(Proverbios 2:3-5.)*

Es sobre este maravilloso Libro que estoy hablando al lector. *No es algo sin importancia lo que tú haces con la Biblia.* ¿Qué pensarías del hombre que, bajo una infección de cólera, despreciara la medicina que podía devolverle la salud al cuerpo? Pues lo mismo harías tú con tu alma si despreciaras la única medicina que puede proporcionar la vida eterna.

Te ruego y te suplico que contestes con toda sinceridad a mi pregunta: ¿Qué estás haciendo con la Biblia? ¿La lees? Y si la lees, ¿CÓMO LA LEES?

VI. — La Biblia es la única norma por la cual todas las cuestiones de doctrina y práctica deben decidirse.

El Señor, Dios, conoce las debilidades y enfermedades de nuestra naturaleza caída. Él sabe que, aún después de la conversión, nuestro sentido de lo que sea bueno o malo dista mucho de ser claro y preciso. Él sabe de que manera más artificiosa Satanás puede dorar el error para darle apariencia de verdad y de que manera sabe adornarlo con toda clase de argumentos para hacernos caer en el engaño. Y es por esta razón que Dios nos ha dado una norma infalible de verdad y error y se ha cuidado bien de que esta norma se guardara en forma escrita, en un libro: La Biblia.

Necesitamos en todo momento del consejo y aviso de un guía infalible para nuestra fe y para nuestra vida práctica. No somos como las bestias del campo, sin alma y sin conciencia; constantemente nos vemos asaltados por preguntas difíciles e intrincadas. Con frecuencia el hombre se pregunta: "¿Qué es lo que debo creer? ¿Qué es lo que debo hacer?"

El mundo está lleno de dudas con respecto a puntos *doctrinales*. La casa del error se erige junto a la de la verdad; las puertas son parecidas, de modo que el riesgo de que nos equivoquemos es constante. Cualquier persona que lea o viaje mucho, se dará cuenta de que existe una vasta área de opiniones distintas y aun contrarias, entre la gente que se considera cristiana. En asuntos tan importantes como es el de la salvación, las afirmaciones son contrarias. Tanto católicos, como protestantes; modernistas como russelistas, reiteran para sí la posesión de la verdad. Todo esto resulta muy confuso. ¿Qué debemos hacer? ¿Cómo saber la verdad?

Esta pregunta sólo admite un respuesta: el hombre debe hacer de la Biblia su única norma para distinguir la verdad del error, tanto en lo doctrinal como en lo que atañe a la vida práctica. No debe aceptar ni creer nada, a menos que esté en las Escrituras. Todas las enseñanzas y doctrinas religiosas deben pasar el examen de la Escritura. "¿Qué dice la Escritura?" —debería ser siempre nuestra pregunta.

¡Cuánto desearía que los ojos del pueblo estuvieran más abiertos a este tema! Que la gente aprendiera a sospesar sermones, libros, opiniones, y ministros, en las balanzas de la Biblia. Esta es la cuestión. Si se contiene en la Escritura entonces debe aceptarse y creerse, de no ser así se debe rechazar. ¡Cuán triste es la manera de proceder de tanta y tanta gente! Creen una cosa, sencillamente "porque lo dice el cura". ¡Oh si supieran la razón por la cual Dios nos dio la Biblia!

No todas las doctrinas que se predican en nuestras iglesias son uniformes; en una se predica y se enseña cierta doctrina; en otras lo contrario. Las dos doctrinas no pueden ser verdaderas, y por consiguiente deben ser examinadas a la luz de la Biblia. El verdadero ministro del evangelio desea que su congregación compruebe la ortodoxia de su predicación a la luz de la Biblia. Pero el falso ministro irá en contra de esta práctica tan noble, y dirá a sus feligreses: "No tenéis derecho a hacer uso de vuestro juicio privado. Dejad la Biblia a nuestra interpretación, ¡por algo hemos sido ordenados!" El verdadero ministro dirá a las gentes: "Escudriñad las Escrituras, y si lo que os enseño no es bíblico, no me creáis". En esto se distinguen los falsos ministros de los verdaderos. El falso dirá: "¡Oídnos a nosotros! ¡Oíd a la Iglesia!" El verdadero ministro dirá: "Oíd la Palabra de Dios".

Pero no es sólo sobre puntos doctrinales que impera confusión en el mundo; sino también en los puntos que hacen referencia a la *vida práctica*. El creyente se da cuenta que el sendero de su obligación está lleno de preguntas y alternativas dificilísimas; y a menudo le resultará casi imposible ver y distinguir lo bueno de lo malo. Cosas que con naturalidad se hacen entre la gente del mundo y de las cuales depende, en gran parte, el beneficio del negocio o profesión, para el cristiano constituirán motivo de duda y perplejidad. "¿Puedo yo hacer esto?", se preguntará. El asunto de las *diversiones* a menudo ocasiona perplejidad en el creyente. "¿Puedo ir al fútbol, al cine, al teatro?" Y al ver que el número de gente que acude a estas diversiones es tan elevado, se pregunta de nuevo: "¿Pero es posible que toda esta gente esté equivocada?". "¿Son en realidad malas estas diversiones?". ¿A dónde apelará el creyente para disipar de su mente todas estas dudas?

También en lo que concierne a la *educación e instrucción de sus hijos*, el creyente se verá enfrentado con un sinfín de alternativas. ¿Cómo podrá instruirlos religiosa y moralmente? ¿Puede hacer caso de los consejos de sus amigos, y dejar que sus hijos crezcan sin demasiados frenos en lo que a sus deseos y diversiones se refiere? ¿Puede seguir el ejemplo de ese o de aquel padre que así educa a sus hijos? ¿Qué hará el creyente para solventar todas estas dudas?

Sólo hay una respuesta a todas estas preguntas. El creyente debe hacer de la Biblia su regla de conducta. Los principios y normas de la Biblia deben ser la brújula para encauzar sus decisiones por los verdaderos derroteros de la vida. ¿Qué dice la Escritura? "¡A la ley y al testimonio!" No debe preocuparse por la manera de actuar de la gente, ni por las ideas que de lo bueno o de lo malo pueda tener la masa; en la Palabra de Dios se encuentran los derroteros de conducta a seguir.

No obremos ni decidamos de una manera contraria a los principios de la Biblia. No nos preocupemos si por ello se nos acusa de cerrados y fanáticos. Recordemos que servimos a un Dios celoso y estricto, y que la Biblia, además de mostrarnos el camino de salvación, nos fue dada para dirigir el curso de nuestra conducta. Será también por la Biblia que un día seremos juzgados; aprendamos, pues, ahora a ser juzgados por ella; no sea que un día nos condene.

Es sobre esta decisiva regla de fe y práctica que te estoy hablando. Tiene importancia lo que haces con la Biblia. Viendo tanto peligro, a tu izquierda y a tu derecha, deberías considerar el uso que haces de la carta de seguridad y protección que Dios te ha dado, la Biblia. Te ruego y suplico que contestes a esta pregunta: ¿Qué haces con la Biblia? ¿La lees? Y si la lees, ¿CÓMO LA LEES?

VII. — La Biblia es el libro que siempre han amado y obedecido los verdaderos hijos de Dios.

Todos los seres vivientes necesitan de alimento. Es así con las plantas; es así con los animales. Pero también es así con la vida espiritual. Cuando el Espíritu Santo levanta a una persona de la muerte y del pecado, y hace de ella una nueva criatura en Cristo, el nuevo principio de vida que le ha sido implantado requiere alimento, y este alimento sólo se encuentra en la Palabra de Dios.

Toda persona convertida ha amado siempre la Palabra de Dios. De la misma manera que todo niño que viene al mundo por naturaleza desea la leche de la madre, de la misma manera la persona que ha nacido de nuevo desea la leche de la Palabra. Una de las características comunes a todos los hijos de Dios es la de que todos "se deleitan en la Ley de Dios" *(Salmo 1:2)*.

Los que no han nacido de nuevo demuestran su condición perdida, entre otras cosas, por el hecho de que no aman la Biblia. La persona que no ama la Biblia no es convertida. Decidme lo que la Biblia es para una persona, y os diré lo que esta persona es. El amor a la Palabra es una señal elocuente de la presencia del Espíritu Santo en el alma.

El amor a la Palabra es una de las virtudes que vemos en Job: "Del mandamiento de sus labios nunca me separaré; guardaré las palabras de su boca más que mi comida" *(Job 23:12)*. También es uno de los rasgos más brillantes y característicos de David. No nos extrañe, pues, que en el versículo 97 del Salmo 119 desborde su entusiasmo y exclame: "¡Cuánto amo yo tu ley! ¡Todo el día es ella mi meditación!" También en San Pablo el amor a la Palabra es característico. Tanto este Apóstol como todos sus compañeros, eran hombres "poderosos en la Escritura". ¿No son acaso sus sermones exposiciones y aplicaciones directas de la Palabra?

De una manera muy prominente, se manifiesta en el Señor Jesús el amor a las Escrituras. Las leyó en público; las citó continuamente; las comentó con frecuencia. A los judíos les exhortó a que las escudriñaran. Se sirvió de las Escrituras para resistir al diablo. Repetidamente dijo: "...Para que la Escritura se cumpla". Y una de las últimas cosas que hizo sobre la tierra fue abrir "el sentido para que entendiesen las Escrituras" *(Lucas 24:45)*. El verdadero siervo del Maestro debe reflejar también en su vida esta actitud y amor hacia la Escritura.

En todos los santos de Dios ha brillado siempre el amor por la Biblia. La Biblia fue la lámpara espiritual de Atanasio, Crisóstomo y Agustín. La Biblia fue la brújula que hizo posible el que los valdenses y los albigenses no hicieran naufragio en la fe. La Biblia fue el pozo que de nuevo fue abierto por Wycleff y Lutero. La Biblia fue la espada por la cual Latimer, Jewell y Knox ganaron tantas batallas. La Biblia fue el maná espiritual del cual se alimentaron Baxter y Owen, y el noble ejército de los puritanos; ella los hizo fuertes para la batalla. La Biblia fue la armería de la cual Whitefield y Wesley sacaron sus armas tan poderosas. La Biblia fue la mina de la cual Bickersteth y McCheyne sacaron oro tan rico. En muchos puntos y en muchas cosas éstos diferían, pero en esto todos estaban unidos y eran semejantes: todos se deleitaban en la Palabra.

Los misioneros nos informan de que uno de los primeros frutos de la conversión de los paganos al Evangelio, es su amor a la Palabra. En climas cálidos, en lugares fríos, entre gente civilizada y entre gente primitiva, en Nueva Zelanda, en Africa, en la Polinesia, en todas partes, los conversos aman la Biblia. La aman cuando oyen su lectura, y los que son analfabetos, se esfuerzan con denuedo para saber leer, y así deleitarse directamente en sus sagradas páginas.

El misionero Moffat hablando de un terrible jefe de tribu que se convirtió en una aldea de Africa del Sur, nos dice: "Casi siempre le veía sentado a la sombra de una gran roca devorando las páginas de la Escritura en una lectura continua". Cuán conmovedoras son las palabras de aquel negro convertido al comentar la Biblia: "Nunca es vieja, y nunca es fría". Sé de otro negro convertido, muy anciano, que cuando alguien trataba de disuadirle en sus intentos para aprender a leer, por su avanzada edad, contestaba: "Nunca cederé en mis intentos de aprender a leer. Vale la pena cualquier esfuerzo con tal de poder leer aquel versículo: "Porque de tal manera amó Dios al mundo, que ha dado a su Hijo unigénito para que todo aquel que en Él cree, no se pierda, mas tenga vida eterna".

El amor a la Biblia es característico en todas las denominaciones evangélicas; anglicanos, presbiterianos, bautistas, independientes, metodistas y hermanos, coinciden y se unifican en este amor mutuo que sienten hacia la Palabra. La Biblia es el maná del cual se alimentan todas las tribus de Israel; la fuente en torno a la cual las porciones del rebaño de Cristo se congregan para apagar su sed. Ojalá los creyentes se congregaran más y más en torno a la Biblia. Una unión más estrecha entre los cristianos resultaría de ello. Después de la Biblia, quizá no haya habido un libro más querido y admirado que el "Peregrino" de Bunyan. Todos los creyentes, sin distinción, se deleitan en su lectura, todos lo alaban, todos lo honran ¿Y por qué? Por el contenido e incluso el lenguaje bíblico del mismo. Y es que Bunyan fue hombre de un sólo Libro; fuera de la Biblia apenas si leyó otro libro.

Este Libro que tanto aman los creyentes, y del cual se alimentan sus almas, es el tema sobre el cual te estoy hablando. Tiene mucha importancia, pues, saber lo que haces con la Biblia. Es en verdad un asunto importante saber si has gustado también ese amor por la Palabra, y andas "tras las huellas del rebaño" *(Cantares 1:8)*. Te ruego y te suplico contestes a esta pregunta: ¿Qué haces con la Biblia? ¿La lees? Y si la lees, ¿CÓMO LA LEES?

VIII. — La Biblia es el único libro que en las últimas horas de la vida puede confortar al hombre.

La muerte es un hecho cierto para todo hombre; no puede evitarse; es el rio que todos debemos cruzar. Yo que escribo, y tú que lees, los dos tendremos que morir. A menudo se cree "que todos son mortales menos uno mismo". Deseo que todo hombre sepa cómo vivir, pero también cómo morir. La muerte es un suceso solemne. La muerte pone fin a todos nuestros planes y esperanzas terrenas y nos separa de aquellos que amamos y que han vivido con nosotros. A menudo viene después de un largo y doloroso sufrimiento físico. La muerte nos abre las puertas del juicio y de la eternidad; del cielo o del infierno. Después de la muerte ya no hay tiempo ni oportunidad para el arrepentimiento. Hay errores que en vida pueden enmendarse y ser corregidos, pero no es así con los errores que se cometen en el lecho de muerte. Allí donde cae el árbol, allí yace. No hay posibilidad de conversión en el féretro, ni posibilidad de nuevo nacimiento después del último suspiro. En torno nuestro está la muerte; quizás esté muy cerca. El tiempo de nuestra partida es incierto; pero tarde o temprano moriremos, ¡y moriremos solos! ¡Cuán serias son todas estas consideraciones!

Aún para el creyente en Cristo, la muerte es un acontecimiento solemne. Es cierto que para éste el aguijón de la muerte ha sido quitado *(I Corintios 15:55)*, y que por estar en Cristo, el morir le es un privilegio; viviendo o muriendo, es del Señor. Para él el vivir es Cristo y el morir ganancia. *(Filipenses 1:21).* La muerte libra al creyente de muchas pruebas: de un cuerpo débil, de un corazón corrupto, de tentaciones del diablo, de las burlas y persecuciones del mundo. En la muerte el creyente descansa de "todos sus trabajos", y entra en la participación de incontables goces; la esperanza de una gozosa resurrección se convierte en realidad, y pasa a disfrutar de la compañía de los santos espíritus redimidos; pasa a estar "con Cristo". Todo esto, repetimos, es cierto, pero aún así, para el creyente la muerte es algo solemne; la sangre y la carne, naturalmente, se estremecen; abandonar a todos los que amamos es algo que retuerce y agita nuestros sentimientos. Aunque nos venga a desatar para estar con Cristo, aún así la muerte es algo que el creyente no puede dejar de considerar seria y solemnemente.

Las cosas placenteras y agradables de este mundo no pueden confortar al hombre en la hora de la muerte. El dinero puede conseguir el mejor cuidado médico y la mejor medicina para el cuerpo; pero el dinero no puede comprar la paz de conciencia y la tranquilidad de espíritu. Ni los familiares ni los amigos queridos pueden confortar a una persona en la hora de la muerte. Con su afecto pueden hacer más blanda la almohada al moribundo, y aguantar su cuerpo tambaleante; pero no pueden calmar el dolor espiritual de un corazón, ni acallar los martillazos acusadores de una conciencia que tiembla ante los ojos de Dios.

Los placeres del mundo tampoco pueden confortar al hombre en la hora de la muerte. El iluminado salón de baile, la sala de fiestas, el palco de la ópera, las voces de los cantores, las diversiones mundanas, los placeres de la carne, los espectáculos deportivos, etcétera, de nada sirven para confortar al moribundo. Ni los libros ni los periódicos podrán dar aliento al moribundo. Los más brillantes escritos de Macaulay o Dickens se esfumarán en sus oídos. El mejor artículo del Times no tendrá para él interés alguno. La profesión o vocación que durante tantos años ocupó sus pensamientos y requirió sus esfuerzos, ante la muerte se convertirá en un recuerdo vano.

Sólo hay una fuente de consuelo en la hora de la muerte: la Biblia. Textos de la Biblia, capítulos de la Biblia, frases de la Biblia y todo lo que provenga de la Biblia, constituirá el único bálsamo de consolación para el moribundo. Pero si en vida la persona no ha evaluado y amado la Biblia, mucho me temo que aún en el lecho de la muerte tampoco le será de provecho. He estado junto a muchos lechos de muerte y lo he podido comprobar por mí mismo. Pocas son las personas que se han convertido en sus últimos momentos de vida; por lo general es ya demasiado tarde. Con todo, repito, el único consuelo verdadero en la hora de la muerte proviene de la Palabra de Dios. Cuán verdadera es aquella confesión del erudito Selden: "Fuera de la Biblia no hay ningún otro libro en el cual podamos descansar en la hora de la muerte".

La persona que piensa que podrá morir en paz sin tener el consuelo de la Biblia, se equivoca. Lo único que puede confortar en la hora de la muerte es este Libro del cual te estoy hablando. Es muy importante, pues, saber lo que haces con este Libro. Vives en un mundo que se pasa, y tarde o temprano también pasarás a la eternidad. ¿A qué consuelo te acogerás en la hora de la muerte? Te ruego y te suplico, por última vez, que contestes sinceramente a esta pregunta: ¿Qué estás haciendo con la Biblia? ¿La lees? Y si la lees, ¿CÓMO LA LEES?

Terminaré con unas palabras de aplicación.

1. Este escrito puede caer en manos de alguna persona *que nunca ha leído la Biblia.* ¿Eres tú uno de ellos? De ser así, entonces tengo algo que decirte. En el estado en que te encuentras no puedo consolarte ni confortarte. Sería burla y engaño hacer tal cosa. No puedo hablarte de paz ni de cielo, considerando la manera como estás tratando la Biblia. Estás en peligro de perder tu alma.

Estás en peligro porque *descuidas la Biblia,* y esto implica el que tú *no amas a Dios.* La salud de una persona, por lo general, se aprecia por su apetito. La salud espiritual del alma de una persona se aprecia por su manera de tratar la Biblia.

De sobras sé que no puedo llegar hasta tu corazón, y que soy incapaz de hacerte ver y sentir estas cosas. Pero sí que puedo hacer sonar mi solemne protesta en tu conciencia por la conducta que muestras ante la Biblia; y esto lo hago con todo mi corazón. ¡Cuidado en aplazar la lectura de la Biblia hasta el momento de tu última enfermedad y cuando tus familiares corran en busca del médico! Quizá entonces sea demasiado tarde, y la Biblia se convierta en un libro sellado y oscuro, como la nube que se cernía entre los ejércitos de Israel y Egipto. Cesa ya de una vez en tus valentonadas de que, "¡los hombres bien se las apañan sin la lectura de la Biblia!" no sea que al fin, enfermo y en el infierno, te des cuenta de lo contrario. Te amonesto sin rodeos: la señal de la plaga está sobre tu puerta. ¡Que el Señor tenga misericordia de tu alma!

2. Este escrito puede caer en manos de alguna persona que *quiere leer la Biblia y desea recibir instrucción para saber cómo hacerlo.* ¿Eres tú uno de estos? Entonces sigue con atención estas instrucciones claves que te daré.

Empieza hoy mismo la lectura de la Biblia. Para hacer una cosa es necesaria empezar a hacerla; y para leer la Biblia es necesario empezar a leerla. El mero deseo, resolución, propósito y pensamiento de leer la Biblia no es suficiente si no va acompañado de la acción. Debes leer la Biblia, nadie más puede hacerlo por ti.

Lee la Biblia con el deseo vivo de entenderla. No pienses que lo importante es dar vuelta a un buen número de páginas sin preocuparte de si entiendes o no lo que lees. La ignorancia de algunas personas es tal, que una vez han leído ciertos capítulos al día, creen que ya han cumplido con su obligación; no se dan cuenta de lo que han leído, y sólo saben que han dado vuelta a cierto número de páginas y que pronto "habrán leído toda la Biblia". Esto no es leer la Biblia; es una mera formalidad que me recuerda el caso de aquel pobre hotentote que para alegrar a sus vecinos se comió un salterio holandés. Que quede esto fijo en tu mente: una Biblia que no se entiende, es una Biblia que no hace ningún bien. Cuidado cómo lees la Biblia. Siempre que leas una porción de las Escrituras debes preguntarte: "¿Cuál es el significado de lo que he leído?" Tal como hace el buscador de oro en Australia, cava hondo para conseguir el significado. Sé diligente en la lectura y en la tarea de entender lo que lees.

Lee la Biblia con fe y humildad. En el momento de abrir la Biblia abre también tu corazón: "Habla Señor, porque tu siervo escucha". Haz la resolución de creer todo lo que lees, por más que vaya en contra de algunos prejuicios. Haz la resolución de recibir con todo tu corazón cada declaración de la verdad, te guste o no. No caigas en el error de muchos lectores de la Biblia, quienes aceptan con agrado algunas doctrinas pero rechazan otras porque condenan algún pecado de su vida. Esta manera de proceder hace de la Biblia un libro inútil. ¿Somos nosotros los jueces para decidir el contenido de la Palabra de Dios? ¿Es nuestro criterio superior al de Dios? Toma la firme determinación de aceptar y creer todo lo que se contiene en la Biblia; y lo que no puedas entender recíbelo por fe. Acuérdate de que cuando oras, estás hablando a Dios, y Dios te oye. Pero recuerda también que cuando lees la Biblia, Dios te está hablando y tú debes escuchar.

Lee la Biblia con espíritu de obediencia y aplicación. Estúdiala diariamente con la determinación de vivir según sus preceptos, descansar en sus promesas y obrar según sus mandamientos. Al leer cualquier porción, hazte siempre la misma pregunta: "¿De qué manera afecta esto a mí y a mi conducta?". "¿Quién me enseña esto a mí?". Los que mejor leen la Biblia son los que con más empeño permiten que influencie sus vidas.

Lee la Biblia diariamente. La lectura de la Biblia debe entrar en las actividades esenciales de tu vida diaria. Haz la resolución de leer y meditar diariamente algún versículo o porción. Los medios particulares de la gracia son tan necesarios para nuestras almas, como el vestido y el alimento lo son para el cuerpo. El pan de ayer no nos alimentará hoy y el pan de hoy no será suficiente para la alimentación de mañana. Haz como los israelitas en el desierto: recoge cada mañana maná fresco. Decide, de una manera fija, las horas de estudio bíblico. Evita hacerlo precipitadamente y con prisas. Destina para tu Biblia el mejor tiempo. Y sea cual sea el horario que sigas, que sea una regla fija de tu vida el acercarte al trono de la gracia y leer la Biblia diariamente.

Lee toda la Biblia, y léela de una manera ordenada. Mucho me temo que hay partes de la Palabra que mucha gente nunca ha leído. Esta manera de proceder es presuntuosa. "Toda Escritura es útil" *(II Timoteo 3:16).* La manera de leer la Biblia de muchas personas es en extremo irregular; hoy leen una porción en este libro, mañana en aquel otro, y de esta manera decuidan la lectura de preciosos e instructivos pasajes. Sin duda alguna, en tiempos de aflicción y enfermedad es conveniente leer y meditar ciertas porciones que vienen al caso, pero esto es una excepción natural. Te aconsejo que empieces la lectura del Antiguo y del Nuevo Testamento al mismo tiempo, y una vez leídos empieza de nuevo. Aunque es un asunto que cada uno debe decidir individualmente, creo que el método que te he aconsejado es el mejor; yo lo he seguido por más de cuarenta años y nunca he visto motivo alguno para cambiarlo.

Cuida bien de que tu lectura de la Biblia sea cabal y honesta. Evita toda interpretación forzada; busca la literalidad y el significado llano y sencillo de lo que lees. Por lo general, lo que el versículo parece significar a primera vista, es lo que en realidad significa. "La manera correcta de interpretar la Biblia", decía Cecil, "es la de tomar la Escritura tal como la leemos, sin intentar torcerla para que se adapte a algún sistema particular". Por su parte Hooker decía: "Con-

sidero como una de las reglas de interpretación más infalibles, la de que cuando el significado literal es de por sí evidente, cuanto más se aleje uno de esta literalidad, más profundamente caerá en una interpretación errónea".
En último lugar, cuando leas la Biblia, *ten a Cristo siempre delante*. El grande y sublime propósito de la Biblia es el de testificar de Jesús. Las ceremonias del Antiguo Testamento son sombras de la venida y obra de Cristo. Los jueces y libertadores del Antiguo Testamento son tipo de Cristo. La historia del Antiguo Testamento muestra la necesidad que tiene el mundo de Cristo. Las profecías del Antiguo Testamento están llenas de los sufrimientos de Cristo, y de la gloria del Mesías que había de venir. La primera y la segunda venida de Cristo; la humillación del Señor y la venida de su reino; la cruz y la corona, todo esto brilla en cualquier lugar de la Biblia. No te olvides nunca de esta clave si es que deseas leer la Biblia correctamente.

3. Este escrito quizá pueda caer en manos de alguna persona *que cree y ama la Biblia, pero que sin embargo la lee poco*. Mucho me temo que el número de personas así es muy numeroso. Vivimos en un tiempo de actividad y de prisas. Esto hace que no se dé a la Biblia el tiempo y la atención que requiere. ¿Te acusa tu conciencia de ser una de estas personas? Entonces, escucha con atención lo que voy a decirte.

Tú serás una de aquellas personas que en tiempo de necesidad *recibirán* poco consuelo de la Biblia. Los tiempos de prueba son tiempos de zarandeo. La aflicción es como un viento escudriñador: despoja al árbol de las hojas y deja al descubierto los nidos de los pájaros. Temo que algún día tu reserva de consolación y confortamiento se acabe, y que llegues a puerto débil y agotado.

Tú serás de aquellas personas que *nunca se consolidan en la verdad*. No me sorprenderá verte abatido por un sinfín de dudas y preguntas sobre tu fe. El diablo es un enemigo viejo y astuto; al igual que los hijos de Benjamín, puede tirar una piedra con la honda a un cabello y no errar *(Jueces 20:16)*. Satanás puede citar con gran soltura la Escritura y tú no estás suficientemente preparado en el manejo de tus armas para darle buena batalla. Tu armadura no se adapta bien a tu cuerpo; tu espada está floja en tu mano, no la empuñas con firmeza.

Cometerás errores contínuamente. No me extrañará si algún día llega a mis oídos el que fracasaste en tu matrimonio, en la educación de los hijos o en las compañías que hiciste. El barco de tu vida navega por unas aguas donde abundan las rocas, los acantilados y los bancos de arena, y no estás adiestrado en el manejo de la brújula y el compás.

Podrás creer, incluso, en las enseñanzas de algún falso profeta. No me sorprendería que fueras de los primeros en seguir las tonterías de algún *sabio* elocuente que con su verborrea, hace ver lo blanco negro, y lo malo bueno. No hay suficiente lastre en tu navío, por eso lo agitan las aguas como el corcho sobre las olas.

4. Este escrito puede caer en manos de alguna persona que *lee mucho la Biblia, pero que a veces llega a temer que no le aprovecha para nada*. Este temor constituye una astuta treta de Satanás. A veces se acerca al creyente y le dice: "No leas la Biblia". En ocasiones le susurra: "La lectura de la Biblia no te aprovecha de nada. ¡Déjala ya de una vez!" ¿Eres tú ese creyente? Deseo ayudarte con estas palabras de consejo.

No llegues a pensar que no te aprovecha la lectura de la Biblia por el hecho de que no puedas observar abiertamente cambios radicales en tu vida. Los efectos y cambios más importantes, por lo general no son ruidosos ni tan instantáneos como para ser observados en un día, sino que son silenciosos, constantes, seguros, progresivos y difíciles de observar al principio. Piensa en la influencia de la luna sobre la tierra, y del aire en los pulmones. Recuerda cuán quietamente cae el rocío, y de qué manera más imperceptible crece la hierba. Con toda seguridad, y por más que tú no lo percibas, la lectura de la Biblia tiene sus efectos en tu vida.

Quizá de una manera gradual pero segura la Palabra produce *impresiones* en tu corazón, y todavía no te has percatado a ello. A menudo, aunque la memoria sea incapaz de recordar hechos, en el carácter de una persona se graban impresiones profundas que duran para siempre. ¿Odias cada día más el pecado? ¿Es Cristo cada día más precioso para tu alma? ¿Es la santidad más preciosa a tus ojos y la deseas cada día más? Si tus respuestas son afirmativas, entonces toma aliento, alma querida, la Biblia está obrando en ti; la Biblia te está haciendo bien.

Quizá la Biblia te esté refrenando de caer en algún pecado o error del cual no te percatas; y si abandonaras la lectura de la Biblia tristemente te darías cuenta de ello. Cuán a menudo tomamos las bendiciones como un hecho normal y natural, y nos volvemos insensibles a las mismas. No lo dudes, aunque de momento no lo sientas o no te des cuenta, estás respirando salud espiritual y robusteciéndola a través de la lectura de la Biblia.

5. Este escrito puede caer en manos de personas *que leen, aman y se alimentan de la Biblia*. ¿Eres tú uno de esos? Escucha pues con atención lo que voy a decirte.

Hagamos la firme resolución de leer aun más la Biblia; grabémosla más y más en nuestra memoria, y hagámosla profundizar más en nuestros corazones. Hagamos buena provisión de la misma para hacer frente a las vicisitudes de la jornada de la muerte. ¿Quién nos puede asegurar que no será tormentosa? ¿Quizá nos falte la vista, y también el oído, y nos encontremos en aguas profundas. ¡Oh de tener en tal hora la Palabra "guardada en el corazón"! *(Salmo 119:11)*.

Vigilemos con más celo, de ahora en adelante, la lectura de la Biblia. Seamos muy celosos del tiempo que empleamos en la lectura de la misma, y vigilemos como lo empleamos. Vayamos con mucho cuidado en omitir la lectura. No bostecemos ni nos durmamos sobre la Biblia; leámosla como el comerciante londinense lee y estudia las columnas industriales del periódico Times, o como la esposa lee una carta del esposo en tierras lejanas. Vigilemos con celo la lectura de la Palabra, y no olvidemos que en el momento en que abramos la Biblia, Satanás se sentará a nuestro lado.

Hagamos la resolución de honrar más la Biblia dentro del círculo de nuestra familia. Leámosla a nuestros hijos y familiares, y no nos avergoncemos de que ojos extraños nos vean. *Meditemos más la Biblia.* Es una costumbre muy provechosa tomar dos o tres versículos por la mañana y meditarlos durante todo el día; haciendo esto apartaremos muchos pensamientos vanos de nuestra mente, y remacharemos nuestra lectura diaria. Santificaremos también nuestra memoria, y evitaremos que las corrientes espirituales del alma se estanquen.

Tomemos la resolución de *hablar más de la Biblia a los creyentes.* ¡Cuán vana es a veces la conversación de los creyentes! ¡Qué de cosas más frívolas, triviales y poco caritativas se dicen! Saquemos a relucir la Biblia; apartaremos al diablo y pondremos nuestros corazones a tono.

Tomemos la firme resolución de *vivir cada día más en conformidad con la Biblia*. Examinemos nuestras opiniones, prácticas, hábitos, temperamento, conducta pública y privada, a la luz de la Biblia, y con la ayuda de Dios esforcémonos en ajustarnos a la Palabra. Limpiemos a menudo nuestros caminos con la Palabra *(Salmo 119:9)*.

Todas estas consideraciones las pongo a la atención del lector en cuyas manos pueda caer este escrito, con la esperanza y oración de que sean de provecho espiritual para su alma.

Me impulsa el deseo de que, tanto los pastores como las congregaciones, las familias y los creyentes individualmente, lean la Biblia, y se distingan por su amor y devoción a la Palabra de Dios. Que el Señor haga que este, mi pobre escrito, sirva para incrementar la lectura de la Biblia.

LA CENA DEL SEÑOR

«Por tanto, pruébese cada uno a sí mismo, y coma así de aquel pan, y beba de aquella copa.» *(I Corintios 11:28.)*

Sin ninguna vacilación me atrevo a incluir el tema de la Santa Cena entre las actividades y ordenanzas más importantes de nuestra profesión de fe. Al estudiar este tema lo hago con el convencimiento de que no es fácil, y de que gran parte de las divisiones que existen entre los cristianos se deben a falsas interpretaciones de esta ordenanza. Muchas personas la descuidan; otras no la entienden bien; y otras la exaltan a unas alturas que el Señor nunca dispuso: hacen un ídolo de la misma. Mi propósito es dar un poco de luz sobre esta ordenanza y aclarar algunos conceptos que de ella se desprenden. Feliz y retribuido me sentiré si lo consigo.

I. — ¿Por qué fue instituida la cena del Señor?

El pan que en la Cena del Señor es partido, representa el cuerpo de Cristo que fue dado por nuestros pecados; el vino simboliza la sangre de Cristo derramada por nuestros pecados. El que come de ese pan y bebe de esa copa participa de una ordenanza que, de una manera maravillosa y elocuente, descubre los beneficios que Cristo ha obtenido para su alma y, al mismo tiempo, pone de manifiesto que todos estos beneficios se derivan de la muerte de Cristo.

¿Qué nos dice el Nuevo Testamento sobre esta ordenanza? En cuatro lugares distintos se nos habla de la institución de la misma, y los que la mencionan son Mateo, Marcos, Lucas y Pablo. Tanto en Pablo como en Lucas encontramos aquellas maravillosas palabras "Haced esto en memoria de mí". Y a estas palabras Pablo, por inspiración, añade: "Todas las veces que comiereis este pan y bebiereis esta copa" *(I Corintios 11:25-26; Lucas 22:19)*. Y si las Escrituras hablan tan claramente, ¿por qué no se contentan los hombres? ¿Por qué motivo se confunde una ordenanza que en el Nuevo Testamento es tan simple? El recuerdo continuo de la muerte de Cristo constituye el gran motivo por el cual la Cena del Señor fue instituida. Quien va más allá de esto, se extralimita y, con gran peligro de su alma, añade algo a la Palabra de Dios.

¿Es razonable suponer que Cristo instituyera una ordenanza con el simple propósito de servir de *recordatorio de su muerte?* ¡Ciertamente que lo es! De todo lo que concierne a su ministerio sobre la tierra, no hay nada que en importancia iguale a su muerte. La muerte de Cristo constituye aquella gran satisfacción que, ya desde antes de la fundación del mundo, había de hacerse por el pecado del hombre. Ya desde la caída, los sacrificios de animales eran símbolos de aquel gran sacrificio de eficacia infinita. Este fue el gran objetivo y el sublime propósito de la venida del Mesías al mundo. La muerte expiatoria de Cristo constituye la gran piedra de ángulo y el sólido fundamento de todas las esperanzas que de perdón y paz tiene el hombre. En resumen: hubiera sido vana la enseñanza, vida, predicación, profecía, y milagros de Jesús, *si no hubiera coronado todo esto con su muerte redentora.* Su muerte significó nuestra vida. Con su muerte nuestra deuda con Dios quedó saldada. Y sin su muerte, nosotros, de todas las criaturas, seríamos las más miserables. No es de extrañar, pues, que para recordatorio de esta muerte se instituyera una ordenanza especial. Lo que el pobre hombre —débil y pecador— necesita recordar continuamente es precisamente la muerte de Cristo.

¿Hay algún fundamento en el Nuevo Testamento para decir que la Santa Cena constituye un sacrificio? ¿Existe fundamento bíblico para suponer que en la Cena del Señor los elementos del pan y el vino se transforman en el cuerpo y sangre de Cristo? *¡Ciertamente, no!* Cuando el Señor dijo a sus discípulos: "Esto es mi cuerpo" y "esto es mi sangre", evidentemente lo que Él quería decir era esto: "Este pan en mi mano es símbolo de mi cuerpo; y esta copa de vino en mi mano, es símbolo de mi sangre". Los discípulos ya estaban acostumbrados a oír tal lenguaje, y recordaban sus dichos, como el de "El campo *es* el mundo, y la buena simiente *son* los hijos del reino" *(Mateo 13:38)*. Nunca entró en sus mentes la idea de que Jesús tenía en sus manos su propio cuerpo y su propia sangre, y que de una manera literal les daba a comer y a beber su cuerpo y sangre. Los escritores del Nuevo Testamento jamás nos hablan de la Santa Cena como un sacrificio. La doctrina universal del Nuevo Testamento es la de que Cristo, con una sola ofrenda, hizo perfectos para siempre a los santificados; después de su muerte expiatoria en la cruz, ya no hay necesidad de otro sacrificio. El tema que estamos considerando es de una importancia enorme. No permitamos que el significado bíblico del mismo se nos escape. Sobre este tema los Reformadores diferían tajantemente de Roma, y por sus convicciones muchos de ellos sufrieron la hoguera. Antes que admitir que la Cena del Señor constituía un sacrificio, prefirieron dar sus vidas fieles a la verdad bíblica. Introducir de nuevo la idea de la "presencia real" en la Santa Cena, como hacen algunos en la Iglesia Anglicana, es despreciar la sangre de nuestros mártires y desechar los primeros principios de la Reforma Protestante. Pero sobre todas las cosas, es ir contra la enseñanza simple y clara de la Palabra de Dios, y deshonrar la obra sacerdotal de Cristo. Con claridad diáfana la Biblia enseña que la Santa Cena fue instituida como recordatorio de la muerte de Cristo. La Biblia enseña que la muerte vicaria de Cristo en la cruz constituyó un perfecto sacrificio por el pecado, y que ya no necesita repetirse mas. Manténgamonos firmes en estos principios evangélicos. Una noción clara del significado de la Santa Cena constituye una segura protección contra las adulteraciones e imaginaciones de nuestro tiempo.

II. — ¿Quiénes pueden participar de la Cena del Señor?

La ignorancia que reina sobre este particular, al igual que sobre los otros aspectos del tema, es en verdad abismal. Los principales gigantes que Juan Bunyan menciona en "El Peregrino" como enemigos peligrosos del cristiano son dos: "Papa" y "Pagano". Yo estoy seguro de que si el viejo puritano hubiera tenido una visión de nuestro tiempo, nos hubiera hablado también del gigante "Ignorancia". Empezaré diciéndoos quienes no deben participar de la Cena del Señor.

No es lícito invitar a todos los que han sido bautizados a que participen de la Cena del Señor. Esta ordenanza no obra como una medicina, independientemente del estado de mente y corazón de aquellos que la reciben. La manera de proceder de aquellos que instan a sus congregaciones respectivas para que vengan a la mesa del Señor como si el mero hecho de venir hubiera de redundar en beneficio de sus almas, carece por completo de sanción bíblica y será de detrimento espiritual para las tales. La ignorancia nunca puede dar lugar a un "culto razonable", y todo miembro comulgante que acude a la mesa del Señor ignorando el significado de la ordenanza ocupa un lugar que no le corresponde. "Pruébese cada uno a sí mismo, y coma así de aquel pan, y beba de aquella copa." Es requisito esencial e imprescindible para todos aquellos que se acercan a la Mesa poder "discernir el cuerpo del Señor", o, en otras palabras, comprender el significado del pan y del vino, saber por qué fueron instituidos y el beneficio que se deriva de recordar la muerte de Cristo. "Dios manda a todos los hombres en todo lugar, que se arrepientan" *(Hechos 17:30);* pero este mandamiento no fue dado con referencia a la participación de todo hombre de la Santa Cena. ¡Ciertamente, no! No podemos participar de la Santa Cena de una manera impremeditada, liviana y desordenada. Es una ordenanza solemne y como tal requiere una participación solemne por nuestra parte.

Aquellos que viven en pecado y persisten en el pecado, no pueden participar de la Cena del Señor. Tal proceder constituiría un insulto a Cristo y un desprecio al Evangelio. Sería además, un absurdo. ¿Cómo puede uno desear la participación de la Cena y recordar la muerte de Cristo y al mismo tiempo amar el pecado que clavó al Salvador en la cruz? El mero hecho de que una persona viva continuamente en pecado es, de por sí, evidencia de que no ama a Cristo y de que no experimenta gratitud por la redención. Mientras se viva en el pecado y se ame el pecado, no se puede participar de la Cena; y de participarse, se añade pecado sobre pecado. Si a la Mesa del Señor llevamos con nosotros el pecado del cual no nos hemos arrepentido, y participamos de los elementos sabiendo en nuestros corazones que todavía somos amigos de la iniquidad, entonces nos hacemos reos de una terrible condenación; y con ello damos pie a que se endurezca nuestra conciencia. Si una persona ama su pecado y no quiere abandonarlo, que haga todo menos participar de la Cena del Señor; pues el que "come y bebe indignamente, juicio como y bebe para sí".

Aquellos que confían en su propia justicia y creen que pueden salvarse con sus propias obras, no tienen suerte ni parte en la Cena del Señor. De todas las personas, éstas son las menos calificadas para acercarse a la mesa. Por correcta, moral y respetable que sea su manera de vivir, debemos repetirlo: mientras confíen en sus obras no tienen derecho a participar de la Cena del Señor. Y es que precisamente en la Cena del Señor confesamos públicamente que no tenemos justicia ni merecimientos propios, y que toda nuestra esperanza de salvación se halla en Cristo. Públicamente confesamos nuestra culpabilidad, corrupción y pecado, y que por naturaleza merecemos la ira de Dios y la condenación. Confesamos públicamente los méritos de Cristo y no los nuestros; la justicia de Cristo y no la nuestra, como el fundamento por el cual somos aceptados delante de Dios. ¿Cómo pueden, pues, aquellos que confían en su justicia, participar de la Cena del Señor?

La Cena del Señor no es para las almas muertas, sino para las que viven. Los que tienen en poco la salvación, los que aman el pecado y viven en el pecado y los que confían en su justicia, no están calificados para participar de la Cena del Señor; están muertos espiritualmente. Para gozar de un manjar espiritual, nuestro apetito y nuestro gusto ha de ser espiritual. Suponer que la Cena del Señor puede hacer bien a una persona que espiritualmente está muerta, sería lo mismo que poner pan y vino en la boca de un muerto. La Santa Cena no es una institución que justifica o salva. Si una persona inconversa participa de la Cena, continuará inconversa al abandonar la mesa.

¿Quiénes son, pues, los que verdaderamente pueden y deben participar de la Cena del Señor? ¿Quiénes son los verdaderos comulgantes? Todos aquellos que exhiban en sus vidas estas tres características: arrepentimiento, fe y caridad. Todo hombre que verdaderamente se ha arrepentido de su pecado y ahora odia el pecado, que ha puesto su confianza en Jesús como su única esperanza de salvación y que vive una vida de caridad hacia el prójimo, puede participar de la Cena del Señor; las Sagradas Escrituras lo amparan; el Señor de la fiesta se complace en su presencia y participación en el banquete espiritual.

¿Que tu arrepentimiento todavía es imperfecto? No te

aflijas, ¿*es real*? Esto es lo importante. Tu fe en Cristo quizá sea débil, pero, ¿es real? Tanto el penique como la libra esterlina forman parte verdadera del sistema monetario inglés, y es que tanto el uno como el otro llevan la efigie de la Reina. Tu caridad puede ser muy defectuosa en cantidad y en calidad. No te aflijas, ¿es real? El verdadero examen cristiano depende más de la calidad y genuinidad de la gracia que se posee, que de la cantidad de gracia que se disfruta. Y en última instancia, la cuestión vital es la de si se posee o no gracia sobrenatural. Los doce primeros comulgantes a los que Cristo dio la Santa Cena, eran en verdad débiles: débiles en conocimiento, débiles en fe, débiles en valor, débiles en paciencia, débiles en amor. Pero once de estos comulgantes tenían algo que los elevaba sobre todos estos defectos: su profesión era real, genuina, sincera y verdadera.

Que nunca se borre de tu mente este principio: los comulgantes que son dignos de la Cena son aquellos que conocen por experiencia lo que es el arrepentimiento hacia Dios, la fe en el Señor Jesús y el amor no fingido hacia el prójimo. ¿Eres tú este hombre? Entonces puedes acercarte a la mesa y participar confiadamente de esta ordenanza.

III. — **Los beneficios que los comulgantes pueden esperar al participar de la Cena del Señor.**

La Cena del Señor no fue instituida como medio de justificación o de conversión. En el corazón donde no hay gracia, no puede infundir gracia; en el alma que no ha sido perdonada, la Cena no puede conceder el perdón. No puede suplir la falta de arrepentimiento hacia Dios y fe en el Señor Jesucristo. Es una ordenanza para el penitente y no para el impenitente; para el creyente y no para el incrédulo; para el convertido y no para el inconverso. El inconverso quizá se imagine que participando de la Cena del Señor encontrará un camino más corto al cielo; pero llegará el día cuando se convencerá de cuán engañado estaba y experimentará las consecuencias terribles de su proceder. La Cena del Señor aumenta y fortalece la gracia que el creyente ya posee, pero no es para impartir gracia al que no la tiene. No fue instituída con el fin de convertir al hombre, justificarle y darle paz para con Dios.

El beneficio espiritual que el verdadero comulgante puede esperar de la Santa Cena es, como lo expresa nuestro catecismo, "un fortalecimiento y refrigerio del alma". La Cena nos brinda conceptos más claros sobre Cristo y su obra redentora; ideas más claras sobre los diferentes oficios que Cristo desempeña como Mediador y Abogado; una visión más profunda de la muerte vicaria de Cristo por nosotros; un juicio más perfecto y completo de la aceptación que en Cristo tenemos delante de Dios; unas razones más evidentes para el arrepentimiento y para una fe viva. Estos, entre otros, son los beneficios que el creyente puede esperar de la Cena.

La debida participación de la Cena del Señor obra en el alma del creyente un *sentimiento de humillación*. La visión de los símbolos de la sangre y cuerpo de Cristo nos recuerda cuán terrible es el pecado, ya que únicamente la muerte del Hijo de Dios podía satisfacer por el mismo y redimirnos de su culpa. En esta ocasión, más que en ninguna otra, el creyente ha de "revestirse de humildad" al arrodillarse delante de la mesa.

La debida participación de la Cena del Señor tiene *efectos consoladores* para el alma. La visión del pan partido y del vino derramado, nos recuerda cuán completa y perfecta es nuestra salvación. Esos símbolos nos muestran aquella poderosa verdad de que creyendo en Cristo no tenemos que temer nada, pues nuestra deuda ha sido pagada y satisfecha. La "preciosa sangre de Cristo" responde por cualquier acusación que pueda hacerse en contra de nosotros. Dios puede ser "un Dios justo y el que justifica al que es de la fe de Jesús". *(Romanos 3:26.)*

La debida participación de la Santa Cena constituye un medio de *santificación* para el alma. El pan y el vino nos recuerdan cuán grande es nuestra deuda de gratitud al Señor y cuán completa debería ser nuestra consagración a Aquél que murió por nuestros pecados. Parece ser como si los elementos nos dijeran: "Recuerda lo que Cristo ha hecho por ti; ¿hay algo que tú puedas hacer por Él y que te parezca demasiado grande?

La debida participación de la Cena del Señor origina sentimientos que *constriñen el alma*. Cada vez que el creyente se acerca a la mesa, se da cuenta de que la profesión cristiana es seria y de que sobre él pesa la obligación de vivir una vida conforme a lo que profesa creer. Habiendo sido comprado, no con oro o plata, sino con la preciosa sangre de Cristo, ¿no le glorificará con su cuerpo y con su espíritu? El creyente que regularmente participa de la Cena del Señor y de una manera consciente discierne los elementos, no caerá fácilmente en el pecado, ni se someterá al mundo.

Esta es, pues, una breve relación de los beneficios que el verdadero comulgante puede esperar de la participación de la Cena del Señor. Al comer el pan y beber de la copa, el arrepentimiento del creyente profundizará, su fe aumentará, su conocimiento se ensanchará y sus hábitos de santificación se fortalecerán. Percibirá más en su corazón, "la presencia real de Jesucristo". Al participar por la fe del pan, el creyente experimentará una comunión más íntima con el cuerpo de Cristo; al beber por la fe del vino, experimentará una comunión más íntima con la sangre de Cristo. Entenderá entonces perfectamente lo que significa esta unión íntima entre el creyente y Cristo y entre Cristo y el creyente; su alma notará la influencia de las aguas espirituales haciendo profundizar sus raíces, y sentirá como la obra de gracia se reafirma en su corazón y crece. No nos debe extrañar, pues, que el verdadero cristiano encuentre en la Cena del Señor una fuente de bendición.

No se me interprete mal con respecto al disfrute de estos beneficios por parte del creyente, pues lejos está de mí afirmar que todo creyente, sin distinción, gozará de todas las bendiciones de la Cena del Señor aquí reseñadas. Tampoco afirmo que dichas bendiciones se repetirán constantemente en el creyente, pues de sobras sé que nuestro estado espiritual no será siempre el mismo y por consiguiente no podemos pretender recibir el mismo grado de bendición. Pero esto si que lo mantengo con firmeza: raro será el creyente verdadero que no considere la Cena del Señor como uno de los auxilios más valiosos en su vida espiritual y también uno de sus privilegios más elevados. Concluiré el tema con algunas palabras de exhortación.

1. *No descuidéis la Cena del Señor.* La persona que de una manera fría y deliberada se resiste a participar de una ordenanza que el Señor instituyó para bendición del alma, da muestras de estar en un estado muy triste. Hay un juicio venidero, unas cuentas a saldar, ¿cómo podemos esperar este día y recibir al Señor con paz y confianza, si en nuestra profesión cristiana rehuímos encontrarle en la ordenanza que nos dejó?

2. *No participéis de la Cena del Señor con indife-*

rencia. La persona que profesa ser cristiana y participa del pan y del vino con un corazón frío e indiferente, comete un gran pecado y se roba a sí misma de una gran bendición. En esta ordenanza, como en cualquier otro medio de gracia, todo depende del estado de mente que muestra el comulgante.

3. *No hagáis un ídolo de la Cena del Señor.* La persona que os diga que esta ordenanza es la más importante de la fe cristiana, os dice algo que no puede probar por las Escrituras. En la mayor parte de los libros del Nuevo Testamento no se nos menciona. En las epístolas a Timoteo y Tito, y en las que Pablo menciona las obligaciones de los ministros, el tema no se menciona. El arrepentimiento, la fe, la conversión, el nuevo nacimiento, la santidad, etc., son mucho más importantes que el mero hecho de ser miembro comulgante, pues sin ellas no hay salvación y no hay, tampoco, participación genuina de la Cena del Señor. El ladrón de la cruz nunca fue miembro comulgante, pero Judas si que lo fue. No cometamos el error de hacer de la Cena del Señor algo que ponga en segundo plano lo demás del Cristianismo; ni pongamos la Cena del Señor por encima de la oración o de la predicación.

4. *No participéis de la Cena del Señor con irregularidad.* No estéis ausentes cuando ha de celebrarse esta ordenanza. Para el mantenimiento de nuestra salud física es necesario observar regularmente ciertos hábitos. La participación regular de todos los medios de gracia es esencial para la prosperidad de nuestras almas. La persona que considera un sacrificio asistir a los cultos de Santa Cena, tienen buenos motivos para dudar de su condición espiritual. De no haber estado ausente cuando el Señor se apareció a los discípulos que se habían congregado, Tomás no hubiera dicho los desvarios que se nos narran en el Evangelio. Por haber estado ausente se perdió aquella gran bendición.

5. *No lleves descrédito a tu profesión de comulgante.* La persona que después de haber participado de la Cena del Señor corre hacia el pecado, quizá hace más daño a la causa de Cristo del que pueda hacer cualquier otro pecador. Se convierte en un sermón andante en favor del diablo y da ocasión para que los enemigos de la fe blasfemen y la gente no acuda a Cristo.

6. *No te desalientes* ni te desanimes si a pesar de tus buenos deseos crees que no recibes demasiada bendición de la Cena del Señor. Posiblemente tus expectaciones son desmesuradas y quizá eres un juez inepto para juzgar tu estado espiritual. Quizá mientras tú te estés lamentando, las raíces de tu vida espiritual vayan profundizando y fortaleciéndose. No te olvides que todavía estamos sobre la tierra y no en el cielo; por consiguiente no debes esperar que todo sea perfecto.

¿ESTAS ENFERMO?

«El que amas está enfermo.»
(Juan 11:3)

Este versículo ha sido tomado de un capítulo muy conocido por todos los lectores de la Biblia. En viveza descriptiva, interés arrebatador y simpleza sublime, este capítulo no admite comparación posible con ningún otro escrito. Una narración como esta, para mí constituye una de las pruebas más convincentes de la inspiración de la Biblia. Cuando leo la historia de Betania siento "que hay algo allí que el incrédulo jamás podrá explicarse; y es que hay allí nada menos que el dedo de Dios".

Las palabras de este versículo son particularmente instructivas y conmovedoras. Encierran el mensaje que Marta y María enviaron a Jesús cuando su hermano, Lázaro, estaba enfermo:"Señor, he aquí el que amas está enfermo". El mensaje era corto y simple; pero profundamente sugestivo.

Daos cuenta de la fe sencilla de estas mujeres. En la hora de la necesidad, al igual que el niño asustado acude a la madre, recurrieron al Señor Jesús. Acudieron a Él como al Pastor de sus almas, el Amigo todopoderoso, el Hermano nacido para librarles de la adversidad. El temperamento de las dos hermanas era completamente distinto, pero en este asunto las dos coincidían: Cristo era el único que podía ayudarlas en aquellos momentos de dificultad. Cristo era su refugio. ¡Bienaventurados todos aquellos que hacen lo mismo!

Notad el lenguaje sencillo que emplearon para referirse a Lázaro: "El que amas". No dijeron: "El que te ama, te cree y te sirve", sino "El que Tú amas". Marta y María habían sido enseñadas de Dios. Habían aprendido que el amor de Cristo hacia nosotros y no nuestro amor hacia Él es el verdadero fundamento de la esperanza. ¡Bienaventurados todos los que han sido enseñados de la misma manera! Cuando nos paramos a considerar el amor que pueda haber en nosotros hacia Cristo, sentimos dolor y pena; pero cuando pensamos en el amor que Cristo tiene hacia nosotros, ¡ah, entonces, qué paz invade nuestros corazones!

En último lugar, considerad las circunstancias conmovedoras que motivaron el mensaje de Marta y María: "El que amas está enfermo". Lázaro era un hombre bueno, convertido, creyente, regenerado, santificado, un amigo de Jesús, un heredero de la gloria; sin embargo, estaba enfermo. Por consiguiente el hecho de que un creyente esté enfermo no es señal de que Dios esté disgustado con Él. El propósito por el cual Dios permite las enfermedades en sus hijos no es para maldición, sino para bendición. "Y sabemos que a los que a Dios aman, todas las cosas les ayudan a bien, esto es, a los que conforme a su propósito son llamados". "Todo es vuestro, y vosotros de Cristo, y Cristo de Dios" *(Romanos 8:28; I Corintios 3:22-23)*. ¡Bienaventurados, digo de nuevo, los que han aprendido esto! Felices aquellos que en la hora de la enfermedad pueden decir: "Viene de Dios; todo irá bien."

Deseo llamar la atención del lector al tema de la enfermedad. La enfermedad abunda y con frecuencia debemos experimentarla en nosotros; no podemos evitarla. No necesitamos del ojo del profeta para convencernos de que a todos nos llegará, si es que todavía no nos ha llegado. "En medio de la vida estamos en la muerte". Como creyentes, estudiemos, pues, este tema, y que el Señor nos de sabiduría para hacerlo.

I. — **El predominio universal de la enfermedad.**

No es necesario que me extienda mucho sobre este tema; la elaboración del mismo no sería más que una multiplicación innecesaria de pruebas sobre algo que para todos es más que evidente. Con todo, sirvan estas reflexiones:

La enfermedad se encuentra en todas partes: en Europa, en Asia, en Africa, en América; en los países cálidos y en los pases fríos; en las naciones civilizadas y también entre las tribus salvajes; tanto los hombres como las mujeres y los niños enferman y mueren.

La enfermedad se da en todas las clases sociales y también entre los cristianos; la gracia no eleva al creyente al plano de la salud perfecta. El dinero no puede comprar la inmunidad a las enfermedades; el rango tampoco puede evitar sus asaltos. Los reyes y los súbditos, eruditos e ignorantes, maestros y sabios, doctores y pacientes, pastores y congregaciones, todos sin excepción caen a los pies de este adversario. "Las riquezas del rico son su ciudad fortificada" *(Proverbios 18:11)*; a la casa del inglés se la llama "su castillo", pero no hay puerta ni barras que puedan mantener fuera a la enfermedad y la muerte.

Hay enfermedades de cualquier clase y descripción. Desde la planta del pie hasta la cabeza, estamos predispuestos a cualquier enfermedad; y la capacidad de sufrimiento que tiene el hombre es algo verdaderamente triste de contemplar. ¿Quién puede contar el número de dolencias que asaltan el cuerpo humano? "¡Qué maravilloso que un arpa de mil cuerdas esté a tono por tantos años!". Me maravilla más que el hombre viva tanto, que el hecho de que su vida sea tan corta.

A menudo la enfermedad es una de las pruebas más angustiosas y humillantes que pueden sobrevenir al hombre. Puede tornar el vigor del hombre fuerte a un nivel inferior al del niño y hacer que, para él, "el peso de la langosta sea una carga" *(Eclesiastés 12:5)*. Puede dejar sin nervio al más atrevido y valiente, y que tiemble al caer una aguja. El cuerpo humano está maravillosamente formado y diseñado. *(Salmo 139:14)*. La relación entre la mente y el cuerpo es en verdad íntima, y la influencia que algunas enfermedades pueden tener sobre el temperamento y el estado de ánimo es inmensa. Hay dolencias del cerebro, del hígado y de los nervios que de tal modo pueden repercutir en el organismo, como para transformar una mente salomónica a un nivel no superior al de un infante. Quien desee saber a qué profundidades la enfermedad puede humillar al mortal, sólo tiene que cuidar por poco tiempo a algunos enfermos.

La enfermedad, tarde o temprano, pondrá fin a nuestra vida. La duración de la vida puede prolongarse, y ello gracias a la habilidad de los médicos y los nuevos remedios y medicamentos. Pero a pesar de todo, la enfermedad vendrá y con ella la muerte. "Los días de nuestra edad son setenta años; y si en los más robustos son ochenta años, con todo su fortaleza es molestia y trabajo porque pronto pasan y volamos" *(Salmo 90:10).* Este testimonio es verdadero; ya era así hace más de 3.000 años, y es así aún hoy en día.

¿Qué aprendemos de este hecho indiscutible del predominio universal de la enfermedad? ¿Qué explicación podemos darle? ¿A qué se debe? ¿Qué respuesta daremos a nuestros hijos cuando nos interroguen sobre el porqué la gente enferma y muere? Estas preguntas son importantes, y requieren nuestra consideración.

¿Podemos suponer que Dios creó al hombre con una naturaleza predispuesta a la dolencia y la enfermedad? ¿Podemos imaginar que Aquél que creó un universo de tanto orden, fuera también el creador de sufrimientos y dolor innecesarios? ¿Podemos pensar que Aquel que hizo las cosas "buenas en gran manera" creara la raza de Adam de tal manera como para que enfermara y muriera? Tal suposición me subleva. Y es que introduce una gran imperfección en el seno de las obras perfectas de Dios. Debe haber otra solución, otra explicación, que aclare el problema.

La única explicación que me puede satisfacer es la que nos ofrece la Biblia. Algo se introdujo en el mundo que ha destronado al hombre de la posición en que fue creado y le ha privado de sus privilegios originales. Algo ha venido en este mundo que, como si fuera un puñado de gravilla arrojado en los engranajes de una máquina, ha dañado el perfecto orden de la creación de Dios. ¿Y qué es es este *algo.* Es el pecado. "El pecado entró en el mundo, y por el pecado la muerte" *(Romanos 5:12).* El pecado es la causa de toda enfermedad y de toda dolencia, como de todo sufrimiento. Todas estas cosas son parte de la maldición que cayó sobre el mundo cuando Adán y Eva comieron del fruto prohibido. No habría enfermedad de no haber habido caída; no habría dolencias, de no haber entrado el pecado.

No hay posición más insostenible y carente de fundamento que la del ateo, deísta, o de todo aquel que no cree en la Biblia. Con pleno conocimiento de causa me atrevo a decir que se requiere más fe para creer lo que creen éstos que para creer lo que creen los cristianos. Hay una serie de hechos e interrogantes en la creación, que sólo la Biblia puede explicar, y de ellos uno de los más notables es el del predominio universal del dolor, el sufrimiento y la enfermedad. Para resumir, podemos decir que el funcionamiento y constitución del cuerpo humano constituye una dificultad insuperable para los ateos y los deístas.

Según el ateo, no hay Dios, ni Creador, ni Primera Causa; la realidad se explica por mera contingencia. ¿Podemos seriamente aceptar esta doctrina? ¿No será mejor llevar al ateo a una de nuestras escuelas de anatomía, y pedirle que estudie la maravillosa estructura del cuerpo humano? Mostradle la incomparable habilidad con que cada articulación, vena, músculo, tendón, nervio, hueso y extremidad ha sido diseñada. Mostradle la adaptación perfecta de cada miembro del cuerpo al fin asignado. Mostradle el sinfín de medios por los cuales el organismo hace frente al cansancio y al desgaste corporal, y de qué manera suple las pérdidas diarias de energía. Y una vez visto todo esto, preguntadle si todavía cree que todo este mecanismo tan maravilloso es resultado de una mera casualidad y fruto de una mera contingencia. Preguntadle si todo nuestro complicado organismo se originó por accidente. Preguntadle si piensa lo mismo del reloj que usa, el pan que come y el abrigo que lleva. ¡Oh, no! Todo esto presupone un Diseñador, un Ordenador. Hay Dios.

Los deístas profesan creer en Dios, creador de todas las cosas, pero no creen en la Biblia. El credo de los deístas es este: "Creemos en Dios, pero no en la Biblia; en un Creador, pero no en el cristianismo". Muy bien; tomad a este deísta y llevadle a un hospital y mostradle algunos casos terribles de enfermedad. Llevadle junto al lecho de un tierno infante, que apenas puede distinguir entre lo bueno y lo malo y que está afectado de un cáncer incurable. Enviadle a la sala donde una buena madre de muchos hijos está en la última etapa de una dolencia terriblemente dolorosa. Mostradle los desgarradores sufrimientos y dolores que la carne hereda, y pedidle que os dé una explicación. A este hombre que cree en la existencia de un Dios sabio, Creador de todo lo que existe, pero que no cree en la Biblia, preguntadle como se justifica la presencia de tanto desorden e imperfección en la creación, de un Dios perfecto. A este hombre, que se burla de la teología cristiana, y es tan sabio como para negar la caída de Adam, pedidle que nos explique por qué la enfermedad y el dolor prevalecen universalmente en el mundo. Pero por mucho que preguntéis todo será en vano; no podrá daros ninguna respuesta favorable. En el sistema deísta la enfermedad y el dolor constituye un obstáculo insuperable. *El hombre ha pecado; he aquí por qué sufre.* Por la caída de Adam, sus descendientes enferman y mueren.

El hecho de que la enfermedad es de predominio universal constituye una de las muchas evidencias indirectas de la veracidad de la Biblia. La Biblia explica el porqué. La Biblia da la razón por la cual hay sufrimiento y enfermedad en el mundo. Ninguna otra religión puede hacer esto; no pueden darnos la causa del dolor y la miseria. La Biblia decididamente proclama el que el hombre es una criatura caída, y como resultado de esta caída, el dolor, el sufrimiento y la enfermedad, vinieron al mundo. Pero la Biblia también proclama el remedio y la salvación que pueden rescatar al hombre de la caída y sus consecuencias. La Biblia viene de Dios; el cristianismo es revelación del cielo. "Tu Palabra es verdad" |*(Juan 17:17)*.

II. — Los beneficios generales que la enfermedad confiere a la humanidad.

Quiero hacer notar que la palabra *beneficio* la uso con conocimiento de causa, y deseo que se entienda bien en qué sentido la uso. Para algunas personas la enfermedad constituye uno de los puntos débiles en la creación y gobierno del mundo por parte de Dios; y las mentes escépticas se preguntan: ¿Cómo puede ser Dios un Dios de amor, si permite el dolor? ¿Cómo puede ser un Dios de misericordia, si permite la enfermedad? Bien podría Dios evitar el dolor y la enfermedad; pero no lo hace. ¿Cómo puede esto entenderse?" Estas son las reflexiones que a menudo se hace el hombre.

A los que *razonan* de esta manera debo contestar diciéndoles que sus dudas y objeciones no tienen nada de razonables. Por el mismo motivo podrían dudar de la existencia de un Creador por cuanto el orden del universo se ve perturbado por terremotos, huracanes y temporales; y de la providencia de Dios como resultado de los muchos genocidios que registra la historia.

A quienes les resulte imposible reconciliar el predominio de la enfermedad y del dolor con el amor de Dios, les invito a que observen lo que ocurre a su alrededor. Les pido que se den cuenta hasta qué extremo el hombre está dispuesto a perder ciertas cosas presentes para conseguir ganancias en el futuro, a soportar pruebas presentes para conseguir goces futuros, a sufrir dolor presente para conseguir salud en el futuro. La semilla es esparcida sobre la tierra y se pudre, pero se siembra con la esperanza de una cosecha futura. El niño va a la escuela en medio de grandes lágrimas, pero lo enviamos con la esperanza de que un día los estudios le sean de provecho. Un miembro de la familia se somete a una dolorosa y delicada operación quirúrgica, pero lo hace con la esperanza de recobrar la salud en el futuro. Yo pido que todas las personas apliquen este gran principio general en lo que concierne al gobierno que Dios tiene del mundo; y les pido que acepten el hecho de que Dios permite el dolor, la enfermedad y las dolencias, no porque Él desee afligir al hombre, sino porque desea beneficiar el corazón, la mente, la conciencia y el alma del hombre para toda la eternidad.

Repito que hablo de los "beneficios de la enfermedad" con conocimiento de causa y con intención. De sobras conozco el sufrimiento y el dolor que la enfermedad reporta, y la estela de miserias que a menudo deja tras de sí; pero aun con todo no puedo considerar a la enfermedad como un mal puro, un mal que no reporta ningún bien. La enfermedad entra de lleno en los sabios designios permisivos de Dios. Veo en la enfermedad un medio muy útil para detener los azotes del pecado y de Satanás en las almas de los hombres. Si el hombre no hubiera pecado, entonces en modo alguno podría hablar de los beneficios de la enfermedad; pero por cuanto el pecado está en el mundo, puedo darme cuenta de que la enfermedad es un bien para el hombre. Es una maldición, y al mismo tiempo una bendición. Admito que es un maestro muy duro, pero es un amigo verdadero del alma.

a) La enfermedad nos ayuda a recordar la muerte. La mayor parte de la gente vive como si nunca hubieran de morir; se lanzan a los negocios, a los placeres, a la política o a la ciencia, como si la tierra fuera su hogar eterno. Hacen planes y proyectos para el futuro como el rico necio de la parábola. Una enfermedad seria a veces ayuda a disipar estas ilusiones y sueños vanos, y les recuerda que un día morirán. Enfáticamente afirmo que esto es un gran bien.

b) La enfermedad ayuda al hombre a pensar seriamente en Dios, en el alma y en la eternidad. Mientras disfruta de salud el hombre no tiene tiempo para estos pensamientos, y tampoco desea hacérselos. No le gusta pensar en estas realidades, le son molestas y pesadas. Pero si le sobreviene una severa enfermedad, reacciona de tal manera que todos sus pensamientos se centran en Dios, el alma y la eternidad. Incluso un rey tan perverso como Benadad estando enfermo pudo pensar en Eliseo *(II Reyes 8:8)*; aún los marineros paganos, teniendo a la muerte muy cerca, llenos de temor dijeron: "Que todo hombre clame a su dios". *(Jonás 1:5)*. No dudemos de que cualquier cosa que hace pensar en Dios es buena.

c) *La enfermedad ayuda a ablandar el corazón del hombre,* y es principio de sabiduría. El corazón natural del hombre es duro como el pedernal; sólo se preocupa de las cosas de esta vida y se afana por una felicidad terrena. A menudo una larga enfermedad ayuda a corregir estas ideas. Y es que la enfermedad pone al descubierto lo vacío y vano de todo aquello que el mundo llama "buenas" cosas, y nos enseña a sujetarlas con mano floja. Es en la enfermedad que el hombre de negocios se da cuenta de que el dinero no es todo lo que el corazón desea. La mujer de sociedad se da cuenta de que los vestidos costosos, las novelas, los bailes de sociedad, las fiestas y todo lo demás, son consuelos muy pobres en el lecho de enfermedad. Sin duda alguna, cualquier cosa que nos obliga a cambiar nuestro sistema de pesas y medidas con respecto a las cosas del mundo, ha de ser considerada como muy buena.

d) *La enfermedad nos abaja y humilla.* Por naturaleza somos orgullosos y tenemos alto concepto de nosotros mismos. Pocas son las personas que no miran con superioridad a otras, y se lisonjean de que no "son como los otros hombres". El lecho de enfermedad puede ser un poderoso domador de tales pensamientos y sentimientos que nos fuerce a reconocer la verdad de que todos somos pobres gusanos, que "vivimos en casas de barro" y que "somos quebrantados por la polilla" *(Job 4:19)*. A la vista del féretro y de la tumba no resulta fácil ser orgulloso. Sin duda alguna, cualquier cosa que nos enseñe esta lección, es buena.

e) *La enfermedad sirve para probar la religión de los hombres.* Muchos hay en esta tierra que no tienen ninguna religión, pero también hay muchos cuya religión no ha sido probada. Éstos se contentan con la tradición religiosa recibida de sus padres y no pueden dar razón de su fe. En muchos casos la enfermedad ha sido un gran medio para poner al descubierto el fundamento vano de una profesión religiosa nominal. La enfermedad revela a muchos hombres el hecho de que, aunque hayan tenido una forma de religión, en realidad han venido adorando a un "Dios no conocido". Muchos credos parecen hermosos y buenos en las aguas tranquilas de la salud, pero tan pronto como las violentas aguas de la enfermedad se alzan, se rompen y hunden. Los temporales de invierno con frecuencia ponen al descubierto los defectos de construcción en la morada del hombre, y del mismo modo la enfermedad revela una ausencia de verdadera gracia en el alma. Sin duda alguna, todo aquello que descubra el verdadero carácter de nuestra fe es bueno.

No digo que en todas las personas la enfermedad conferirá estos beneficios. En modo alguno puedo atreverme a decir tal cosa. Infinidad de personas que recobraron su salud, no aprendieron ninguna lección durante el tiempo que estuvieron en el lecho del dolor. Miles y miles de personas pasan del lecho de enfermedad a la tumba, y la experiencia de las tales no se distingue en nada a las de las "bestias que perecen"; la enfermedad no causó en ellas impresión espiritual alguna. En vida no tenían sentimiento alguno, y al pasar a la eternidad no tuvieron "congojas por su muerte". *(Salmo 73:4)*. Estas son cosas terribles de mencionar, pero son ciertas. El grado de muerte espiritual al que un corazón puede descender es tal que es para mí un abismo insondable.

Pero los beneficios sobre los cuales he estado hablando, ¿los confiere la enfermedad sólo a unos pocos? Tampoco puedo decir tal cosa. Creo que en muchos casos produce impresiones como las que he descrito. Creo también que para muchas personas la misma viene a ser el "día de la visitación de Dios", y que en el lecho de enfermedad se avivan los sentimientos de tal modo que por la gracia de Dios pueden llevar a muchos a la salvación. Estoy convencido que en tierras paganas la enfermedad pavimenta la obra de los misioneros, y hace que los pobres idólatras muestren buena disposición para oír las buenas del Evangelio. También en nuestro país las enfermedades ayudan grandemente a la labor del pastor; sermones y consejos que la gente no estaría dispuesta a escuchar gozando de buena salud, en el enfermo encuentran un oído atento. Creo que la enfermedad es uno de los intrumentos subordinados más útiles en la salvación de las almas, y aunque los sentimientos que obra a veces son meramente temporales, también a menudo son el medio usado por el Espíritu Santo para traer salvación a un alma. Las enfermedades corporales en la maravillosa Providencia de Dios han llevado a muchas almas a la salvación.

No tenemos derecho a murmurar por las enfermedades, ni a quejarnos por su presencia en el mundo. Ellas son testimonio de Dios; consejeros del alma, despertadores de la conciencia y purificadores del corazón. Es, pues, con fundamento que puedo deciros que la enfermedad es una bendición y no una maldición, una ayuda y no un perjuicio, una ganancia y no una pérdida, un amigo y no un enemigo de la humanidad. Mientras vivamos en un mundo de pecado, es una merced que haya enfermedades.

III. — Las obligaciones especiales que el predominio universal de la enfermedad nos impone.

Me sabría mal terminar el tema sin decir nada sobre este particular. Es de una gran importancia predicar el mensaje de salvación sin perdernos en generalidades. Deseo, pues, hacer llegar a cada lector el mensaje central del tema que nos ocupa, y despertar en ellos la responsabilidad que el mismo implica. Lamentaría de veras si al fin de este escrito el lector se preguntara: "¿Qué lección práctica he aprendido? ¿Qué es lo que debo hacer en medio de este mundo de enfermedad y muerte?"

a) Una de las obligaciones más importantes que el predominio de la enfermedad nos impone es la de *estar siempre preparados para ir al encuentro de Dios*. La enfermedad es un recordador de la muerte. La muerte es la puerta a través de la cual todos nosotros debemos pasar al juicio en el que compareceremos delante de Dios. Es importante, pues, que los habitantes de un mundo que enferma y muere se preparen para ir al encuentro de Dios.

¿Cuándo estarás preparado para ir al encuentro de tu Dios? Nunca estarás preparado, a menos que tus iniquidades hayan sido perdonadas y cubiertos tus pecados. Nunca, hasta que tu corazón haya sido regenerado y tu voluntad haya sido enseñada a deleitarse en la voluntad de Dios. Tus pecados son muchos; y sólo la sangre de Jesucristo te puede limpiar de todos ellos. Sólo la justicia de Cristo puede admitirte a la presencia de Dios. La fe, la fe sencilla como de niño, puede proporcionarte interés en Cristo y en sus beneficios. ¿Te gustaría saber si estás preparado para ir al encuentro de Dios? Permíteme, entonces, que te pregunte: ¿dónde está tu fe? Por naturaleza tu corazón no está preparado para la compañía de Dios. El hacer Su voluntad para ti no es motivo de placer. El Espíritu Santo debe transformarte según la imagen de Cristo. Todas las cosas pasarán.

¿Te gustaría saber si estás preparado para ir al encuentro de Dios? Entonces, ¿dónde está la gracia? ¿Dónde están las evidencias de tu conversión y de tu santificación? En ésto, y sólo en ésto, consiste la verdadera preparación para ir al encuentro de Dios. El perdón de los pecados y la aptitud para disfrutar de la presencia de Dios; la justificación por la fe y la santificación del corazón; la sangre de Cristo vertida sobre nuestros espíritus y el Espíritu de Cristo morando en nosotros; he aquí los esenciales de la religión cristiana. Y no son meras palabras para dar motivo a que los teólogos se enfrasquen en contiendas y disputas; sino que son realidades sobrias, sólidas y substanciales. Para vivir en un mundo de enfermedad y muerte, te es esencial la posesión de esas realidades espirituales.

b) Otra obligación importante que el predominio de la enfermedad te impone, es la de *estar preparado para soportarla pacientemente*. La enfermedad constituye una prueba dura para la carne. El sentir como si los nervios se hubieran soltado y la energía física debilitado; el obligársenos a permanecer sentados y apartados de nuestras ocupaciones habituales; el ver como nuestros planes se truncan y nuestros propósitos se frustan; el sufrir largas horas, días y noches de cansancio y dolor, todo esto constituye una carga severa para nuestra pobre naturaleza pecadora. Ciertamente, en un mundo de muerte como es el nuestro, debemos ejercitarnos en la paciencia.

¿Cómo podremos sobrellevar pacientemente la enfermedad cuando sea nuestro turno sufrirla? Debemos almacenar reservas de gracia en el tiempo de salud. Debemos buscar la influencia santificadora del Espíritu Santo sobre nuestros temperamentos indisciplinados y sobre nuestras disposiciones. Debemos hacer de la oración una ocupación habitual y pedir diariamente al Señor que nos conceda gracia para aceptar su voluntad y para ponerla por obra. "Si algo pidiéreis en mi nombre yo lo haré." *(Juan 14:14.)*

Las gracias pasivas del cristianismo merecen una mayor atención por nuestra parte. La mansedumbre, la suavidad de carácter, la resignación en la enfermedad, la fe, la paciencia, se nos mencionan en la Escritura como frutos del Espíritu Santo. Son gracias pasivas que de una manera muy especial glorifican a Dios. Y es en el lecho de enfermedad donde brillan de una manera más resplandeciente; ellas son las que hacen que muchos enfermos prediquen sermones silenciosos, mensajes sin palabras que aquellos que les rodean no puedan olvidar. ¿Deseas adornar la doctrina que profesas? ¿Deseas que el cristianismo brille hermosamente ante los ojos del mundo? Entonces atesora para ti reservas de paciencia para el día de la enfermedad. Y entonces, si tu enfermedad no es para muerte, será para la "gloria de Dios". *(Juan 11:14.)*

c) Otra obligación importante que el predominio de la enfermedad te impone *es la de mostrar una prontitud habitual para compadecerte y ayudar a tus semejantes.* La enfermedad nunca está lejos de nosotros. Pocas son las familias que no tengan algún miembro o pariente enfermo. Pocas son las congregaciones que no tengan alguna persona enferma. Allí donde hay un enfermo, de allí viene una llamada a la obligación. La asistencia oportuna por insignificante que sea, la cariñosa visita, una pregunta de interés por la persona enferma, una mera expresión de simpatía, etcétera, pueden hacer mucho bien. Todas estas cosas ayudan a hacer desaparecer las asperezas y a unir a las personas en los lazos de la caridad. Y no lo olvides, a menudo éstos son medios para llevar almas a Cristo; son obras buenas en las cuales todo creyente ha de estar ejercitado. En un mundo de enfermedad y dolor debemos "sobrellevar los unos las cargas de los otros" y ser "benignos unos con otros". *(Gálatas 6:2; Efesios 4:32.)*

Quizá para algunos lo que he dicho pueda parecer muy insignificante y de poco valor, y piensen que lo importante es hacer algo grande, llamativo y heróico. Pero no se dan cuenta de que una cuidadosa atención en estas pequeñas muestras de caridad fraternal constituye una de las evidencias más claras de poseerse la mente de Cristo. Son obras que nuestro Maestro mismo realizó contínuamente: "anduvo haciendo bienes", sanando a los enfermos y curando a los oprimidos. Éstas son obras a las que El concede gran importancia, como puede verse en la descripción que nos da del juicio final y en la que, entre otras cosas, nos dice: "Estuve enfermo y me visitásteis". *(Mateo 25:36.)*

¿No tienes deseos de probar la realidad de tu caridad, esta gracia sobre la cual tantos hablan, pero pocos practican? Entonces no descuides a los hermanos enfermos; socórreles con tu ayuda; muéstrales tu simpatía; esfuérzate para aligerar sus cargas; y, sobre todas las cosas, procura hacer bien a sus almas. Tal proceder te hará mucho bien y será de bendición para tu alma. Dios nos prueba y nos examina a través de cualquier caso de enfermedad en torno nuestro. Permitiendo el sufrimiento, el Señor prueba nuestros sentimientos. Cuidado, pues, de que puesto en la balanza seas hallado falto. Si puedes vivir en un mundo de enfermedad y de muerte sin compadecerte de los otros, entonces todavía tienes mucho que aprender. Terminaré el tema con unas palabras de aplicación práctica. Que el Señor haga que sean de provecho espiritual para las almas de los lectores.

1) En primer lugar me dirijo a vosotros con una *pregunta* que, como embajador de Cristo, os ruego le déis la atención que merece. Es una pregunta que de una manera natural se desprende del tema que hemos venido tratando y que concierne a todas las personas sin excepción de rango, clase o condición social. Ésta es la pregunta: ¿Qué harás cuando estés enfermo?

Ha de llegar el día cuando tú tengas que atravesar el valle de sombra y de muerte. Ha de llegar el día cuando tú, al igual que tus antepasados, enfermarás y morirás. La hora y el día puede estar cerca o lejos, sólo Dios lo sabe, pero sea cuando sea, la pregunta permanece en toda su vigencia: ¿Qué harás tú? ¿A dónde te dirigirás para obtener confortamiento? ¿En qué descansará tu alma? ¿De dónde vendrá tu esperanza?

Te ruego no eludas estas preguntas; permite que obren en tu conciencia y no descanses hasta que las puedas contestar satisfactoriamente. No juegues con el alma, ese precioso don inmortal. No aplaces la consideración de este asunto para otra ocasión. No confíes en un arrepentimiento de lecho de muerte. El asunto más importante no debe ser dejado para el final.

Si tuvieras que vivir para siempre en este mundo no te hablaría de esta manera; pero no es así. No puedes escaparte del destino que pesa sobre toda la humanidad. Nadie puede morir en tu lugar. El día llegará cuando tendrás que emprender viaje hacia tu hogar eterno. Y para este día yo quiero que estés preparado. Este cuerpo que ahora acapara tanta atención por tu parte; este cuerpo que ahora vistes, alimentas y calientas con tanto cuidado; este cuerpo debe volver otra vez al polvo. Piensa cuán terrible será un día darse cuenta de que te cuidaste de todo menos de la cosa absolutamente necesaria: la salvación de tu alma. De nuevo te pregunto: ¿Qué harás cuando estés enfermo?

2) Deseo ahora dar un *consejo* a todos aquellos que sienten que lo necesitan y están dispuestos a guardarlo; es un consejo para aquellos que todavía no están preparados para ir al encuentro de Dios. Este consejo es corto y sencillo: acude al Señor Jesucristo sin más demora; arrepiéntete de tus pecados; refúgiate en Cristo y serás salvo. Tienes un alma y debe preocuparte la salvación de la misma. De todos los juegos, el más peligroso es el de vivir descuidando el que un día debemos ir al encuentro de Dios. ¡Oh, prepárate para ir al encuentro de tu Dios! Arrepiéntete de tus pecados; refúgiate en el Salvador hoy mismo, en este instante y suplícale que salve tu alma. Búscale por la fe; encomienda tu alma a su cuidado. Implora con todo tu corazón por su perdón y por la paz de Dios. Pídele que derrame sobre ti el Espíritu Santo. No dudes, Él te oirá y contestará, ya que ha dicho: "el que a mí viene no le echo fuera". *(Juan 6:37.)*

No te conformes con un cristianismo vago e indefinido; ni pienses que todo va bien, pues eres miembro de una Iglesia muy antigua y que al final Dios será misericordioso para con todos. No te confíes, no descanses hasta que no hayas experimentado una unión viva con Cristo. No descanses hasta que tengas el testimonio del Espíritu Santo en tu corazón y hayas sido lavado, justificado, santificado y hecho uno con Cristo. No descanses hasta que puedas decir con el Apóstol: "Porque yo se en quien he creído y estoy seguro que es poderoso para guardar mi depósito para aquel día". *(II Timoteo 1:12.)*

Una religión vaga e indefinida quizá te vaya bien mientras goces de salud; pero de nada te servirá en el día de la enfermedad. Entonces, sólo una unión viva y personal con Cristo podrá confortarte. Cristo intercede por los creyentes; Él es nuestro Sacerdote, nuestro Médico, nuestro Amigo. Sólo Cristo puede quitar de la muerte su aguijón y capacitarnos para hacer frente a la enfermedad sin temor. Sólo Él puede libertar a aquellos que por el temor de la muerte están sujetos a servidumbre. ¡Acude a Cristo; refúgiate en Él!

3) En tercer lugar, deseo exhortar a todos los verdaderos creyentes que lean este escrito a que recuerden que *pueden glorificar a Dios* en gran manera durante la prueba de la enfermedad.

Es muy importante y conveniente considerar este punto. El corazón del creyente puede desmayar fácilmente cuando su cuerpo está débil. Satanás se aprovecha para sugerir dudas en su mente. Yo he visto la tristeza que algunas veces invade al creyente cuando de una manera súbita ha caído en el lecho de enfermedad. He podido darme cuenta de cuán predispuestas están algunas personas buenas a atormentarse a sí mismas con aquellos pensamientos mórbidos de "Dios me ha abandonado; he sido echado de su presencia".

¡Oh cuánto desearía hacer entender a los creyentes enfermos que tanto pueden glorificar al Señor con su sufrimiento paciente como con el trabajo activo! A menudo se evidencia mas gracia en la mera inmovilidad del enfermo que en el ir y venir de los cristianos sanos. El Señor cuida de sus hijos tanto en la enfermedad como en la salud; la prueba de la enfermedad, que a veces el creyente sufre tan dolorosamente, ha sido enviada con amor y no por enojo. ¡Oh cuánto deberían acordarse los creyentes enfermos de la simpatía y amor que Cristo muestra hacia sus miembros enfermos! Los hijos de Dios siempre disfrutan de los cuidados de Cristo, pero de una manera especial en la hora de la necesidad. Cristo conoce las enfermedades del pobre mortal y percibe los desalientos de un corazón enfermo. Cuando estaba sobre la tierra vio y curó "toda enfermedad y toda dolencia". En los días de su carne se identificó de una manera muy especial con los enfermos; y también ahora, en su glorificación, se identifica con ellos. A menudo pienso que la enfermedad y el sufrimiento, más que la salud, hacen que el creyente se conforme más a la semejanza de Cristo. Él fue "varón de dolores experimentado en quebranto". "Y tomó nuestras enfermedades y llevó nuestras dolencias." *(Isaías 53:3; Mateo 8:17.)* El creyente que sufre está en una condición más favorable para identificarse con un Salvador sufriente.

4) Terminaré con unas palabras de *exhortación* para todos los creyentes. Os exhorto a que continuéis en el hábito de una comunión íntima con Cristo, y a que no temáis "ir demasiado lejos" en vuestra profesión de fe. Acordaós de ésto si deseáis tener "una paz grande" en la hora de la enfermedad.

Observo con gran pesar la tendencia que algunos tienen de abajar el nivel del cristianismo práctico, y la tendencia que muestran a denunciar lo que despectivamente llaman "puntos de vista extremos" en puntos que atañen al testimonio cristiano. Exhorto al lector cristiano para que no se deje influenciar por estos criticismos; si al atravesar "el valle de sombra de muerte" desea tener luz, debe "guardarse sin mancha del mundo" y andar en estrecha comunión con Dios.

Esta falta de verdadera entrega al Señor por parte de muchos creyentes explica el porqué en la prueba de la enfermedad y en la hora de la muerte tienen tan poco consuelo. El "ir a medias" y el estar "a buenas con todos" es algo que satisface a muchas personas, pero que ofende a Dios; y con ello lo que en realidad se hace es sembrar espinos en la almohada del lecho de muerte; y lo triste del caso es que muchos son los que descubren ésto cuando ya es demasiado tarde. La superficialidad y poca profundidad espiritual de una profesión de fe se deja ver, de una manera muy patente, en la enfermedad.

Si en verdad deseas "gran consolación" en la hora de la necesidad, no puedes contentarte con una unión superficial con Cristo *(Hebreos 6:18)*. Debes tenes algún conocimiento de lo que es una *comunión experimental* con Él. No olvides nunca que "unión" es una cosa y "comunión" es otra. Hay creyentes que saben' lo que es la "unión" con Cristo, pero que no saben nada de la "comunión" con Cristo.

Puede llegar el día cuando después de una larga lucha con la enfermedad, nos demos cuenta de que las medicinas ya no surten efecto y la muerte es cierta. Junto al lecho estarán nuestros familiares y amigos, pero nada podrán hacer para ayudarnos. Menguará rápidamente nuestra capacidad auditiva y visual, e incluso nuestra fuerza para la oración; el mundo con sus sombras se disolverá a nuestros pies y las realidades de la eternidad se irán levantando delante de nuestras mentes. ¿Qué será lo que nos sostendrá en aquella hora crucial? ¿Qué es lo que nos podrá hacer decir con el salmista: "No temeré mal alguno"? *(Salmo 23:4)*. Nada, nada, a no ser una íntima comunión con Cristo. Cristo morando en nuestros corazones por la fe; Cristo extendiendo su diestra bajo nuestras cabezas; Cristo sentado a nuestro lado. Cristo, y sólo Cristo, puede darnos completa victoria en la última lucha.

Estrechemos más íntimamente los lazos de nuestra comunión con Cristo; amémosle más y más; vivamos totalmente consagrados a Él; y sigámosle e imitémosle en todo. Si así lo hacemos no tardaremos en disfrutar de los frutos de su recompensa y en el atardecer de la muerte Él nos traerá luz. En la prueba de la enfermedad proporcionará paz; y en la vida venidera nos dará una corona incorruptible de gloria.

El tiempo es breve. La gloria de este mundo se pasa. Unas pocas enfermedades más, y todo habrá pasado. Unos pocos entierros más, y nuestro propio funeral tendrá lugar. Unas pocas tormentas más y ya habremos llegado a puerto seguro. Viajamos hacia un mundo donde no hay enfermedad; donde la separación, el dolor, el lloro y el luto, ya no se conocen. El cielo cada vez se llena más, y la tierra queda más vacía. Los amigos que tenemos allí ya son más numerosos que los que tenemos a popa. "Porque aún un poquito, y el que ha de venir vendrá." *(Hebreos 10:37.)* En su presencia habrá plenitud de goces. Cristo limpiará toda lágrima de los ojos de Su pueblo. El último enemigo que será destruido será la muerte, ¡pero será destruido! Un día la muerte misma morirá. *(Apocalipsis 20:14.)*

Mientras tanto vivamos en la fe del Hijo de Dios; apoyémonos completamente en Cristo y gocémonos en el pensamiento de que Él vive para siempre. ¡Sí, Gloria a Dios! Aunque muramos, Cristo vive. Aunque familiares y amigos sean depositados en la fría tierra, ¡Cristo vive! El que abolió la muerte y trajo la vida y la inmortalidad a la luz, vive. Aquél que dijo: "¡Oh muerte, yo seré tu muerte; oh sepulcro, yo seré tu destrucción!" ¡vive! *(Oseas 13:14)*. Aquel que un día cambiará el cuerpo de nuestra bajeza y lo transformará a semejanza del suyo, ¡vive! En salud o en enfermedad, en vida o en muerte, confiemos en Cristo. Motivos tenemos para decir contínuamente: "Bendito sea Dios por Jesucristo".

LAS IGLESIAS VISIBLES, AMONESTADAS

«El que tiene oído, oiga lo que el Espíritu dice a las iglesias.» *(Apocalipsis 3:22)*

Quizá podríamos dar por supuesto que todos los lectores de este escrito son miembros de alguna iglesia visible de Cristo. No pregunto, pues, si sois episcopales, presbiterianos, o independientes. Simplemente supongo que con más o menos regularidad asistís al culto de alguna iglesia visible y que no os gustaría tampoco se os tildaran de ateos o infieles.

Sea cual sea el nombre de tu iglesia, te invito a que de una manera muy especial dirijas tu atención al versículo que tenemos delante. Debo prevenirte de que las palabras del mismo hacen referencia a ti; fueron escritas para tu instrucción, y para la de todos aquellos que se llaman y consideran cristianos. "El que tiene oído, oiga lo que el Espíritu dice a las iglesias".

En los capítulos dos y tres del Apocalipsis, las palabras de este versículo se repiten siete veces. A través de su siervo Juan, el Señor Jesús envió siete cartas distintas a las siete Iglesias de Asia. Cada una de las cartas termina con las mismas solemnes palabras: "El que tiene oído, oiga lo que el Espíritu dice a las iglesias".

El Señor Dios es perfecto en todas sus obras. No hace nada por mera casualidad. No hizo, tampoco, que ninguna parte de las Escrituras fuera escrita al azar. En todos sus caminos podemos descubrir designio, propósito y plan. Para el tamaño y órbita de cada planeta hubo diseño. Para la forma y estructura del ala del insecto más insignificante, hubo diseño. Para cualquier versículo de la Biblia, hubo diseño. Hubo también diseño y propósito en la repetición de algunos versículos de la Escritura. Hay diseño en la repetición, por siete veces, del versículo que tenemos delante. Por alguna razón se repitió tantas veces, y a nosotros toca descubrir el motivo. La repetición de este versículo tiene como propósito acaparar la atención de todos los verdaderos cristianos para que consideren el mensaje que se contiene en las siete cartas a las iglesias de Asia. Trataré, pues, de señalar las verdades más sobresalientes que estas siete epístolas contienen. Estas verdades son muy apropiadas para los tiempos en que vivimos, verdades que nunca conoceremos demasiado bien.

1. — Notemos, en primer lugar, que en estas siete epístolas, el Señor nos habla *solamente de asuntos doctrinales y prácticos, y de advertencias y promesas.*

Si con tranquilidad y tiempo leéis dichas epístolas, pronto os daréis cuenta de lo que quiero decir. Observaréis que en algunas ocasiones el Señor Jesús descubre falsas doctrinas y prácticas impías e inconsecuentes y por las tales censura tajantemente a las iglesias. Os daréis cuenta también, que en otras ocasiones ensalza la fe, la paciencia, la obra, labor y perseverancia de algunas de estas iglesias y concede a estos dones alta aprobación. Encontraréis también, que algunas veces el Señor Jesús exige un apremiante arrepentimiento, un retorno al primer amor, un recurrir de nuevo a Él, y amonestaciones similares.

Pero deseo que observéis que en ninguna de estas epístolas se hace referencia al gobierno eclesiástico de la Iglesia, ni a ceremonia litúrgica alguna. Nada se nos dice sobre los sacramentos y ordenanzas, ni de la sucesión apostólica de los ministros. En una palabra, los principios básicos de lo que hoy en día se llama el "sistema sacramental", no aparecen en ninguna de estas epístolas.

¿Y por qué me detengo en este punto? Lo hago porque hay muchos hoy en día que profesan ser cristianos, y que quieren hacernos creer que estas cosas vienen primero y que son de una importancia cardinal. No son pocos los que creen que sin un obispo no hay iglesia y sin liturgia no hay piedad. Parece ser que para ellos la misión principal de los ministros es la de enseñar el valor de los sacramentos y de la liturgia.

Y no se me entienda mal; no es que no conceda importancia a las instituciones y ordenanzas. Lejos está de mí tal suposición; las considero como de gran bendición para todos aquellos que las reciben correctamente y con fe. Lo que quiero decir es que los sacramentos, el gobierno de la iglesia, el uso de la liturgia, y otras cosas más, son como nada en comparación con la fe, el arrepentimiento y la santidad. Y mi autoridad al decir esto se basa en el tenor general de las palabras de nuestro Señor a las siete iglesias.

No puedo creer que, si en realidad cierta forma de gobierno eclesiástico fuera tan importante como algunas personas pretenden, el Señor Jesús, la Cabeza de la Iglesia, no hubiera mencionado nada de ello aquí. Creo que este silencio es muy elocuente.

No puedo por menos de recalcar el mismo hecho en las palabras de despedida del apóstol Pablo a los ancianos de Éfeso. *(Hechos 20:27-35)*. La despedida era para siempre, y el Apóstol aprovecha la ocasión para darles unas últimas palabras de exhortación. Pero en estas palabras no hay nada que haga referencia a los sacramentos o al gobierno de la iglesia. Si hubiera habido necesidad de hablar sobre ello, la ocasión no podía ser más propicia. Pero Pablo no dijo nada, y creo que su silencio era intencionado.

Aquí está el motivo por el cual nosotros no predicamos acerca del ritual, los obispos, los sacramentos y la liturgia; y es que consideramos que el arrepentimiento hacia Dios, la fe en el Señor Jesús y una verdadera conversión, son temas de mucha importancia para las almas de los hombres. Sin ésto las almas no se salvan. Aquí se encierra también otra razón por la cual instamos a los hombres a que no se conformen con una mera religión externa. De ahí que tantas veces os hayamos amonestado para que no os confiéis por el hecho de que sois miembros de una iglesia. No estéis satisfechos, ni penséis que todo va bien, por el hecho de que domingo tras domingo asistís a la iglesia y participáis de la Cena del Señor. No es cristiano el que lo es exteriormente. Debéis nacer de nuevo; el Espíritu debe obrar en vuestros corazones una nueva creación. Tenéis que experimentar una "fe que obra por el amor". Sobre estas cosas se ocupa el Señor Jesús en sus siete cartas a las Siete Iglesias.

Hay dos sistemas de "cristianismo" en la Inglaterra de nuestro tiempo, que son distintos y opuestos. Sería inútil negarlo; su existencia es un hecho. Según uno de estos sistemas, el cristianismo no es más que una *corporación*. La persona sólo tiene que pertenecer a cierta organización, y en virtud de su membresía a la misma, se le conceden grandes privilegios, no sólo para esta vida, sino también para la eternidad.

Poco importa lo que sea o *sienta*, pues los *sentimientos* no tienen importancia. Por el hecho de ser miembro de la gran corporación eclesiástica, uno recibe sus privilegios e inmunidades. Para estas personas la membresía en esta corporación eclesiástica visible es de una vital importancia.

Según el otro sistema, el cristianismo es, eminentemente, un *asunto personal* entre la persona y Cristo. La mera membresía externa de una organización eclesiástica, por buena que sea, no puede salvar el alma. Tal membresía no puede lavar ni un solo pecado, ni ser fuente de confianza para el día del juicio. Se requiere la fe personal en Cristo. Las relaciones entre Dios y el hombre han de ser personales. La comunión entre el alma y el Espíritu Santo ha de ser algo personal y experimental. ¿Tienes tú esta fe personal? ¿Has experimentado en tu alma la obra del Espíritu Santo? Esta es la pregunta clave. Si no es así, te perderás. A este sistema se adhieren los ministros evangélicos; pues están convencidos que es el sistema de las Sagradas Escrituras. El otro sistema conduce a consecuencias peligrosísimas, y ciega al hombre para que no vea su triste estado espiritual. Los ministros evangélicos creen, además, que la única predicación que Dios honrará y bendecirá es aquella en la que el arrepentimiento, la fe, la conversión y la obra del Espíritu Santo constituyen el tema básico de todo sermón.

2. — En segundo lugar pido a mis lectores que observen que *en cada una de las siete cartas el Señor Jesús dice:* "YO CONOZCO TUS OBRAS".

Esta expresión, tan repetida, llama poderosamente la atención; y es por algo que se repite siete veces. A una de las iglesias el Señor dice: "Yo conozco tu arduo *trabajo y paciencia*"; a otra: "Yo conozco tu *tribulación y pobreza*"; a todas, y a cada una en particular, el Señor dice: "*Yo conozco tus obras*". El Señor no dice: "Yo conozco tu profesión, tus deseos, tus resoluciones, tus propósitos", sino "tus OBRAS". "Yo conozco tus obras."

Las obras de todo aquel que profesa ser cristiano son de gran importancia. Es cierto que no pueden salvar el alma, que no pueden justificar, que no pueden lavar los pecados, que no pueden librar de la ira de Dios. Pero no porque no salven, hemos de concluir que no son importantes. Cuídate bien de no mantener tal idea. La persona que pensara tal cosa se engañaría terriblemente.

Estaría dispuesto a morir por la doctrina de la justificación por la fe, sin las obras de la ley. Pero por otra parte, debo firmemente contender por el principio general de que las OBRAS son la evidencia de una verdadera profesión de fe. Si te llamas cristiano, debes demostrarlo en tu conducta diaria. Acuérdate que las obras probaron la fe de Abraham y de Rahab. *(Santiago 2:21-25.)* De nada nos servirá el que hagamos profesión de conocer a Dios, si con nuestras obras le negamos. *(Tito 1:16.)* No te olvides de las palabras del Señor Jesús: "Cada árbol se conoce por su fruto". *(Lucas 6:44.)* Sean cuales sean las obras de los que profesan ser cristianos, el Señor Jesús dice: "Yo las conozco". "Los ojos de Jehová están en todo lugar, mirando a los malos y a los buenos." *(Proverbios 15:3.)* Ninguna de tus acciones, por secreta que sea, ha pasado desapercibida a los ojos de Jesús. Ninguna palabra que hablaste, aún en el más suave susurro, dejó de ser oída por Jesús. Ninguna de tus cartas, aún las que escribiste a tu amigo más íntimo, dejó de ser leída por Jesús. Ninguno de tus pensamientos, por secreto y fugaz que fuera, dejó de registrarse en la mente de Jesús. Sus ojos son como llama de fuego. Aún las mismas tinieblas, para Él no son tinieblas. Ante Él todas las cosas están manifiestas. El Señor Jesús puede decir a toda persona: "Yo conozco tus obras".

a) El Señor Jesús conoce las obras de todas las almas incrédulas e impenitentes, y un día las *castigará*. Aunque estén sobre la tierra, el cielo no las olvida. Cuando se levante el gran trono blanco y los libros sean abiertos, los malos serán juzgados "según sus obras".

b) El Señor Jesús conoce las obras de Su pueblo, y las *pesa*. "A Él toca el pesar las acciones". *(I Samuel 2:3.)* Él conoce las causas y los resultados de las acciones de los creyentes. En cualquier paso y decisión que toman, ve los motivos; y sabe hasta que punto las acciones son motivadas por amor a Él o por amor a la alabanza propia. ¡Ay!, cuántas de las cosas que los creyentes hacen, a ti y a mí nos parecerán muy buenas, pero a los ojos de Cristo serán pobremente consideradas.

c) El Señor Jesús conoce las obras de Su pueblo, y un día las *recompensará*. Una palabra afable o una acción buena, hecha por amor a Él, nunca le pasará desapercibida. En el día de Su venida el Señor honrará ante el mundo el más insignificante fruto de la fe. Si amas y sigues al Señor Jesús, puedes estar seguro que tu obra y labor no será en vano.

Las obras de aquellos que mueren en el Señor les seguirán. *(Apocalipsis 14:13.)* Estas obras no irán delante, ni a su lado, sino que seguirán a los redimidos, y el Señor las reconocerá en el día de su venida. La parábola de los talentos tendrá su cumplimiento. "Cada uno recibirá su recompensa conforme a su labor". *(I Corintios 3:8.)* El mundo no te conoce, pues no conoce a tu Maestro. Pero Jesús lo ve y conoce todo. "Yo conozco tus obras."

¡Qué solemne amonestación encierran estas palabras para todos aquellos que hacen una profesión mundana e hipócrita de la fe! ¡Qué bien haría a los tales el leer y meditar estas palabras! Jesús te dice: "Yo conozco tus obras" Tú puedes engañar a cualquier ministro, es fácil hacer tal cosa. De mis manos quizá recibes el pan y el vino y quizá con tu corazón estás apegado a la iniquidad. Te sientas bajo el púlpito de un predicador evangélico semana tras semana, y con cara seria escuchas estas palabras, pero en tu corazón quizá no las crees. Acuérdate de esto: no puedes engañar a Cristo. El que descubrió el espíritu muerto de la iglesia de Sardis y la indiferencia de Laodicea, te conoce a ti tal cual eres, y si no te arrepientes, en aquel gran día pondrá al descubierto los secretos de tu corazón.

¡Oh, creedme!: la hipocresía es un juego condenado a perder. De nada servirá parecer una cosa y ser otra; tener el nombre de cristiano y no serlo en realidad. Estad ciertos de que si vuestra conciencia os aguijonea y condena en este particular, algún día vuestros pecados os alcanzarán *(Números 32:23.)* Los ojos que vieron como Acán robaba el lingote de oro y lo escondía, están sobre ti. *(Josué 7:21.)* En el libro donde se anotaron las acciones de Giezi, Ananías y Safira, se anotan también tus obras y tu manera de proceder. En el día de hoy Jesús en su misericordia te envía unas palabras de aviso; te dice: "Yo conozco tus obras".

¡Pero cuán alentadoras son estas palabras para el creyente sincero y de corazón! Jesús os dice: "Yo conozco tus obras". Quizá no encontréis belleza en ninguna de vuestras acciones, todas os parecen imperfectas, impuras y sucias. A menudo os afligís como resultado de vuestras faltas, y pensáis que en todo estáis atrasados, y que cada día es un borrón o un hueco. Sin embargo habéis de saber esto: Jesús puede ver algo de belleza en culaquier cosa que hagáis con el deseo verdadero de agradarle. Aún en el fruto más insignificante de su Espíritu en vuestro corazón, Jesús puede discernir algo que es excelente. En medio de la escoria de vuestras acciones, puede recoger pedacitos de oro; y en todas vuestras obras puede separar el trigo de la paja. Todas vuestras lágrimas están en su redoma. *(Salmo 56:8.)* Tus esfuerzos para hacer bien a los demás, por débiles que sean, están escritos todos en el libro de su memoria. El más pequeño vaso de agua fría dado en su nombre, no dejará de tener recompensa. Aunque el mundo considere en poco vuestra labor y obra de amor, el Señor no la olvida. Por maravilloso que esto suene a nuestros oídos, es cierto. Jesús se deleita en honrar la obra de su Espíritu en su pueblo, y en pasar por alto sus flaquezas. Tiene en cuenta la fe de Rahab, pero no su mentira. Jesús pasa por alto la ignorancia y falta de fe de sus discípulos, y los alaba por "haber permanecido con Él en sus pruebas". *(Lucas 22:28.)* "Como el padre se compadece de los hijos, se compadece Jehová de los que le temen." *(Salmo 103:13.)* Y de la manera como un padre se deleita en los actos más insignificantes de sus hijos así el Señor se deleita en nuestros pobres esfuerzos para servirle.

A la luz de lo dicho, bien se comprenderán aquellas palabras de los justos en el día del juicio: "Señor, ¿cuándo te vimos hambriento y te sustentamos, o sediento y te dimos de beber? ¿Y cuándo te vimos forastero y te recogimos, o desnudo y te cubrimos? ¿O cuándo te vimos enfermo, o en la cárcel, y vinimos a ti?" *(Mateo 25:37-39).* En aquel gran día parecerá increíble a los justos el que en la tierra hicieran algo que mereciera ser mencionado. Sin embargo es así. Que tomen, pues, consuelo de todo esto todos los creyentes. El Señor dice: "Yo conozco tus obras". Esto debe humillarnos, de temor.

3. — Finalmente, pido a mis lectores que observen que *en cada carta el Señor Jesús hace una promesa a los que vencieren.*

Por siete veces el Señor da a las iglesias grandes y preciosas promesas. Cada una es diferente, pero todas ellas están llenas de fuerte consolación. Notemos, sin embargo, que cada una de ellas va dirigida *al cristiano que vence:* "Al que venciere." Pido que toméis buena nota de esto.

Cada cristiano es un soldado de Cristo y debe pelear en batalla contra el pecado, el mundo y el diablo. A su disposición tiene una armadura y debe hacer uso de ella. Pablo dice escribiendo a los efesios: "Tomad toda la armadura de

Dios" —"Estad, pues, firmes, ceñidos vuestros lomos con la verdad, y vestidos con la coraza de justicia"— "Tomad el yelmo de la salvación, y la espada del Espíritu, que es la Palabra de Dios". —"Sobre todo, tomad el escudo de la fe". *(Efesios 6:13-17.)* Y por encima de todo, el creyente tiene el mejor de los dirigentes: a Jesús, el Capitán de la salvación.

Todas estas cosas son bien conocidas y no me detendré en ellas, pero el punto sobre el cual quiero hacer énfasis es este: el verdadero creyente, no sólo es un soldado, sino un soldado *victorioso*. No sólo lucha en el bando de Cristo contra el pecado, el mundo y el diablo, sino que también *vence*.

Esta es una de las señales más distintivas del cristiano verdadero. Son muchas las personas a las que les gusta se les considere como pertenecientes a las filas del ejército de Cristo, y ésto quizá porque tienen un ocioso deseo de poseer la corona de la gloria; pero esto es todo. Sólo el verdadero cristiano cumple con las obligaciones de soldado y hace frente a los enemigos del alma; lucha valientemente contra el enemigo, y es el vencedor de la lucha.

Para probar que verdaderamente has nacido de nuevo y vas en camino del cielo, tienes que ser soldado victorioso de Cristo. Para demostrar que tienes derecho a las preciosas promesas de Cristo, debes pelear la buena batalla en la causa de Cristo, y en la batalla debes vencer.

La victoria es la evidencia más satisfactoria de que tu profesión de fe es genuina. Quizá te deleitas en la buena predicación, lees la Biblia, diriges el culto familiar y contribuyes con tus donativos a la obra misionera. Todo ésto está muy bien, y gracias a Dios que sea así; ¿pero cómo va la batalla? ¿Cómo se desarrolla el gran conflicto? ¿Estás venciendo el amor al mundo y el temor del hombre? ¿Estás conquistando las pasiones, impulsos e inclinaciones de tu propio corazón? ¿Resistes al diablo y le haces huir de ti? ¿Cómo va la batalla? No hay otra alternativa: o tu gobiernas sobre el pecado, el mundo y el diablo, o eres esclavo de los tales. En esto no hay término medio. O tú conquistas, o tú pierdes.

Bien se que es una batalla muy dura de librar, y quiero que tú también lo sepas. Debes pelear la buena batalla de la fe, y sufrir penalidades, para conseguir la vida eterna. Cada día has de ser consciente de que habrás de luchar. El hombre ha inventado caminos cortos y fáciles, pero el único que lleva al cielo es la antigua senda cristiana, el camino de la cruz, el camino del conflicto. Hay que mortificar, resistir, y vencer al pecado, el mundo y el diablo. Este es el camino por el cual los santos de antaño andaron, y bien alto dejaron su testimonio.

Al rehusar los placeres del pecado en Egipto, y escoger, a cambio, las aflicciones con el pueblo de Dios, Moisés venció; *venció al amor a los placeres.*
Al negarse a profetizar cosas agradables ante el rey Acab, aún sabiendo que sería perseguido por decir la verdad, Micaías venció; *venció al amor a la vida fácil.* Daniel venció al negarse a abandonar la oración, aún sabiendo que le esperaba el foso de los leones. *Venció al temor a la muerte.* Mateo venció al levantarse de la mesa de los públicos tributos y seguir a Jesús, abandonándolo todo. *Venció al amor al dinero.* Pablo venció, cuando abandonando todas las ventajas y ganancias entre los judios, predicó a aquel Jesús que antes de su conversión había perseguido. *Venció al amor a la alabanza humana.*
Y si tú deseas ser salvo, debes hacer las mismas cosas que hicieron estos hombres. Ellos eran hombres con las mismas pasiones que nosotros, sin embargo vencieron. Tuvieron tantas pruebas como tú puedes tener, sin embargo vencieron. Ellos lucharon, pelearon y se esforzaron. Tú debes hacer lo mismo.

¿Dónde estaba el secreto de su victoria? En su fe. Creyeron en Jesús, y creyendo se hicieron fuertes y se mantuvieron firmes. En todas sus batallas fijaron sus ojos en Jesús, y Él nunca los abandonó ni los desamparó. "Ellos han vencido por medio de la sangre del Cordero, y de la palabra del testimonio." *(Apocalipsis 12:11.)* Y de la misma manera puedes vencer tú. Por la gracia de Dios, decídete a ser un cristiano vencedor.

Tengo gran temor por muchos que profesan ser cristianos; no veo en ellos señal de lucha y mucho menos de victoria; nunca han trabajado en el bando de Cristo. Están en paz con el enemigo; no tienen conflicto con el pecado. Os avisc: ésto no es cristianismo; ésto no es el camino que conduce al cielo.

Temo también por aquellos que oyen el Evangelio con mucha frecuencia, no sea que se familiaricen tanto con el sonido de sus doctrinas que lleguen a ser insensibles a su poder. Temo por los jóvenes, hombres y mujeres, especialmente por aquellos que han nacido en hogares cristianos. Temo que hayáis contraído el hábito de ceder a toda tentación.

Temo que tengáis miedo de decir, "¡No!" al mundo y al diablo, y que cuando los pecadores os induzcan al mal, penséis que lo mejor es consentir. Cuidado, mucho cuidado, en ceder. Cada concesión os debilitará. Id al mundo con la firme decisión de pelear la batalla de Cristo, y abríos camino hacia adelante.

Simpatizo con todos vosotros, creyentes en el Señor Jesús, sea cual sea vuestra denominación. Bien sé que vuestra peregrinación es difícil, y la batalla a librar dura. Sé, también, que a menudo sois tentados a decir: "No vale la pena", y por poco no habéis dejado las armas de vuestra milicia.

Confortáos, mis queridos hermanos y hermanas. Mirad al lado brillante de vuestra posición, y animáos a continuar la lucha. El tiempo es breve; el Señor se acerca; la noche ya casi ha terminado. Millones de cristianos, tan débiles como tú, han peleado la misma batalla y ninguno de ellos fue hecho cautivo de Satanás. Poderosos son en verdad tus enemigos, pero el Capitán de tu salvación es todavía más fuerte; su brazo, su gracia y su Espíritu, te sostendrán. Anímate, no desfallezcas. Terminaré con unas palabras de aplicación.

1) *Deseo amonestar a todos aquellos que solamente viven para este mundo, para que se den cuenta de lo que hacen.* Aunque no lo sepáis, sois enemigos de Cristo. Él observa vuestros caminos, pese a que vosotros le volvéis la espalda y rehuis entregarle vuestro corazón. Él toma nota de vuestro andar cotidiano, y lee en lo más recóndito de vuestro ser. Llegará el día cuando tendrá lugar una resurrección de todos vuestros pensamientos, palabras y acciones. Podéis olvidaros de ellas, pero Dios no; las contempláis descuidadamente, pero en el cielo se registran cuidadosamente en el libro *de memoria.* ¡Oh! hombre mundano, ¿piensas en esto? Tiembla y arrepiéntete.

2) *Deseo exhortar a todos aquellos que siguen una profesión religiosa formalista para que no se engañen.* Os hacéis la ilusión de que iréis al cielo por el sólo hecho de que vais a la iglesia, participáis de la Cena del Señor y vuestro asiento en la iglesia nunca está vacio. Y haciendo estas cosas creéis que la vida eterna os pertenece. Pero os pregunto: ¿Dónde está vuestro arrepentimiento? ¿Dónde está vuestra fe? ¿Dónde están las evidencias de un nuevo corazón? ¿En qué se puede ver la obra del Espíritu Santo? ¿Dónde están las evidencias de la regeneración? ¡Oh! cristiano formalista:

piensa en estas preguntas. Tiembla, tiembla y arrepiéntete.

3) *Deseo amonestar a todos aquellos miembros de iglesia que toman las responsabilidades de su fe de una manera descuidada para que no jueguen con su alma, no sea que un día despierten en el infierno.* Vivís año tras año como si no hubiera batalla a pelear contra el pecado, el mundo y el diablo. Os pasáis la vida riendo y según la etiqueta y modales de caballero o señorita; y os comportáis como si no hubiera diablo, cielo ni infierno. ¡Oh! miembro descuidado de iglesia, seas episcopal, prebisteriano, independiente o bautista, ¡despierta a las realidades espirituales! ¡Despierta y ponte la armadura de Dios! ¡Despierta y lucha duramente! Tiembla y arrepiéntete.

4) *A toda persona que desee ser salva la amonesto para que no se contente con las normas religiosas del mundo.* Ciertamente, ninguna persona con los ojos abiertos puede dejar de ver que el cristianismo del Nuevo Testamento es algo más elevado y profundo que el "cristianismo" que profesa la mayor parte de la gente hoy en día. Esto tan formal, tan fácil, que demanda y hace tan poco, y que la mayoría de la gente llama *religión,* será todo lo que se quiera menos la religión del Señor Jesucristo. Las cosas que Él valora en las siete epístolas, no son valoradas por el mundo. Las cosas que Él condena, son precisamente las cosas en las que el mundo no ve mal alguno. ¡Oh! si en verdad deseas seguir a Cristo, ¡no te contentes con el cristianismo del mundo! ¡Tiembla, tiembla y arrepiéntete!

5) *En último lugar, deseo amonestar a todo aquel que profesa ser creyente en Cristo Jesús, a que no se conforme con un poco de religión.* De todos los aspectos tristes que la Iglesia cristiana pueda ofrecernos, para mí el más triste es el que presentan aquellos cristianos que están satisfechos con un *poco* de gracia, un *poco* de arrepentimiento, un *poco* de fe, un *poco* de conocimiento, un *poco* de caridad y un *poco* de santidad. Si deseáis ser útiles, si ansiáis promover la gloria de vuestro Señor, si suspiráis sinceramente por una mayor paz interior, entonces no os contentéis con un *poco* de religión.

Busquemos, mas bien, a medida que transcurren los años, el hacer mayores progresos de los que hemos hecho, el crecer en la gracia y en el conocimiento del Señor Jesús, el crecer en humildad y conocimiento propio, el crecer en espiritualidad y en conformidad a la imagen de nuestro Señor.

Tengamos cuidado de no dejar el primer amor como la iglesia de Éfeso, de no ser tibios como la de Laodicea, de no tolerar prácticas falsas como la de Pérgamo, de no jugar con falsa doctrina como la de Tiatira, de no volvernos como medio muertos y a punto de morir como la de Sardis. Procuremos, más bien, conseguir los mejores dones. Esforcémonos en pro de una *verdadera santidad*. Hagamos todo lo que esté a nuestro alcance para ser como las iglesias de Esmirna y de Filadelfia. Retengamos lo que tenemos, y continuamente esforcémonos para tener más. Laboremos para que nuestra profesión cristiana no se ponga en tela de juicio. No busquemos como distintivo característico nuestro el ser hombres de ciencia, de talentos literarios u hombres de mundo, sino afanémonos para ser *hombres de Dios*. Vivamos de tal manera, que el mundo pueda ver que en nosotros las cosas de Dios son primero, y el promover su gloria nuestra meta suprema. Vivamos de esta manera y seremos felices. Vivamos de esta manera y haremos bien al mundo. Vivamos de esta manera y dejaremos buen testimonio cuando abandonemos este mundo. Vivamos de esta manera y la palabra del Espíritu a las Iglesias no nos habrá hablado en vano.

INDICE

INDICE

Introducción

Sección Primera: La Vida Cristiana Auténtica

	PAGINA
1. ¿Me amas?	3
2. La Seguridad y Certeza de la Fe	17
3. Realidad	49

Sección segunda: La Vida Cristiana y su crecimiento

4. Crecimiento Espiritual	63
5. La Santificación	79
6. La Lucha	101
7. La Santidad	119

Sección Tercera: La Vida en Comunidad

8. La Iglesia que Cristo edifica	141
9. La Oración	157
10. La Lectura de la Biblia	185
11. La Cena del Señor	213
12. ¿Estas Enfermo?	223
13. Las iglesias visibles, amonestadas	241